WORKSHOP GIN

WORKSHOP
GIN

ENTDECKEN | VERKOSTEN | GENIESSEN

ANTHONY GLADMAN

DK

INHALT

8 WAS ZÄHLT, IST DER GESCHMACK

10 **WAS IST GIN?**

12 LEBENSMITTELRECHT
16 WIE IST DAS MIT DEM WACHOLDER?
18 WACHOLDER IN DER GESCHICHTE
20 EINE GEFÄHRDETE ART
22 EIN SCHLÜCKCHEN GIN-GESCHICHTE
24 DER »GIN CRAZE«
26 VIEL LÄRM UMS TRINKEN
28 DER TIPPLING ACT
30 DIE »GIN PALACES«
32 GIN WIRD ERWACHSEN
34 DER SCHATTEN DES EMPIRE
38 DER GIN IM FRACK
40 NACHKRIEGSKATER
42 GIN-RENAISSANCE
44 GIN UND KLIMASCHUTZ
48 DESTILLATION
50 DIE BRENNBLASE
52 DIE SÄULENBRENNANLAGE
54 DER KONDENSATOR

56 DIE DAMPFINFUSION
58 FRAKTIONEN UND GESCHMACKSNOTEN
60 WARUM KUPFER?
62 DER LOUCHE-EFFEKT
64 ANDERE DESTILLATIONSTECHNIKEN
66 WORAUS IST GIN GEMACHT?
68 BASISALKOHOL: BRENNEN ODER KAUFEN?
70 COMPOUND GIN
72 VERSCHIEDENE GIN-STILE
76 SLOE GIN
78 GESCHMACKSSTOFFE
80 DIE HAUPT-BOTANICALS
86 WEITERE BOTANICALS
92 WAS MACHT DER GIN IM FASS?
94 WIE FUNKTIONIERT GESCHMACK?
96 GEDANKEN ZUM GESCHMACK

98 BEREIT ZUM VERKOSTEN?
100 SYSTEMATISCHE VERKOSTUNG
102 VERKOSTUNGSNOTIZEN
104 KOMMT ES AUF DAS GLAS AN?
106 GLASTYPEN
108 WIE WICHTIG IST EIS?
110 GIN SERVIEREN
112 TONIC WATER
114 DIE IKONE: DER GIN & TONIC

116 KLASSISCHE GIN-COCKTAILS

118 UTENSILIEN FÜR DIE COCKTAIL-BAR
122 ARMY & NAVY/AVIATION
124 BEE'S KNEES/BIJOU
126 BRAMBLE/BRONX
128 CLOVER CLUB/CORPSE REVIVER NO. 2
130 DIRTY MARTINI/DRY MARTINI
132 ENGLISH GARDEN/FRENCH 75
134 GIBSON/GIMLET
136 GIN BASIL SMASH/GIN FIZZ
138 HANKY PANKY/JULIET & ROMEO
140 LAST WORD/MARTINEZ
142 NEGRONI/OLD FRIEND
144 RED SNAPPER/SATAN'S WHISKERS
146 SOUTHSIDE RICKEY/20TH CENTURY
148 WHITE LADY/WHITE NEGRONI
150 DIE GARNITUREN

154 GINS NACH GESCHMACK

156 GINS, DIE »NACH GIN SCHMECKEN«

166 ZITRUSLASTIGE GINS

174 KRÄUTERLASTIGE GINS

182 BLUMIGE GINS

190 FRUCHTIGE GINS

198 ERDIGE UND AROMATISCHE GINS

206 MARITIME UND UMAMI GINS

214 ZUCKER IM TONIC WATER

216 GLOSSAR

218 REGISTER

223 DANK

WAS ZÄHLT, IST DER GESCHMACK

In diesem Buch dreht sich alles um den Geschmack

Geschmack ist, was im Leben wirklich zählt – auch wenn wir vor der Entscheidung stehen, welchen Cocktail wir mixen möchten. Mit dem vorliegenden Band möchte ich Ihnen das nötige Rüstzeug an die Hand geben, um diese Entscheidung so selbstbewusst wie möglich zu treffen. Denn hier dreht sich alles um den Geschmack.

Ich erinnere mich, wie ich den Weinexperten Oz Clarke im Fernsehen sah, als ich noch zu jung für Alkohol war. Ich war von seiner blumigen und doch präzisen Sprache fasziniert, mit der er verschiedene Weine beschrieb. Er schien vielfältiger zu schmecken, als ich es je könnte.

Da lag ich falsch. Schmecken ist nichts, was angeboren oder unveränderlich wäre. Es ist eine Fertigkeit wie jede andere, die man trainieren kann. Gemeinsam werden wir erkunden, was Geschmack ist, wie er funktioniert und wie wir besser schmecken lernen können, indem wir Geschmack beschreiben.

Um zum Connaisseur zu werden, müssen wir nicht nur erkennen, was wir schmecken, sondern es auch verstehen. Mit einem Blick in die Geschichte des Gins, seine Zutaten und Herstellung möchte dieses Buch Sie auf den richtigen Weg bringen.

Beim Erkunden dieser wunderbaren Spirituose geht es aber vor allem um Spaß – denn mit einem Tropfen lässt sich die Flucht aus dem Alltag versüßen. Gin ist Alchemie. Die besten Brenner bannen den Geist eines Ortes in die Flasche. Dort wartet er wie der Flaschengeist aus dem Märchen darauf, dass wir ihn freisetzen. Seine Aromen führen uns durch Raum und Zeit an Orte, die wir nie gesehen haben.

Bevor Sie sich nun im Buch vertiefen, lesen Sie zuerst meine Gedanken zum perfekten Gin & Tonic (siehe S. 114) und wie man Gin gekonnt garniert. Dann mixen Sie sich einen G&T, lehnen Sie sich zurück – und genießen Sie!

DIE AROMEN DES GINS FÜHREN UNS DURCH RAUM UND ZEIT AN ORTE, DIE WIR NIE GESEHEN HABEN.

ÜBER DIESES BUCH

Ich stelle in diesem Buch über 100 Gin-Sorten vor, sortiert nach Geschmack. Natürlich ist es interessant zu erfahren, wo und mit welchen teils abenteuerlichen Brenntechniken sie hergestellt werden, aber seien wir ehrlich: All das ist unwichtig, wenn uns das Endergebnis nicht schmeckt.

Ich möchte Ihnen außerdem eine gute Auswahl von Gins aus aller Welt vorstellen. Gin ist ein internationales Getränk, auch wenn britische Marken weiterhin den Weltmarkt dominieren. Die innovativsten Gins kommen heute aus anderen Ländern wie Australien, Frankreich, Indien und Südafrika.

Gin ist ein komplexes Getränk. Einige der vorgestellten Gins passen locker in zwei oder sogar drei Kategorien. Ich habe versucht, die dominante Charakteristik zu finden, aber jeder empfindet Geschmacksnoten anders. Wenn ein Gin für mich eher krautig ist, kann er für Sie eher blumig sein. Und das ist völlig in Ordnung. Sie liegen nicht falsch. Trauen Sie immer vor allem dem eigenen Gaumen. Er wird Sie nicht enttäuschen.

WAS IST GIN?

WAS MACHT EINEN GIN AUS? Es gibt so viele Gins, dass man kaum glauben mag, dass es sich immer um dasselbe Getränk handelt. Dieses Kapitel gibt Ihnen das Rüstzeug an die Hand, um alle Fragen zu beantworten, die Sie zu diesem komplexen Brand haben. Wir lernen den Star des Gin-Universums, den Wacholder, näher kennen und lüften das Geheimnis anderer pflanzlicher Zutaten (Botanicals genannt), die dem Gin wunderbare Aromen und Geschmacksnoten schenken. Wir betrachten die Herkunft des Gins und verfolgen seine Geschichte bis zum Boom der modernen Craft-Brennereien. Wir erfahren, wie Gin gemacht wird und wie jede Entscheidung des Brenners sich im Glas niederschlägt. Und wir verstehen, wie unsere Sinne unseren ganz persönlichen Geschmackseindruck erzeugen, und machen uns dann daran, besser schmecken zu lernen. Zum Schluss perfektionieren wir unseren G&T.

LEBENSMITTEL-RECHT

Wir erkunden, welchen Regeln Gin unterliegt, welche Zutaten hineinkommen und wie er hergestellt wird. Damit erhalten wir einen tiefen Einblick in unser Lieblingsthema. Ein netter Nebeneffekt dabei ist, dass wir die Etiketten besser entschlüsseln und unseren Gin gezielter auswählen können.

IN DER EU UND IN GROSS-BRITANNIEN MUSS DER »VORHERRSCHENDE GESCHMACK« EINES GINS WACHOLDER SEIN.

EU UND GROSSBRITANNIEN

Gin muss aus landwirtschaftlich erzeugtem Ethylalkohol (Agraralkohol) mit 96 Volumenprozent (Vol.-%) Alkohol und dem »vorherrschenden Geschmack« von Wacholder hergestellt sein. Da es für den Geschmack keinen Test gibt, ist dieser Interpretationssache. Abgefüllt muss Gin mindestens 37,5 Vol.-% haben.

WELCHER WACHOLDER?

In der EU und in Großbritannien (UK) müssen Brenner Gemeinen Wacholder (*Juniperus communis*, siehe S. 16–17) verwenden. Es hält sie aber nichts davon ab, weitere Sorten zuzugeben, solange diese verzehrsicher sind.

Das US-Recht schreibt keine spezielle Sorte vor, aber die meisten Brenner nutzen ebenfalls *J. communis*. In Australien und Neuseeland wird Wacholder im Lebensmittelrecht gar nicht erwähnt (siehe S. 14).

GIN-SORTEN NACH EU- UND UK-RECHT

Das Lebensmittelrecht der EU und Großbritanniens (UK) definiert drei Sorten Gin, die EU-Spirituosenverordnung nennt eine vierte.

GIN

Im weitesten Sinn ist Gin eine Spirituose, die durch Aromatisieren von Agraralkohol hergestellt wird. An diesem Punkt sind auch Farbstoffe oder süßende Erzeugnisse erlaubt. In diese Kategorie fallen auch Compound Gins (siehe S. 70–71).

DESTILLIERTER GIN

Destillierter Gin wird durch erneute Destillation neutralen Alkohols mit natürlichen oder künstlichen Aromastoffen gewonnen. Nach der Destillation darf weiterer Alkohol derselben Art, Reinheit und Stärke zugegeben werden. Zusätzliche Aromastoffe und süßende Erzeugnisse sind ebenso erlaubt.

LONDON GIN

London Gin (oft mit dem Zusatz »Dry« versehen) ist erneut destillierter Agraralkohol unter Zugabe aller zugelassener Aromastoffe mit mindestens 70 Vol.-%. London Gin erfordert einen qualitativ hochwertigeren Basisalkohol als andere Gin-Sorten, der einen Methanolgehalt von höchstens 5 g/hl r. A. (Gramm pro Hektoliter reinen Alkohols) aufweist. Nach der Destillation ist Färben nicht erlaubt und süßende Mittel sind auf 0,1 g pro Liter begrenzt. Die Brenner dürfen Wasser oder weiteren Alkohol derselben Zusammensetzung, Reinheit und Stärke des Basisalkohols zugeben. Die Bezeichnung »London« bezieht sich auf die Herstellungsmethode und ist keine Herkunftsbezeichnung.

GIN DE MAHÓN

Die EU-Verordnung erwähnt als weitere Gin-Sorte den von Menorca stammenden Gin de Mahón, laut EU-Recht eine geschützte geografische Angabe (g.g.A.). Er hat nur drei zulässige Zutaten: Ethylalkohol, destilliertes Wasser und Wacholderbeeren mit 7–9 Prozent ätherischen Ölen. Weitere Aromastoffe können zugegeben werden. Er muss in einer holzbefeuerten kupfernen Brennblase mit den Wacholderbeeren gebrannt werden. Das endgültige Destillat wird gefiltert. Xoriguer Mahon Gin (siehe S. 181) ist der einzige Vertreter dieses Stils.

GIN IN DEN USA

In den USA ist Gin eine Spirituose, »deren vorherrschender Geschmack von Wacholderbeeren stammt, den sie durch Destillation oder durch Zufügen der Beeren in die Spirituose erhält. Weitere Aromastoffe und Extrakte können beigefügt werden und der Mindestalkoholgehalt beträgt 40 Vol.-% (oder 80 Proof)«. Der Alkoholgehalt in Proof ist immer das Doppelte der Vol.-%-Angabe.

GIN IN AUSTRALIEN UND NEUSEELAND

In Australien und Neuseeland ist Gin nicht gesetzlich definiert. Stattdessen fällt er unter die allgemeinen Bestimmungen für Spirituosen, die als »ein trinkbares alkoholisches Destillat inklusive Whisky, Brandy, Rum, Gin, Wodka und Tequila« definiert sind, »welches durch Destillation oder Fermentation von Alkohol aus Lebensmittelquellen erzeugt wird, sodass es deren Geschmack, Aroma und andere Charakteristika besitzt«.

GIN-SORTEN NACH US-DEFINITION

DISTILLED GIN (DESTILLIERTER GIN)

Destillierter Gin wird »aus Maische mit oder über Wacholderbeeren und anderen Aromastoffen oder deren Extrakten, Essenzen oder Geschmacksstoffen hergestellt«. Nachträgliche Aromatisierung ist nicht erlaubt.

REDISTILLED UND COMPOUNDED GIN

Dieser Gin wird durch erneute Destillation mit zugelassenen Geschmacksstoffen hergestellt. Compounded/Compound Gin (siehe S. 70–71) entsteht durch Zugabe von Neutralalkohol zum Distilled Gin. Er darf zudem weitere natürliche oder künstliche Aromastoffe enthalten. Farbstoffe sind nicht erlaubt.

SLOE GIN

Sloe Gin (siehe S. 76–77) muss mindestens 2,5 % Zucker enthalten und vorwiegend nach Schlehen schmecken (Wacholder wird im Gesetz nicht erwähnt). Sloe Gin darf gefärbt sein, solange dies auf dem Etikett vermerkt ist.

SLOE GIN
In den USA ist Sloe Gin als eine Art Likör definiert.

GIN LIQUEUR ODER GIN CORDIAL

Gin-Liköre müssen »vorwiegend nach Gin schmecken«, ihr Basisalkohol darf nur rein aus Gin bestehen und abgefüllt müssen sie einen Alkoholgehalt von mindestens 30 Vol.-% haben. Sie dürfen maximal 2,5 % Wein enthalten.

FLAVOURED GIN

Diese Sorte wird definiert als »Gin, der mit oder ohne Zugabe von Zucker mit natürlichen Aromastoffen aromatisiert ist und mit mindestens 30 Vol-% abgefüllt wurde«. Sein vorwiegender Geschmack muss auf dem Etikett stehen. Wein kann zugegeben werden und muss ab einer bestimmten Menge ebenfalls auf dem Etikett stehen. Flavoured Gins dürfen gefärbt sein, solange dies angegeben ist.

AGED GIN (GEREIFTER GIN)

Wie bei anderen Spirituosen sind Alters- bzw. Reifeangaben bei Aged Gin auf dem Etikett »nur erlaubt, wenn das Destillat in Eichenfässern gelagert wird und nach dem Abziehen aus dem Fass außer der Zugabe von Wasser, Filtration und Abfüllung keine weitere Behandlung erfolgt. Werden verschiedene Altersstufen der Spirituose verschnitten, darf auf dem Etikett nur die jüngste Altersstufe der Spirituose angegeben werden.«

WILHELM III. VON ORANIEN
Wilhelm von Oranien bei der Landung der angloniederländischen Flotte im Rahmen der Invasion Englands 1688

GENEVER

Genever ist eine niederländische Spirituose aus Wacholder, die eng mit Gin verwandt ist. Historische Berichte sehen ihn als Urvater des Gins. Danach kamen englische Soldaten auf den Geschmack, als sie im 16. und 17. Jahrhundert an der Seite der Niederlande auf dem europäischen Kontinent kämpften und sich Mut antranken. Als Wilhelm von Oranien 1689 den englischen Thron bestieg, brannten sie ihn auch zu Hause. Daraus entwickelte sich der heutige Gin.

Andere Fachleute meinen, dass in England bereits im 13. und 14. Jahrhundert Alkohol gebrannt wurde, die Engländer dies also nicht von den Niederländern erst lernen mussten. Zudem finden sich schon in Büchern aus der Mitte des 15. Jahrhunderts Rezepte für Wacholderbrände. Vor allem aber nutzen diese frühen englischen Rezepte einen gebrannten Basisalkohol, dem Wacholderbeeren und andere pflanzliche Stoffe zugegeben wurden, was dem heutigen Gin entspricht. Genever hingegen wurde üblicherweise aus Wein oder Bier gebrannt und mit Wacholderbeeren und anderen pflanzlichen Stoffen aufgesetzt.

Wir wissen aber, dass das Wort »Gin« vom Genever abstammt. In *Die Bienenfabel, oder Der Einzelnen Laster, des Ganzen Gewinn* des in England lebenden niederländischen Philosophen Bernard Mandeville von 1714 ist es erstmals schriftlich belegt: »jenes berüchtigte Getränk, dessen Name, von ›Juniper‹-Beeren im Holländischen abgeleitet, jetzt durch den häufigen Gebrauch [...] zu einem Einsilber, dem berauschenden ›Gin‹, zusammengeschrumpft ist [...]«.

DEFINITION VON GENEVER

Genever wird mit Ethylalkohol, Getreidebrand oder mit Wacholder aromatisiertem Getreidebrand hergestellt, dessen Geschmack nicht vorherrschend sein muss. Man unterscheidet *jonge* und *oude Genever*, wobei sich »jung« und »alt« hier auf den verwendeten Destillationsprozess beziehen. Abgesehen davon gibt es einige definierte Unterarten von Genever (siehe Kasten unten).

GENEVER-ART	BESCHREIBUNG
JONGE GENEVER	Hergestellt mit höchstens 15 % Malzwein (niederl. *Moutwijn*) und 10 g Zucker pro Liter.
OUDE GENEVER	Hergestellt mit mindestens 15 % Malzwein (*Moutwijn*) und maximal 20 g Zucker pro Liter.
GRAANGENEVER	Rein aus Getreidebrand hergestellt.
OUDE GRAANGENEVER	Rein aus Getreidebrand hergestellt und mindestens 1 Jahr lang gereift.
KORENWIJN	Mit mindestens 51 % Malzwein (*Moutwijn*) hergestellt. Er muss keinen Wacholder enthalten.

WIE IST DAS MIT DEM WACHOLDER?

Wacholder ist die wichtigste Zutat des Gins. Dieses Botanical muss jeder Gin laut Gesetz enthalten. Die Klassiker unter den Gins, wie Beefeater, Gordon's und Tanqueray, zeichnen sich durch ihren dominanten Wacholdergeschmack aus.

DER WACHOLDER AN SICH

In den letzten Jahren ist es auf dem Gin-Markt sehr voll geworden. Einige Brenner haben auf der Suche nach dem Besonderen die Wacholdernote gedämpft und andere Botanicals (pflanzliche Zutaten) ins Rampenlicht gerückt. Das kann die Grenze dessen, was Gin ist und was nicht, leicht verwischen. Ohne vorherrschenden Wacholdergeschmack verliert Gin sein Alleinstellungsmerkmal und wird zu einer aromatisierten Spirituose

WACHOLDERAROMEN

Wacholderbeeren (eigentlich beerenförmige Zapfen) sind die Hauptzutat des Gins. Ihre ätherischen Öle enthalten eine Reihe flüchtiger Aromastoffe, allen voran eine Gruppe von chemischen Verbindungen, die Monoterpene, die zum charakteristischen Gin-Geschmack beitragen (siehe Geschmacksverbindungen, S. 78–79).

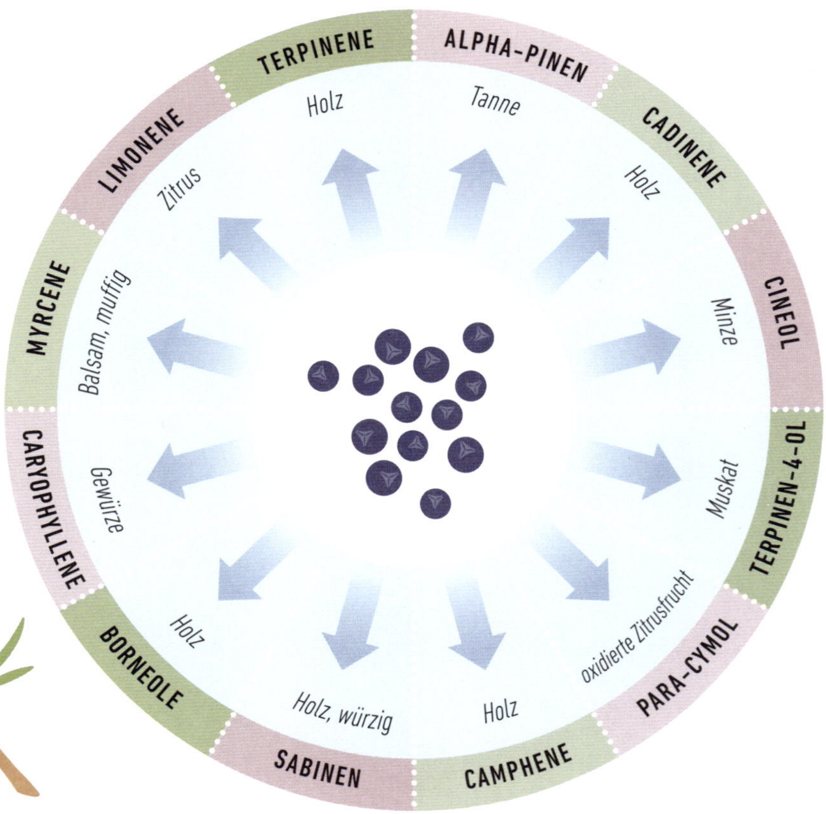

unter vielen. Schauen wir uns die für Gin so wichtige Pflanze einmal genauer an.

GEMEINER WACHOLDER

Der Gemeine Wacholder (*Juniperus communis*) ist eine immergrüne Konifere, die in den kühlen bis gemäßigten Breitengraden im Norden von Nordamerika, Europa und Nordasien beheimatet ist. Seine grau- bis rotbraune Borke blättert mit dem Alter ab und an den rötlich-braunen Zweigen wachsen graugrüne nadelförmige Blätter. Meist wächst er als niedriger, etwas struppiger, kriechender Strauch, kann aber unter den richtigen Bedingungen auch aufrecht wachsen und als Baum bis zu 10 m Höhe erreichen.

Die Art ist zweihäusig, weibliche und männliche Blüten kommen also an getrennten Pflanzen vor. Es kann bis zu 15 Jahre dauern, bis das Geschlecht eines Baums erkennbar ist. Nur die Blüten der weiblichen Bäume bringen Früchte in Form von Beeren hervor, die reif an Heidelbeeren erinnern. Die anfangs grünen Beeren reifen in rund 18 Monaten violett-schwarz aus.

Wacholder wächst in Heidelandschaften, sandigem Flachland, felsigen Gebieten und in alten Kiefernwäldern. Die Pflanzen können bis zu 200 Jahre alt werden. Einige alte knorrige Exemplare nehmen fantastische Formen an, wenn sie über viele Jahre starkem Wind ausgesetzt sind.

Wacholder wächst oft entlang alter Treibwege. Das vorbeiziehende Vieh rieb sich an den Ästen und Nadeln und riss dabei die Beeren ab. Im von den Hufen aufgewühlten Boden konnten die Samen gut keimen und der Wacholder vermehrte sich entlang der Wege.

WIE VIEL WACHOLDER IST IM GIN?

Die meisten Gin-Rezepturen erfordern 6–12 g Wacholder pro 700-ml-Flasche. Das entspricht in etwa 50–100 Wacholderbeeren.

WACHOLDERERNTE

Man mag es kaum glauben, aber es ist bisher nicht gelungen, Wacholder kommerziell anzubauen. Bis heute stammt also aller Wacholder zur Gin-Herstellung von Wildpflanzen. Da er in unwegsamem Gelände wächst, erfolgt die Ernte nach wie vor von Hand. Die Beeren werden zwischen Oktober und Februar geerntet:

- Man unternimmt einen langen Fußweg bergauf, zu einem entlegenen Ort, an dem Wacholder wächst.
- Man sucht sich einen weiblichen Busch, der Beeren trägt und stellt einen Bottich darunter auf.
- Man schlägt die Beeren mit einem Stock von den Ästen herunter, sodass sie in den Bottich fallen.
- Man unternimmt einen langen Fußweg zurück bergab mit einem Bottich voller Beeren auf den Schultern.

Obwohl Großbritannien einer der weltweit führenden Gin-Produzenten ist, verwenden die Briten nur wenige heimische Wacholderbeeren. Selbst die Marken, die heimische Beeren nutzen, mischen sie mit Beeren, die aus Italien, Nordmazedonien oder Kroatien zugekauft werden. Dort wächst mehr Wacholder mit einer größeren Vielfalt an Aromastoffen, wie etwa Alpha-Pinen und Sabinen (siehe gegenüber), die Gin-Trinker bevorzugen.

Die meisten Brenner in den Vereinigten Staaten importieren ihren Wacholder aus Europa, die heimischen Beeren sind geschmacklich meist zu intensiv. Auch Australien und Neuseeland nutzen europäischen Wacholder, da er auf der Südhalbkugel nicht wächst.

Die Beeren werden in großen Mengen gekauft und oft über Jahre gelagert. Dabei trocknen und schrumpfen sie, büßen aber nur ihre Feuchtigkeit ein, nicht ihre ätherischen Öle.

WACHOLDER IN DER GESCHICHTE

Wacholder wird schon lange verwendet, nicht nur wegen seines Geschmacks. Es ist belegt, dass seine ätherischen Öle seit Jahrhunderten als Medizin gegen alle möglichen Krankheiten genutzt wurden, von Husten bis Krebs.

FRÜHE NUTZUNG

Wacholder findet sich bereits in einem der ältesten medizinischen Texte, dem ägyptischen Papyrus Ebers. Er wurde im 16. Jahrhundert v. Chr. verfasst, einzelne Teile sind vermutlich deutlich älter. Schon damals war Wacholder als Medizin gegen Bandwürmer etabliert.

Die Römer nutzten ihn als Verdauungshilfe, die Athleten des antiken Griechenlands aßen ihn, um ihre Ausdauer zu verbessern. Die Ureinwohner Nordamerikas heilten damit Schnittwunden.

NICHOLAS CULPEPER

Der englische Apotheker Nicholas Culpeper schrieb im 17. Jahrhundert, Wacholder sei »unerreicht in seinen Tugenden«. Seine Beeren seien wirksam gegen Gift und daher »von exzellenter Güte gegen den Biss giftiger Tiere«. Er sagte auch, Wacholder sei »ein so wirksames Gewächs gegen die Pest, wie nur eines wachsen kann« und »ein solch mächtiges Mittel gegen die Wassersucht, dass diese durch Trinken einer Lauge aus der Asche des Krauts geheilt werden kann«.

DE MATERIA MEDICA
Pedanios Dioskurides, ein griechischer Arzt im Römischen Reich, verfasste im I. Jahrhundert *De Materia Medica*. Er beschreibt darin den medizinischen Nutzen von über 600 Pflanzen, darunter auch den hier abgebildeten Wacholder.

ALLHEILMITTEL

Wacholder sollte Durchfall stoppen und Hämorrhoiden lindern. Bei Bauchschmerzen, Erbrechen, Krämpfen und Schüttelfrost war er ebenfalls das Mittel der Wahl, außerdem gegen Husten, Kurzatmigkeit und Schwindsucht. Die Menschen nahmen die Beeren als Diuretikum bei Harnwegsinfektionen, Nieren- und Blasensteinen. Sie wählten Wacholder gegen Verdauungsstörungen, zur Linderung von Sodbrennen, als Appetitanreger, gegen Völlegefühl, als Wurmkur und gegen Blähungen.

Frauen nahmen Wacholder, um die Qualen der Geburt zu verkürzen. Die Beeren enthalten chemische Stoffe, die tatsächlich Wehen stimulieren. Andere Frauen versuchten, mit Wacholderbeeren ungewollte Schwangerschaften zu beenden. Im Englischen war »Giving birth under the juniper tree« (unter dem Wacholderbaum gebären) ein verbreiteter Euphemismus für eine solche Frühgeburt.

MAGISCHE KRÄFTE

Dem Wacholder wurden auch magische Kräfte zugesprochen. So wurden Liebestränke aus ihm gekocht, um den oder die Angebe-

WER IM TRAUM WACHOLDERBEEREN SAMMELTE, SOLLTE WOHLSTAND ERNTEN.

WACHOLDERKRANZ
Wacholderzweige sollten böse Geister abhalten oder den Kontakt mit den Seelen der Verstorbenen erleichtern.

tete zu gewinnen. Man bereitete aus ihm auch Potenzmittel, sozusagen ein pflanzliches Viagra.

In Träumen kam den Beeren besondere Bedeutung zu. Wer sie im Traum sammelte, sollte Wohlstand ernten. Zudem standen sie für Ehre oder kündeten die Geburt eines Sohnes an.

Wacholderzweige waren ein beliebtes Mittel, um Hexen oder den Teufel fernzuhalten. Im Volksglauben war an Beltane (dem Maifest im irischen Kalender) die Grenze zwischen der Geister- und Menschenwelt durchlässig. Wacholderzweige an den Türen sollten vor bösen Geistern schützen.

Zu Halloween nutzten die Menschen Wacholderzweige, um sie gegen Heimsuchungen von verstorbenen Seelen einzusetzen.

Andererseits galt Wacholder auch als Mittel, das Hellsichtigkeit förderte. Sein Rauch sollte den Kontakt mit den Toten erleichtern und wurde daher für rituelle Reinigungen verwendet.

WIE SCHMECKT WACHOLDER?

Lange Zeit war Wacholder für viele Menschen ein vertrauter Geschmack. Heute kennen wir ihn selten als Einzelgeschmack, sondern eher als einen unter vielen.

Wacholder allein hat einen kieferartig harzigen Geschmack mit einer Spur Zitrus, er ist aromatisch und bittersüß, teils mit Noten von Lavendel, Kampfer und schwarzem Pfeffer.

Nach dem Brennen schmeckt reifer Wacholder frisch, kiefernartig, grasig und leicht kräuterig. Einige Gins verwenden grüne, unreife Wacholderbeeren. Diese geben nach dem Brennen erdigere, holzigere Noten von Zeder und Sandelholz und mehr Kiefer im Nachklang.

Die wichtigste Aromaverbindung des Wacholders ist Alpha-Pinen mit starkem Kiefern- und Fichtenduft. Je nach Standort der Pflanze kann der Gehalt stark variieren. Aufgrund des ähnlichen Dufts wird das Wacholderaroma im Gin oft mit Engelwurz verwechselt, die aber etwas moschusartiger und holziger riecht. Engelwurz enthält im Gegensatz zu Wacholder neben Alpha- auch Beta-Pinen (siehe Wacholderaromen, S. 16).

EINE GEFÄHRDETE ART

Dem Gemeinen Wacholder geht es im Moment nicht sehr gut und seine natürlichen Vorkommen sind so klein wie nie zuvor. Wo er wächst, gedeihen immer weniger Bäume. Reife Bäume sind weniger fruchtbar als in der Vergangenheit und vermehren sich seltener. In Großbritannien ist er einer der seltensten heimischen Bäume und keiner weiß, warum.

KRANKE PFLANZEN

Eine Theorie sieht den Eipilz *Phytophthora austrocedri* als Verursacher dafür, dass Wurzel und Stamm von Zypressen und Wacholderbäumen geschädigt sind, sodass die Pflanze keine Nährstoffe mehr aufnehmen kann. Anzeichen für eine Infektion sind braune Blätter und absterbende Zweige, Äste, Triebe und Wurzeln.

Bislang hat man P. *austrocedi* in der Natur nur in Argentinien und Großbritannien entdeckt. In Großbritannien wurde er erstmals 2011 identifiziert, aber vermutlich Ende der 1990er-Jahre eingeschleppt, als man versuchte, die britische Wacholderpopulation durch Nachzuchten wilder Samen in Pflanzschulen zu stärken. Auf diesem Weg kamen neben den gesunden auch infizierte Bäume in die Schonungen. Die Entdeckung von *P. austrocedi* in Baumschulen in ganz Europa stützt diese Theorie.

BEFALLENE ORTE

Diese Grafik zeigt Regionen in England und Schottland, in denen Wacholder durch *Phytophthora austrocedri* verursachte Schäden aufweist.

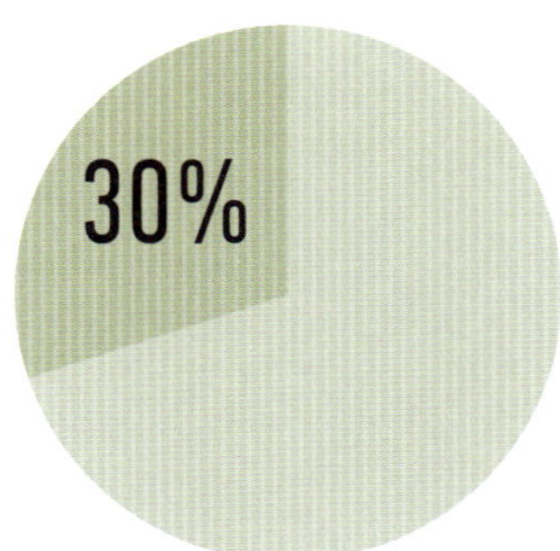

SCHOTTLAND: FAUNA-FLORA-HABITAT-GEBIETE (FFH-GEBIETE)
30 % der Gebiete betroffen

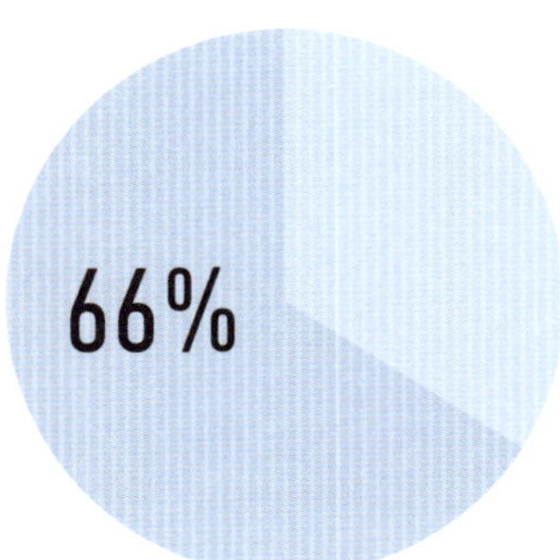

ENGLAND: SITES OF SPECIAL SCIENTIFIC INTEREST (SSSI, »ORTE VON BESONDEREM WISSENSCHAFTLICHEM INTERESSE«)
66 % der Orte betroffen

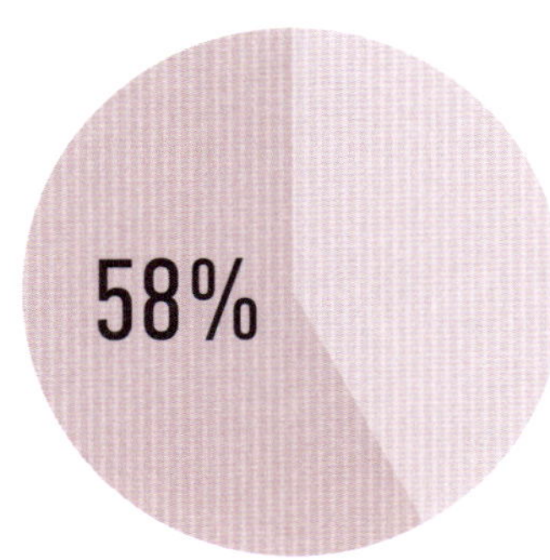

SCHOTTLAND: SITES OF SPECIAL SCIENTIFIC INTEREST (SSSI, »ORTE VON BESONDEREM WISSENSCHAFTLICHEM INTERESSE«)
58 % der Orte betroffen

PFLANZENVERNICHTER

Der schädliche Eipilz *Phytophthora austrocedri* gehört zur selben Gattung wie der Auslöser der Kartoffelfäule und der daraus folgenden Hungersnot in Irland in den 1840er-Jahren.

Seit 2011 hat man den Pilz an Dutzenden Stellen in Großbritannien nachgewiesen, vor allem in Schottland und Nordengland. Einige wurden nachweislich mit Nachzuchten aus Baumschulen bepflanzt.

Organismen der Gattung *Phytophthora* leben im Boden und verbreiten sich durch Wasserströme und den Weitertransport von Erde durch Tiere und Menschen.

INFEKTIONSBEKÄMPFUNG

Es gibt nur wenige Mittel gegen eine Infektion mit *P. austrocedi* und es wurde noch kein wirksames Fungizid entwickelt. Wir können in den Wacholderhainen nur für gute Drainage sorgen und versuchen, eine Ausbreitung der Infektion durch Fällen und Verbrennen befallener Bäume einzudämmen. Manche Exemplare scheinen immun gegen die Infektion zu sein, aber die Forschung muss das erst noch bestätigen.

Gesetze der Europäischen Union verpflichten die Mitgliedsstaaten zu Pflege und Schutz ihrer Populationen und diese Regelungen werden möglicherweise auch in Großbritannien weiter beachtet, doch die Verantwortung liegt dort jetzt bei den Grundbesitzern.

GEGENMASSNAHMEN

Einige Gin-Produzenten reagieren mit eigenen Wacholderpflanzungen, wie der nordenglische Hersteller von Hepple Gin, der hofft, ausreichend Bäume für den eigenen Bedarf pflanzen zu können, auch wenn das wohl mindestens 20 Jahre dauern wird. Bis dahin achtet man auf strikte Bodenhygiene und pflanzt nur Nachzuchten aus eigenen Beständen.

Auch der Brenner des Rock Rose Gin im schottischen Caithness pflanzt seit 2018 eigenen Wacholder vor Ort an und hofft, ab 2028 Gin ausschließlich aus schottischen Botanicals brennen zu können. In der Zwischenzeit importiert er weiterhin Wacholder aus Bulgarien und Italien.

ANDERE WACHOLDERARTEN

Juniperus communis ist nicht die einzige Wacholderart. Weltweit gibt es etwa 60 Arten. Auch wenn das Gesetz weiterhin den Gemeinen Wacholder benennt, haben Brenner begonnen, mit anderen Arten zu experimentieren, um an die Traditionen anzuknüpfen.

TEXAS-WACHOLDER

J. pinchotii wächst in den USA. Seine Früchte sind kupferfarben bis kupferrot und eher saftig und süß als harzig. Sie erinnern ein wenig an getrocknete Cranberrys.

GRIECHISCHER UND PHÖNIZISCHER WACHOLDER

Brenner im Libanon verwenden Griechischen (*J. excelsa*) und Phönizischen Wacholder (*J. phoenicea*). Die Beeren sind so ölreich und aromatisch, dass sie geschmacklich nur schwer zu bändigen sind.

AFRIKANISCHE BLEISTIFTZEDER

In Kenia verwenden Brenner die Beeren der Afrikanischen Bleistiftzeder (*J. procera*). Sie ist die einzige heimische Wacholderspezies der südlichen Hemisphäre und liefert markante erdige Aromen.

EIN SCHLÜCKCHEN GIN-GESCHICHTE

Gin hat eine lange und manchmal eher trübe Geschichte. Er war nicht immer das unbeschwerte Trend-Getränk. Begeben wir uns auf eine kleine Tour durch die Höhen und Tiefen seiner Biografie.

DESTILLATION IM ALTERTUM

Spirituosen gibt es schon ewig. Funde belegen, dass in China seit mindestens 800 v. Chr. Schnaps aus Reisbier gebrannt wird. Auch in Südostasien und im antiken Griechenland und Ägypten wurde bereits vor über 2000 Jahren Alkohol gebrannt.

Im ägyptischen Alexandria entwickelten Alchemisten im 1. oder 2. Jahrhundert den Brennhut, Alembik genannt. Sie nutzten »hydraulische« Destillation auf Wasser- statt auf Weinbasis und strebten eher nach ewigem Leben als nach Rausch. Die Alchemie hat durch Destillation Parfüms hervorgebracht; ihr eigentliches Ziel war es, Metall in Gold zu verwandeln und das »Lebenselixier« für Unsterblichkeit zu finden.

DIE VERBREITUNG DER DESTILLATION

Von Alexandria aus verbreitete sich das Wissen über die Brennkunst über Vorderasien bis ins byzantinische Griechenland und Persien. Bis zum 6. Jahrhundert hatte sich der Alembik zu einem Destilliergerät aus Glas entwickelt.

Im 7. Jahrhundert eroberten die Araber Alexandria und Persien und lernten die hydraulische Destillation kennen. Sie entwickelten die Technik weiter und entdeckten, wie sie Weintrauben und später Wein destillieren konnten, wofür sie aber (meist) nur wenig Verwendung hatten.

DESTILLATION Eine Illustration aus dem *Buch der sieben Sphären* des Alchemisten Abū al-Qāsim al-ʿIrāqī aus dem 13. Jahrhundert zeigt den Prozess der Destillation. Sie stammt aus einer Kopie des Werks aus dem 18. Jahrhundert.

DER EINFLUSS ISLAMISCHER GELEHRTER

Schriftlich wird die Destillation erstmals im 8. Jahrhundert vom islamischen Alchemisten und Philosophen Dschābir ibn Hayyānn (721–815) erwähnt. Er beschrieb die entflammbaren Dämpfe, die er an den Öffnungen von Flaschen beobachtete, in denen Wein und Salz kochten.

In den folgenden Jahrzehnten schrieben weitere islamische Gelehrte über ihre Verwendung von Alkohol als Lösungsmittel zur Herstellung von Tinten, Lacken, Medizin und Kosmetika. Der andalusische Chemiker und Chirurg Abulcasis (etwa 936–1013) produzierte als Erster Alkohol in größeren Mengen. Da der Dampf mithilfe von Wasser zügig heruntergekühlt werden musste, entwickelte er eine verbesserte Kühltechnik.

SCHOLA MEDICA SALERNITANA
Die Medizinschule von Salerno wurde im 9. Jahrhundert gegründet und gilt bis heute als älteste Schule für Heilkunst der modernen Zivilisation.

WISSENSZENTRUM SALERNO

Die christliche und die arabische Welt trafen südlich von Neapel im italienischen Salerno aufeinander. In dieser Stadt hatte die älteste Medizinschule der Welt Schriften in Lateinisch, Griechisch, Hebräisch und Arabisch zusammengetragen.

Salerno war ein Ort, an dem Muslime und Christen Ideen austauschten und an dem arabische, hebräische und griechische Schriften ins Lateinische übersetzt wurden, darunter Werke von Dschābir ibn Hayyān.

Im christlichen Europa lag das Monopol für Bildung und Heilkunst in den Händen der katholischen Kirche und so strömten Gelehrte aus Kirchen und Klöstern nach Salerno und brachten das neuerworbene Wissen über die Destillation mit nach Hause.

Aber nicht nur in Salerno erlernten die Europäer die Geheimnisse der Brennkunst von den Arabern. In Ägypten, im Irak und in Syrien gab es zahlreiche christliche Klöster, die für ihren Wein und ihren Arak (destillierter Wein) berühmt waren. In großen Städten wie Bagdad betrieben nichtmuslimische Händler Weinhandlungen.

Auch im zu dieser Zeit von Muslimen beherrschten Andalusien (al-Andalus) war der Handel mit Wein ein bedeutender Wirtschaftsfaktor.

IN SALERNO TRAF CHRISTLICHES UND ISLAMISCHES WISSEN ÜBER DIE BRENNKUNST AUFEINANDER UND GING VON HIER AUS IN DIE WELT.

DER »GIN CRAZE«

Spulen wir ein paar Jahrhunderte vor ins London des 18. Jahrhunderts. In dieser Zeit durchlebte der Gin seine rebellischen, aber auch höchst gefährlichen Teenagertage: Es herrschte »Gin-Fieber«.

DIE NIEDERLÄNDISCHE VERBINDUNG

Ende des 17. Jahrhunderts war der Englische Bürgerkrieg (1642–1651) in der nationalen Psyche noch lebendig und England war in Protestanten und Katholiken geteilt. König Jakob II. war als Katholik und, schlimmer noch, Schotte bei den protestantischen Adeligen des Landes höchst unbeliebt. In der Glorreichen Revolution von 1688–1689 entledigten sie sich seiner und boten den Thron stattdessen dem protestantischen Prinzen Wilhelm von Oranien an.

Wilhelm bestieg den englischen Thron 1689 (als Wilhelm III.) gemeinsam mit seiner Frau Maria II. (Tochter Jakobs). Wilhelm brachte eine Vorliebe für niederländischen Genever (siehe S. 15) mit.

Im Jahr 1690 verabschiedete das Parlament Gesetze, die die Destillation von Weizen förderten, um den damals sehr beliebten aus Frankreich importierten Branntwein durch heimische Spirituosen zu ersetzen. Ein weiteres Gesetz führte 1694 neue Steuern auf Bier ein. Damit war die Bühne für Gin als preiswerte Alternative bereitet.

Wilhelm III. starb 1702 und ihm folgte Königin Anne auf den Thron. Im gleichen Jahr verlor die Worshipful Company of Distillers, die bis dahin in London Monopolstellung genoss, ihr königliches Privileg, woraufhin immer mehr Menschen Gin brannten – und tranken.

LONDONER ELENDSVIERTEL
Im 18. Jahrhundert lebten Menschen in Teilen Londons in erbärmlichen Zuständen. Es wundert kaum, dass sie dem Alkohol verfielen.

Durch eine Reihe guter Ernten stiegen die Gehälter der Arbeiter, die Lebensmittelpreise fielen und die Menschen konnten mehr Geld für Alkohol ausgeben. Im Jahr 1700 lag der Jahreskonsum bei etwas über 4,5 Mio. Liter. Bis 1714 hatte er sich verdoppelt und stieg über die nächsten Jahrzehnte noch schneller an.

WACHSENDE KATERSTIMMUNG

Zu Beginn des 18. Jahrhunderts veränderte sich die britische Gesellschaft. Das Parlament hatte eine Reihe von Gesetzen erlassen, durch die Gemeindeflur in Privatbesitz überging. Die des wenigen Landes, das sie besaßen, beraubten und schlecht entlohnten Landarbeiter zogen auf der Suche nach einem besseren Leben in die Städte, vor allem nach London.

Durch das Klassensystem blieben Arbeiter arm und von ihren Arbeitgebern abhängig und der Standesdünkel bekräftigte dies als die natürliche Ordnung der Dinge. In den Städten war der Bedarf an ungelernten Hilfskräften gering und der ständig wachsende Zustrom hielt die Löhne niedrig. Hunger und Armut waren verbreitet. Ohne Beschäftigung wandten sich viele Arme in den Städten dem Alkohol zu und Gin war das billigste Angebot.

TOTENTANZ
Diese Illustration von Thomas Rowlandson zeigt Menschen, die in einem »Dram Shop« (Bar oder Laden mit Alkoholverkauf) trinken. Die Bildunterschrift lautet: »Manche finden den Tod durch Schwert oder Kugel, andere tötet das Flüssige in ihrer Gurgel.«

MOTHER'S RUIN

Dem noch recht neuen Gin fehlte die traditionelle Bindung an Wirtshäuser und Tavernen, die Männern vorbehalten waren. Frauen griffen genauso hemmungslos zum Gin wie Männer, wurden aber deutlich härter dafür verurteilt. Man warf ihnen vor, ihre Kinder zu vernachlässigen oder sie mit Gin ruhigzustellen. So bekam Gin den Beinamen »Mother's Ruin« (Ruin der Mütter).

Im Jahr 1723 überstieg die Sterberate in London die Geburtenrate und das blieb auch das folgende Jahrzehnt so. Gleichzeitig wurden allein in London jährlich rund 23 Mio. Liter Gin gebrannt und die Anzahl der Geschäfte und Gaststätten, die »Strong Waters« (starkes Wasser) verkauften, wuchs auf über 6000 an. Damit waren über ein Viertel aller Behausungen in London »Gin Shops«.

Es verwundert nicht, dass viele Babys der Stadt mit Fetaler Alkoholspektrumstörung geboren wurden. Bis zu drei von vier in London geborene Kinder starben noch vor dem fünften Lebensjahr.

DEFOE GIBT GIN DIE SCHULD

Der englische Schriftsteller Daniel Defoe gab 1728 dem Gin die Schuld an vielen Problemen in London und verurteilte trinkende Frauen. Er schrieb: »In weniger als einer Epoche können wir eine dünnbeinige Generation erwarten.« Viele Angehörige der Oberschicht teilten die Angst vor einer schwachen Nation. Wie sollte England ohne Nachschub an kräftigen Männern für seine Fabriken und Kriege bestehen?

VIEL LÄRM UMS TRINKEN

Um den »Gin Craze« im richtigen Zusammenhang zu verstehen, müssen wir bedenken, dass Menschen jeder Herkunft und jeden Alters und Geschlechts Alkohol tranken. Äußerungen der Oberschicht, dass das »Fußvolk« übermäßig trinken würde, waren bestenfalls scheinheilig.

DIE GIN ACTS

Die Oberschicht äußerte dies nicht aus Mitgefühl, sondern aus Arroganz: In ihren Augen genossen die falschen Leute die falsche Art von Vergnügen und tranken die falsche Art von Fusel. Sie wollte nicht, dass die Armen sich an den »Luxus von Freizeit« gewöhnten, der ihnen nicht zustehen würde.

Mehrere Regierungen versuchten vergeblich, den Genuss von Gin durch Gesetze (Gin Acts) einzudämmen. Das erste Gesetz führte 1729 eine Lizenzierung der Händler und Besteuerung von Spirituosen aus Wacholderbeeren ein. Dies wurde umgangen (die Leute ließen schlicht den Wacholder weg) und die großen Brennereien machten Druck gegen das Gesetz.

Der zweite Gin Act von 1733 sollte den Gin-Verkauf auf Tavernen beschränken, was lediglich Tausende »Gin Shops« in den Untergrund trieb. Der dritte Gin Act setzte 1736 horrende Steuern fest, aberwitzige Mindestmengen für den Verkauf und machte die Lizenzen für den Handel noch teurer, woraufhin auch angesehene Tavernen schließen mussten.

SATIRISCHER DRUCK
Der Druck eines unbekannten Künstlers zeigt das *Begräbnis der Madame Genever*, eine Satire auf die Gin Acts.

STRASSE DES GINS
William Hogarths Druck *Gin Lane* aus dem Jahr 1751 zeigt die verheerenden Folgen der Trunkenheit, die man dem Gin nachsagte.

SÜNDENBOCK GIN

Die Regierung engagierte Informanten, um unlizenzierte Gin-Verkäufer zu verfolgen. Diese Informanten waren extrem unbeliebt und wurden häufig angegriffen oder sogar getötet. Es kam zu Protesten und der Gin-Verkauf stieg weiter. Der Aufruhr wurde aber vermutlich mehr durch das Elend in den Armenvierteln angetrieben als durch den Gin. Dieser diente den Reichen als Sündenbock für die Missstände der Gesellschaft.

DER HÖHEPUNKT DES »GIN CRAZE«

Der »Gin Craze« (Gin-Fieber) erreichte 1743 mit einem Jahreskonsum von 36 Mio. Litern seinen Höhepunkt. Inzwischen führte das Land wieder Kriege und brauchte dringend Geld. Daher erließ es einen letzten Gin Act, um den Konsum zu senken.

Diesmal traf es die Brennereien: Es verbot den Brennern den Direktverkauf an Endkunden und erhöhte ihre Steuern. Die Lizenzen für die Händler wurden hingegen auf 1 £ gesenkt, was angesehenen Wirten den Ausschank wieder erlaubte und damit das Aus für die Informanten bedeutete.

Trotz eines Rückgangs des Konsums nahmen die Beschwerden über den schrecklichen Einfluss des Gins kein Ende. Man gab Gin die Schuld dafür, dass frisch in London angekommene Landarbeiter tot umfielen. Frauen sollten sich nach zu starkem Gin-Genuss plötzlich entzündet haben. Als Mary Estwick im Stuhl am Kamin ohnmächtig wurde, während sie auf ein Baby aufpasste, das ihr entglitt und verbrannte, war natürlich ebenfalls der Gin schuld, ebenso wie für den Mord Judith Dufours an ihrer kleinen Tochter, um deren Kleider für den nächsten Suff zu verkaufen.

Noch 1749, als der Höhepunkt des »Gin Craze« überschritten war, gab es in London 17 000 »Gin Shops«. Zwei Jahre später veröffentlichte William Hogs den Druck *Gin Lane* – im Grunde reine Propaganda der Bierbrauer, denn er bediente die reißerischsten Vorurteile gegenüber Gin-Trinkern, um das Image von Bier als gesundes, natürliches und vor allem zutiefst britisches Getränk zu fördern (auch wenn die Menschen davon genauso betrunken wurden wie vom Gin).

DER TIPPLING ACT

1751 veröffentlichte der Friedensrichter Henry Fielding einen Bericht über die Ursachen der Zunahme von Raubüberfällen. Inzwischen war Gin in den Augen der Öffentlichkeit untrennbar mit Verbrechen verbunden.

DER ANFANG VOM ENDE

Während des »Gin Craze« stieg die Zahl der Verbrechen in London zwar, aber auch die Bevölkerung wuchs. Die Verbrechensrate blieb somit im Grunde stabil. Die aufkommenden Zeitungen verbreiteten aber die Angst vor Verbrechen und die Gin-Kritiker nutzten das.

1751 sah sich die Regierung genötigt, erneut gegen Gin vorzugehen, und verabschiedete den Tippling Act. Es war das letzte Gesetz gegen Gin und gilt allgemein als der Anfang vom Ende des »Gin Craze«. Es umfasste eine geringe Erhöhung der Spirituosensteuer und verdoppelte die Gebühr für die Ausschanklizenz, die nun nur noch für Wirtshäuser erhältlich war.

Dies schränkte die Verfügbarkeit von Gin stark ein und setzte dem

ST.-CRISPINS-TAG
Eine Gravur des britischen Karikaturisten George Cruikshank zeigt eine Schlägerei vor einer Gin-Schenke am St.-Crispins-Tag in der Londoner Straße Petty France.

DER TIPPLING ACT SETZTE DEN HINTERHOF-HÄNDLERN EIN ENDE UND DIE WIRTSHÄUSER ÜBERNAHMEN DAS GESCHÄFT.

Verkauf in Hinterhöfen und »Gin Shops« ein Ende. Bis 1752 ging die (legale) Produktion von Spirituosen um über ein Drittel zurück.

ZURÜCK AUF NULL

Eine schwache Ernte löste 1757 Angst vor Brotmangel aus. Die Regierung verbot die Destillation von Getreide und stoppte den Export von Mais und Malz, damit Weizen und Gerste für Lebensmittel genutzt werden konnten. Als auch 1758 die Ernte ausfiel, wurden die Maßnahmen verlängert.

Das stoppte die Spirituosenproduktion aber nicht ganz. Einige Brenner begannen importierte Melasse zu nutzen, die Produktionsmengen blieben dennoch weit hinter den früheren Gin-Mengen zurück. Importeure versuchten die Lücke, die der Gin hinterließ, durch Rum zu schließen. Selbst in London wurde deutlich weniger getrunken.

Die Ernte 1759 war gut und Bauern und Brenner forderten eine Aufhebung des Brennverbots. Trotz Warnungen der Kirche und der moralischen Reformbewegung, die für ein völliges Alkoholverbot waren, ließ die Regierung Anfang 1760 das Brennen von Mais wieder zu (schließlich brachte es dem Staat Steuern ein). Die Spirituosensteuer wurde verdoppelt und die Regierung subventionierte den Export von Spirituosen.

NACH DEM FIEBER

Die arme Stadtbevölkerung hing weiter am Alkohol, kehrte aber zum billigeren Bier zurück. Gin entwickelte sich vom verruchten Gesöff zum respektablen Getränk und die Regulierung führte dazu, dass bald eine kleine Anzahl von Brennereien den Markt dominierte. Dadurch nahm auch die Qualität zu und näherte sich dem an, was wir heute als Gin kennen.

Nachdem ab 1760 die Kornbrennerei wieder erlaubt war, entstanden in der zweiten Hälfte des 18. Jahrhunderts berühmte Gin-Marken, wie etwa Greenall's (1761), Gordon's (1769) und Plymouth (1793).

Bis 1794 hatte sich die Gin-Industrie als Wirtschaftszweig fest etabliert und in London gab es allein im Bezirk Westminster, in der City of London und in Southwark über 40 Destillerien.

NACHTS
Dieser Ausschnitt von William Hogarths Karikatur *Night* zeigt einen angetrunkenen Mann, der von seiner Magd gestützt werden muss.

DIE »GIN PALACES«

Die englischen Pubs des frühen 19. Jahrhunderts waren eher schäbige Etablissements mit rohen Ziegelwänden, Holzverschlägen und mehr Schatten als Kerzenlicht. Architektonisch bestand kein großer Unterschied zwischen einer Kneipe und einem Wohnhaus. Das sollte sich bald ändern.

DIE ANFÄNGE

England schwamm förmlich in geschmuggeltem Gin. Es wurde so viel ins Land gebracht, dass die Bewohner von Kent angeblich ihre Fenster damit putzten. Die Regierung war mit dieser Situation naturgemäß unglücklich und reduzierte 1825 die Steuern auf legalen Gin um fast die Hälfte auf 6 Schillinge die Gallone (heute etwa 7 €/l).

Die vorhersehbare Folge war ein Boom des Gin-Konsums. Der Verbrauch stieg von 16,8 Mio. Litern im Jahr 1825 auf 33,6 Mio. Liter im Jahr 1826. Es sollte nicht lange dauern, bis eine neue Form von Etablissement entstand, um den neuen Durst nach Gin in angemessenem Rahmen zu stillen.

Die neuen »Gin Palaces« (Gin-Paläste) waren ein moderner Rausch der Sinne mit hohen Decken, großen Fenstern, facettierten und mattierten Spiegeln, die das Licht streuten, und dem Wunder der Zeit: Gaslichter. Sie brachten die polierte Mahagoni-Bar zum Glänzen und erweckten den luxuriösen Stuck zum Leben.

Was den »Gin Palaces« allerdings fehlte, waren Sitzplätze, denn hier ging es nicht um einen schönen Abend mit guten Freun-

LONDONER »GIN PALACE«
Eine Illustration von 1821 zeigt Menschen unterschiedlicher Schichten und Trunkenheit beim Gin-Genuss in einem Londoner »Gin Palace«.

DAS ERBE DER »GIN PALACES«
Den »Gin Palaces« haben wir die hellen, reich dekorierten viktorianischen Pubs zu verdanken, die man auch heute noch im ganzen Land findet.

DIE »GIN PALACES« HABEN DIE PUB-LANDSCHAFT GEPRÄGT.

den. Diese Orte waren Maschinen, in denen die Trinkenden effizient von ihrem Geld und ihrer Nüchternheit getrennt wurden.

TRINKT MEHR GIN!

In den »Gin Palaces« gab es keine Speisen, keine Separees, keine Zeitungen und keine Ablenkungen. Hier trank man bis zum Umfallen – je schneller, desto besser – und machte dann Platz für neue Kunden, die dasselbe vorhatten.

Und sie kamen in großer Zahl. Jede Woche strömten mehr als eine halbe Million Gäste durch die Türen allein der 14 Londoner »Gin Palaces«. Sie waren arm und der Gin war billig, aber ein geschickt platziertes Etablissement konnte trotzdem jede Minute mehr als eine Guinee (heute rund 115 €) einspielen.

Den armen alten Pubs ging die Kundschaft verloren. Viele schlossen, während andere sich nach dem Vorbild der modernen Gin-Paläste neu erfanden. Das war nicht einfach: Der Umbau eines Pubs in einen prachtvollen »Gin Palace« konnte umgerechnet bis zu 3500 € kosten – zu dieser Zeit enorm viel Geld.

DAS BIER SCHLÄGT ZURÜCK

1830 drehte das englische Parlament erneut an den Steuerschrauben, dieses Mal zugunsten des Biers. Es strich die Steuer auf Bier und liberalisierte das Brauen und den Vertrieb. Es folgte eine Explosion neuer Pubs und Brauereien im ganzen Land, vor allem in den rasant wachsenden Industriezentren im Norden Englands. Allein in den ersten sechs Monaten wurden 25 000 neue Lizenzen erteilt und die Biertrinker der Arbeiterschicht konnten endlich wieder ein bezahlbares Bier in gemütlicher Atmosphäre genießen.

Das kurze Interregnum der »Gin Palaces« war vorbei, doch sie hinterließen ihre Spuren – nicht zuletzt in der Ausstattung der klassischen viktorianischen Pubs, die man bis heute findet. Ein weniger offensichtliches Erbe ist das Aufblühen des viktorianischen Philanthropismus: Parks, öffentliche Büchereien und die National Gallery in London sollten (zumindest teilweise) dazu dienen, den Londoner Armen etwas Besseres zu bieten, als sich zu Tode zu trinken.

COATES & CO. PLYMOUTH GIN
Coates & Co. brannten ihren Plymouth Gin ab 1793 in der Black-Friars-Distillery in der Hafenstadt Plymouth. Den größten Teil ihres Gins kaufte die Royal Navy für ihre Offiziere auf.

GIN WIRD ERWACHSEN

Im 19. Jahrhundert konnte der Gin seine raue Vergangenheit ablegen und entwickelte sich zu dem Getränk, wie wir es heute kennen. Großbritannien ist die spirituelle Heimat des Gins, von der aus er sich in alle Welt ausbreitete.

DER LONDON DRY

1831 patentierte der irische Erfinder Aeneas Coffey eine neue Form der Destille (siehe S. 52), die ununterbrochen laufen und Alkohol von mehr als 90 % Reinheit erzeugen konnte. Zuvor hatte er mehr als zwei Jahrzehnte als Steuerbeamter mit Destillerien gearbeitet und kannte sich mit den verschiedenen Destillen und ihren Schwächen aus. Sein neuer Entwurf verbesserte ein Modell von 1826, das zwei miteinander verbundene Säulen statt einer Blase nutzte. Coffeys Destille lieferte reineren Alkohol und war deutlich effizienter und kostengünstiger als die alten Verfahren. Sie erfreute sich bald großer Beliebtheit. Mitte des 19. Jahrhunderts hatte sich die Qualität des mit diesen Apparaten produzierten Gins stark verbessert, der dem modernen Gin nahekam. Die Brenner hatten bislang Zucker zugegeben, um den Alkohol zu bändigen, das war nun nicht mehr nötig und so ließen sie ihn weg. Der neue Stil wurde zunächst als »Dry Gin« und schließlich als »London Dry Gin« bekannt (siehe S. 73).

WELTWEITER HANDEL

Mitte des 19. Jahrhunderts entwickelte sich Großbritannien zur mächtigsten Handelsnation der Welt (siehe S. 35), seine Frachtschiffe waren auf allen Meeren unterwegs. 1850 hob das Parlament die Ausfuhrzölle auf Gin auf, der sich so neue Märkte erschließen konnte. Der Gin erreichte auf Schiffen der britischen Marine viele Länder und dies war auch die Zeit, in der Menschen ihn erstmals mit Tonic Water, Bitters und Limette mischten (siehe S. 37).

»WELTREICH«
Diese koloniale Weltkarte von Walter Crane aus dem Jahr 1886 zeigt die Ausdehnung des British Empire im 19. Jahrhundert.

DER GIN PROFITIERTE DAVON, DASS WEIN ALS KONKURRENZ ENTFIEL.

GIN-BRENNER
Viele der bekanntesten Gin-Produzenten entstanden in der zweiten Hälfte des 19. Jahrhunderts, darunter Beefeater, Hayman's (beide 1863) und Seagram's (1883).

AUFSCHWUNG

In den 1860er-Jahren verhalf die Reblaus dem Gin zu neuer Popularität. Der winzige Schädling kam aus Übersee nach Frankreich und vernichtete Tausende von Rebstöcken. Viele Weingüter gingen durch den Befall mit diesen Blattläusen zugrunde und die einst mächtige Weinindustrie des Landes wurde beinahe ausgelöscht. Für mehr als ein Jahrzehnt verschwanden französischer Wein und aus ihm gebrannter Brandy nahezu vollständig vom Markt. Die Menschen suchten nach anderen Getränken. Der Gewinner dieser Krise war der Gin.

Viele der bekanntesten Gin-Hersteller wurden in der zweiten Hälfte des 19. Jahrhunderts gegründet, darunter Beefeater, Hayman's (beide 1863) und Seagram's (1883). Der erste amerikanische Dry Gin wurde 1868 von den Gebrüdern Fleischmann in Cincinnati, Ohio, gebrannt.

In den 1890er-Jahren kam die Glasflasche auf. Bis dahin hatte man Gin in Holzfässern oder Steingutkrügen verkauft. Die neuen durchsichtigen Flaschen hoben die Klarheit des Gins deutlich hervor.

MARTINI TIME

1888 wurde der Martini erfunden … möglicherweise, denn das ist nicht hundertprozentig belegt. Wir wissen aber, dass erste Martini-ähnliche Drinks während des Goldrauschs in Kalifornien (1848–1855) aufkamen. Diese Mischungen aus Old Tom Gins (siehe S. 74–75) und süßem Wermut und vielleicht Curaçao und Bitters sind vermutlich die Basis des Martinez (siehe S. 141), aus dem sich über die nächsten Jahrzehnte der Martini entwickelte. Das war noch kein Dry Martini (siehe S. 131), zeigt aber, dass sich Gin qualitativ so weit verbessert hatte, dass man es für eine gute Idee hielt, ihn auf diese Weise zu trinken.

MARTINI
In den 1880er-Jahren war der Gin so verfeinert, dass man Martinis mit ihm mixen konnte.

DER SCHATTEN DES EMPIRE

Die Geschichte des Gins ist eng mit der des Tonic Waters und somit mit der Geschichte des Kolonialismus verbunden. Sie erzählt meist vom Erfolg der Kolonialisten und weniger vom Leid der Kolonialisierten.

DER GEWÜRZHANDEL

Die Europäer kannten Gewürze wie Nelken, Muskatnuss und Muskatblüte schon seit Jahrhunderten, wussten aber bis zum frühen 16. Jahrhundert nicht, dass sie von den winzigen indonesischen »Gewürzinseln« stammten, die wir heute als die Molukken kennen.

Das europäische Verlangen nach Gewürzen lieferte den Vorwand für Kolonialisierung und imperiale Eroberung. Kurz nachdem der Portugiese Vasco da Gama 1497–1499 den Seeweg nach Indien für die Europäer entdeckt hatte, riss Portugal den weltweiten Gewürzhandel an sich. Dieses Monopol hielt es fast ein Jahrhundert lang, wurde aber letztlich von den Niederländern verdrängt, die 1602 die Niederländische Ostindien-Kompanie (Vereenigde Oostindische Compagnie, VOC) gründeten. Die VOC eignete sich die Verwaltung von Territorien in Asien an, betrieb eigene Werften, baute Festungen, hob Armeen aus und schloss Verträge in ihrem Namen ab.

Portugal, England und die Niederlande kämpften jahrelang um die »Gewürzinseln«, während die Inselbewohner gleichzeitig gegen die Kolonialmächte kämpften. Sie wurden blutig unterdrückt: Ihre Städte wurden niedergebrannt und sie selbst zu Tausenden getötet, verschleppt und versklavt. Bis vor Kurzem hat die europäische Geschichte das Leiden der indigenen Völker nahezu völlig ignoriert.

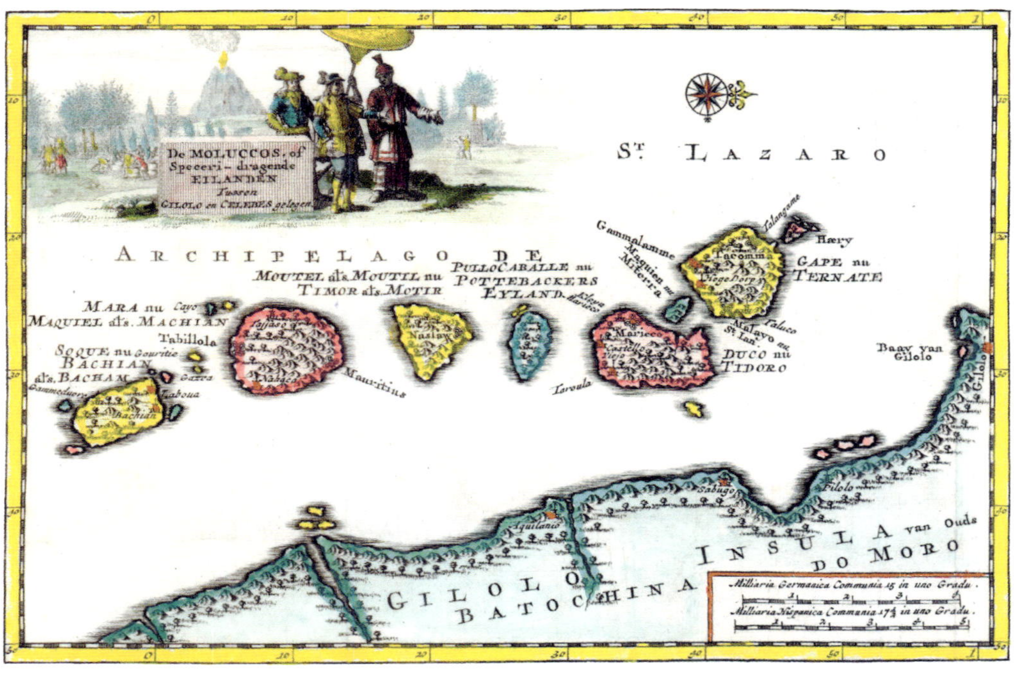

MOLUKKEN
Eine niederländische Karte von 1707 zeigt die winzigen indonesischen Inseln.

WERFT DER EAST INDIA COMPANY
Auf diesem Gemälde aus den 1680er-Jahren sieht man Schiffe der East India Company in Deptford an der Themse.

GEPLÜNDERTER REICHTUM

Nach ersten Reisen in den Indischen Ozean Ende des 16. Jahrhunderts gründeten englische Kaufleute die Britische Ostindien-Kompanie (East India Company, EIC). Das British Empire umspannte den Globus, die Hauptquelle für seinen Reichtum lag in Indien.

Als die EIC Anfang des 17. Jahrhunderts auf dem indischen Subkontinent landete, betrug Englands Anteil an der weltweiten Produktion gerade einmal 3 %.

Die East India Company eroberte mit ihrer Privatarmee kurzerhand Bengalen und zwang die lokalen Herrscher zum Handel. Von dort expandierte sie über den gesamten Subkontinent, setzte lokale Herrscher ab und Marionettenregime ein und plünderte, was und wo sie konnte.

Großbritannien beanspruchte bald weitere Kolonien und kontrollierte ab den 1760er-Jahren den Großteil Nordamerikas und der Karibik. Damit erhielten die Briten Zugriff auf alle Zutaten, um ihren Gin zu aromatisieren. Das Gros dieser Produkte gelangte per Schiff nach London. Der Zugriff der Hauptstadt auf Getreide und Frischwasser aus Quellen in Bloomsbury und Clerkenwell machte sie zum idealen Zentrum für die Gin-Herstellung.

Anfang des 19. Jahrhunderts war die Armee der EIC doppelt so stark wie die britische Armee und die Einnahmen der Kompanie lagen bei umgerechnet rund 350 Mio. €. Der erste Gouverneur der Präsidentschaft Bengalen war Robert Clive, gleichzeitig Generalmajor der EIC. Er war so reich, dass das Frettchen seiner Frau angeblich ein Diamantenhalsband im heutigen Gegenwert von 300 000 € trug.

Auch in Großbritannien gewann die EIC an Macht, indem sie kräftig investierte und etwa die Londoner Docks baute, an denen Reichtum und Güter des Empire anlandeten. Ihr Reichtum verhalf Aktionären, über sogenannte *rotten boroughs* (Wahlkreise mit wenigen Einwohnern, die aber Abgeordnete wählen konnten) zum Einzug ins Parlament – die EIC kontrollierte ein Viertel des Unterhauses. Die Kompanie war auf dem Papier autonom, in Wahrheit war sie ein weiterer, oft korrupter Arm des britischen Staats.

DIE ARMEE DER OSTINDIEN-KOMPANIE WAR DOPPELT SO STARK WIE DIE BRITISCHE ARMEE.

HELFER TONIC WATER

Ohne das Malariamedikament Chinin hätten die Truppen der EIC und später der britischen Armee keinen solchen Erfolg gehabt. Das bittere Alkaloid, das dem Tonic Water seinen charakteristischen Geschmack gibt, wird aus der Rinde des Chinarindenbaums (*Cinchona species pluralis*) gewonnen, der in den Nebelwäldern der östlichen Anden im heutigen Ecuador, Bolivien und Peru wächst.

Die Europäer erfuhren von ihrer Heilkraft im frühen 17. Jahrhundert von den indigenen Völkern der Quechua, Cañari und Chimú, die sie traditionell gegen Fieber einsetzten. Spanische Missionare brachten sie nach Europa. Zynischerweise kam die tödlichste Form der Malaria, für die die Europäer das Chinin brauchten, in den Anden nicht vor, bis sie mit den Kolonisten nach Nord- und Südamerika gelangte.

Für die folgenden 300 Jahre war das aus Baumrinde gewonnene Chinin das einzig wirksame Medikament gegen Malaria, die bis Anfang des 19. Jahrhunderts auch in Europa vorkam. Es konnte nicht nur Malaria heilen – sondern ihr auch vorbeugen (siehe Kasten rechts).

Chinin wurde zu einem unverzichtbaren Mittel für imperiale Herrschaft und Expansion. Seine Entdeckung eröffnete den Europäern das Innere Afrikas, das bislang wegen einer besonders tödlichen Form der Malaria als das »Grab des weißen Mannes« galt. Dank des Chinins konnten sich die Briten die Herrschaft über Indien sichern.

Man mischte Chinin hin und wieder mit Zucker und Sodawasser, um seinen fürchterlich bitteren Geschmack zu übertönen, meist aber griff man zu Wein, Gin oder Rum. 1858 patentierte Erasmus Bond das erste kommerziell produzierte Tonic Water, das er mit anfangs geringem Erfolg nicht als Fiebermedizin, sondern als Verdauungshilfe und generelles Tonikum bewarb.

In den 1860er-Jahren stahlen Briten *Cinchona*-Setzlinge in Peru, um Plantagen in Indien anzule-

MALARIA-PRÄVENTION

Manche Forscher schreiben die erste Verwendung von Chinin zur Malaria-Prävention dem schottischen Arzt William Balfour Baikie während einer Expedition 1854 entlang des Nigers zu. Vermutlich wurde es aber schon ein Jahrhundert früher genutzt: 1768 empfahl der britische Schiffsarzt James Lind (oben) Matrosen in tropischen Häfen, in denen die Malaria drohte, eine Tagesration *Cinchona*-Pulver.

CHINARINDENBAUM
Eine Abbildung der *Cinchona calisaya* in Köhler's *Medizinal-Pflanzen* (19. Jh.). Die Rinde gleich mehrerer *Cinchona*-Arten enthält Chinin.

DIE ERSTE SCHRIFTLICHE ERWÄHNUNG EINES »GIN AND TONIC« FINDET SICH 1868 IM *ORIENTAL SPORTING MAGAZINE*.

PITT'S AERATED TONIC WATER
Erasmus Bond, Eigner von Pitt & Co., vermarktete sein Tonic Water als Verdauungshilfe und generelles Tonikum.

gen und sich ihren Nachschub an Chinin zu sichern. Die Niederländer pflanzten ihrerseits Setzlinge auf Java. Die Spanier, die Peru beherrschten, ließen das gegen den ausdrücklichen Wunsch der Bevölkerung zu, die so ihres Lebensunterhalts beraubt wurde.

Die neuen Plantagen wurden von Vertragsarbeitern betrieben, die Chinarinde anbauten, ernteten und zu Chinin und anderen Alkaloiden verarbeiteten. Es handelte sich meist um Einheimische, manchmal ganze Familien, denen man Land für ihre Arbeit versprach. Dazu kamen ausländische Arbeiter und Strafgefangene.

Ein Bericht über die Ernte in Ecuador von 1878 beschrieb, wie manche Arbeiter »dem tödlichen Fieber zum Opfer fielen, während sie die Zutat für die Heilung Kranker in weit entfernten Ländern auf den Schultern trugen« und »zu Menschenopfern für die Gesundheit weißer Fremder wurden«.

Ab 1863 erschien in den britischen Kolonien Werbung für chininhaltiges Tonic Water. Es wurde immer noch als allgemeines Tonikum beworben, aber auch seine Rolle bei der Bekämpfung von Fieber wurde erwähnt. Es ist nicht klar, ob diese Getränke wirklich wirkten oder ob es sich nur um cleveres Marketing handelte.

Die erste schriftliche Erwähnung eines »Gin and Tonic« findet sich 1868 im *Oriental Sporting Magazine*, das berichtet, Zuschauer hätten nach einem Pferderennen danach gefragt. Das deutet darauf hin, dass die Briten in Indien ihren G&T eher als Erfrischungsgetränk, denn als Medizin genossen.

POSTKOLONIALER G&T

Während manche modernen Gins, allen voran der Bombay Sapphire (siehe S. 157), immer noch mit dem Image des British Empire werben, verzichten die meisten Produzenten heute darauf. Statt auf Exotik setzen sie eher auf die Verwendung lokaler Botanicals.

Indische Hersteller produzieren heute ihr eigenes Tonic Water und ihren Gin aus heimischen Botanicals (abgesehen vom meist importierten Wacholder). Indische Tonic-Water-Produzenten sind unter anderem Svami in Mumbai und die in Delhi heimischen Jade Forest, Bengal Bay und Sepoy and Co. Vertreter indischer Gins sind unter anderem Stranger & Sons Gin, Greater Than Gin (siehe S. 159) und Hapusā (siehe S. 203).

DER GIN IM FRACK

Der Gin erfreute sich ab Anfang des 20. Jahrhunderts, als die Cocktailkultur entstand, neuer Beliebtheit. Sie verlieh ihm eine Aura von Glamour und Eleganz.

MIXGETRÄNKE

Cocktails, wie wir sie kennen, wurden in den 1920er-Jahren populär, doch auch davor trank man schon Mixgetränke. Mitte des 19. Jahrhunderts waren dies meist Punsche, Cups und Cobblers. Diese Getränke aus Brandy, Wein, Früchten und Zucker wurden zum Selbstmixen serviert.

In jenen Rezepten spielte Gin keine Rolle, wohl aber in einem heißen, süßen und würzigen Drink namens Rumfustian, wo er auf Eigelb, Starkbier, Zitrusfrüchte und Wein traf. Gin Twists aus Gin, Zitronensaft, Zucker und heißem Wasser waren ebenso beliebt wie der Gin Flip aus Ei, Zucker, Gin, Muskat und warmem Bier.

AMERIKANISCHER STIL

Ende des 19. Jahrhunderts kamen die ersten »American Bars« in Europa auf. Ihr innovatives Angebot sollte die Kultur der Mixgetränke gründlich aufmischen.

Ein Teil der Formel war die bislang nicht gekannte Inszenierung. Herausragend auf diesem Feld war wohl Jerry Thomas, ein »waschechter Yankee-Professor« des Fusels, der in England durch London, Southampton und Liverpool tourte und Drinks mithilfe seines massivsilbernen Barbestecks im Wert von über 1000 € mixte.

Eine weitere Innovation war die Verwendung von Eis – lange Zeit ein großer Luxus. Es setzte sich erst nach der Erfindung der künstlichen Kühlung durch. Zu Jerry Thomas' »Sensation Drinks« gehörten auch Gin Slings (mit Eis) und Ladie's Blushes, aus Old Tom Gin, Noyau de Vernon und Absinth.

JERRY THOMAS
Der amerikanische Barkeeper war für seinen extravaganten Stil beim Mixen von Cocktails berühmt.

FRÜHE MIXGETRÄNKE

Der Gin war auch Bestandteil einiger früher Mixgetränke, den Vorläufern der modernen Cocktails.

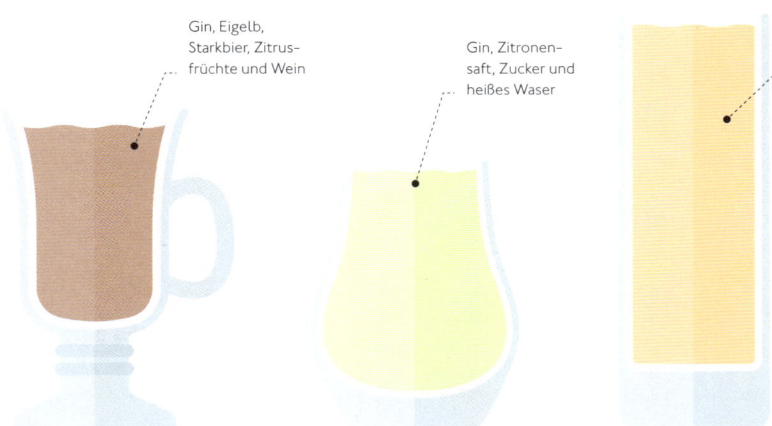

RUMFUSTIAN

GIN TWIST

GIN FLIP

PROHIBITION

Ironischerweise war es die Prohibition – das Verbot von Herstellung, Import, Transport und Verkauf von Alkohol in den USA zwischen 1920 und 1933 –, die den Gin beiderseits des Atlantiks populär machte.

In den USA umgingen Menschen das Verbot, indem sie ihren Gin illegal zu Hause brannten. Das Ergebnis, auch Bathtub Gin genannt, war ein ziemlich übler Fusel, der mit Wacholderöl und anderen Aromastoffen verschnitten war, der aber immerhin betrunken machte. Gin-Cocktails sollten den Schwarzbrand schmackhafter machen.

Schwarzbrände waren auch in den Flüsterkneipen beliebt, die an die Stelle der nun geschlossenen Bars als Orte geselligen Trinkens traten und minderwertigen Gin und andere Spirituosen servierten, die ohne weitere Beigaben wenig ansprechend waren.

LUXUSDRINK
Ein Werbeplakat für Seagers Gin aus den 1930er-Jahren bewirbt Gin als glamourösen und eleganten Drink.

ZWISCHENKRIEGS-HOCH

Die Prohibition trieb auch viele amerikanische Barkeeper in die offenen Arme Europas. Der berühmteste war wohl Harry Craddock, Autor des *Savoy Cocktail Book* (erschienen 1930). Craddock war für seine »Anti-Fogmatics« berühmt, Katerdrinks wie der Corpse Reviver No. 2 (siehe S. 129), den man am besten »vor 11 Uhr morgens« trank »oder wann immer man etwas Dampf braucht«.

Gin hatte seinen Ruf als Armengesöff endgültig abgestreift und war nun der Lieblings-Drink aristokratischer Salonlöwen und -löwinnen, den sogenannten »Bright Young Things«. Frauen genossen ihn bevorzugt als Gin and It (siehe S. 111). Aus den 1930er-Jahren stammt die vermutlich von Craddock propagierte Regel, dass jeder Cocktail für die britische Monarchie Gin enthalten sollte.

GIN WAR DER LIEBLINGS-DRINK DER »BRIGHT YOUNG THINGS«.

KOMMERZIELLER ERFOLG

Natürlich wollten auch die großen britischen Gin-Hersteller an der neuen Popularität des Gins mitverdienen und so führten selbst die konservativsten Marken neue Produkte ein. Gordon's entwickelte neue Orangen- und Zitronen-Gins und (wie auch Beefeater) eine Reihe von »servierfertigen« Cocktails. Fortnum & Mason, ein Kaufhaus am Londoner Picadilly Square, verkaufte Cocktails in der Flasche.

Auch in der Londoner Cocktail-Kultur der Zwischenkriegsjahre spielte das British Empire immer noch eine Rolle mit Drinks wie dem Singapore Sling und dem Pegu Club, die Kolonialexotik ins verregnete Mutterland brachten.

NACHKRIEGSKATER

Die frühen 1900er-Jahre waren eine gute Zeit für den Gin, aber ab den 1940ern sank sein Stern in einer sich verändernden Welt und angesichts wachsender Konkurrenz durch andere Spirituosen. Gin war auf einmal altmodisch und langweilig, gleichzeitig wandte sich eine junge Generation von der Geschichte ihrer Eltern ab.

SPIELVERDERBER KRIEG

Der Zweite Weltkrieg (1939–1945) nahm dem Gin seinen Glanz. Viele große Destillerien standen in London und wurden im »Blitz«, den deutschen Bombenangriffen 1940/41, zerstört. Auch Brennereien außerhalb Londons wurden bombardiert, so verlor die Plymouth Gin Distillery ihre Büros und nahezu ihr gesamtes Archiv. Dazu kam die Personalnot durch die im Krieg Gefallenen.

Vor allem aber war Getreide wegen der deutschen Angriffe auf die Frachtschiffe, von denen Großbritannien abhing, Mangelware. Die Regierung rationierte das Getreide für die Spirituosenherstellung streng, sodass die Brennereien ihre Produktion drosseln mussten. Einige Hersteller wichen auf Melasse als Rohstoff aus, aber viele konnten ihren Ausstoß nach dem Ende der Rationierungen in den 1950er-Jahren nicht mehr erreichen.

VERSTAUBTES IMAGE
In den 1950ern haftete dem Gin der Geruch eines altmodischen und vergangenen Englands an.

DER IMPERIALE KATER

Vor dem Krieg stand der Aufstieg des Gins zumindest teilweise mit dem Aufstieg des British Empire (siehe S. 34–37) in Verbindung. Mit dem durch den Krieg beschleunigten Niedergang des Empire sank auch der Stern des Gins. Er galt nicht mehr als frisch und glamourös, sondern als ein Relikt eines veralteten Englands, das keinen Platz in der modernen Welt hatte. Großbritannien hatte »ein Reich verloren und noch keinen Platz für sich gefunden.«

Die kulturellen Umwälzungen der 1960er-Jahre vertieften den Graben zwischen Gin und jungen Menschen, auf die er zum Überleben angewiesen war. Er war das Getränk der Alten und des Estab-

GIN WAR DER DRINK DER ALTEN UND PASSTE NICHT ZU SEX, DRUGS UND ROCK 'N' ROLL.

lishments und passte nicht zu Sex, Drugs und Rock 'n' Roll.

KONKURRENZ

Die Briten tranken bereits seit den 1930er-Jahren Wodka, in den 1960ern gab es einen regelrechten Boom. Wodka war historisch unbelastet und ließ sich gut mit Cola oder Fruchtsaft mischen – perfekt für junge Menschen, denen die Cocktails ihrer Eltern zu umständlich waren. Gin verschwand zwar nicht komplett von der Bühne, aber in den Bars regierte nun der Wodka. In den 1970er- und 1980er-Jahren kam mit dem Aufstieg exotischer Cocktails wie dem Mai Tai und dem Jungle Bird der Rum als weiterer Rivale hinzu.

EINSPARUNGEN

Einige Hersteller versuchten den Niedergang mit Einsparungen auszusitzen und produzierten schwächeren Gin, der mehr Flaschen pro Charge füllte: Einige Gins wurden mit gerade einmal 28 Vol.-% abgefüllt. Darunter litt allerdings auch der Geschmack. Gins mit reichlich Botanicals, wie The Botanist (siehe S. 181) oder Monkey 47 (siehe S. 188), wären damals undenkbar gewesen.

NEWCOMER WODKA
In den 1960er- und 1970er-Jahren bekam der Wodka ein frisches und lockeres Image, das junge Menschen ansprach.

GIN-RENAISSANCE

Zum Glück war der Niedergang des Gins nicht von Dauer. Anfang des 21. Jahrhunderts fand er neue Fans unter den Konsumenten, die nun bei nahezu allen Produkten zunehmend auf Herkunft und Geschmack achteten.

SUPER PREMIUM GINS

Die Einführung des Bombay Sapphire (siehe S. 157) markierte 1987 die Wende für den Gin. Es war die erste erfolgreiche Markteinführung seit Jahrzehnten. Der Verzicht auf prominenten Wacholder zugunsten leichterer, floraler Noten lieferte das Rezept für die Renaissance des Gins zum Nachteil des Wodkas. Der Bombay Sapphire war die Luxusversion des Bombay Dry mit ganz neuen Noten von Kubebenpfeffer und Paradieskörnern.

2000 folgte der Tanqueray No. 10, seinerseits eine Edelvariante eines existierenden Gins mit Grapefruit, frischen Limetten und Kamille. Dazu kam der Hendrick's (2000 in den USA und 2003 in Großbritannien eingeführt) und komplettierte die neue Kategorie der Super Premium Gins. 2008 folgte der Beefeater 24 mit einer Mischung aus chinesischem Grüntee und japanischem Sencha. Im selben Jahr kamen bei Hayman's and Jensen's die Old Tom Gins (siehe S. 74–75) zurück, um die wachsende Nachfrage nach Cocktails mit diesem Stil zu befriedigen.

Der englische Gin-Boom nahm 2009/10 endgültig Fahrt auf, als zwei Gesetze wegfielen, die das Brauen und Brennen am selben Standort verboten und die Größe der Brennblasen auf 18 hl begrenzten. Nun konnten Sipsmith und Chase ihre Produktion anfahren, dicht gefolgt von Adnams.

Dann kam eine Welle kleiner Craft-Destillerien. 2010 gab es 116 Brennereien in Großbritannien, vor allem in Schottland und vor allem für Whisky. 2020 waren es schon 563, die meisten davon in England, und die brannten Gin.

US NEW WESTERN DRY

Auch in den Vereinigten Staaten wurde die Brennerei wieder interessant. Craft-Destillerien gab es schon Anfang der 1980er-Jahre, sie brannten nur in kleinem Stil und erzeugten keinen Gin. Um 2000 dominierten noch britische Marken den US-Markt, aber eine neue Lust auf Cocktails machte den Gin auch hier interessanter.

1998 brachte Anchor Brewing and Distilling mit seinem Junipero Gin (siehe S. 162) den ersten amerikanischen Craft Gin auf den Markt. Als 2005 der Bluecoat

BOMBAY SAPPHIRE (1987) | TANQUERAY TEN (2000) | HENDRICK'S (2003) | BEEFEATER 24 (2008) | HAYMAN'S AND JENSEN'S OLD TOM (2008)

BRITISCHE GINS Etablierte Marken ebneten mit Super-Premium-Versionen ihrer Gins den Weg. Kleinere Destillerien trugen Innovation und Vielfalt bei.

American Dry Gin herauskam, war die Destillerie die Erste, die seit der Prohibition in Pennsylvania gebaut wurde. Ihr Gin zeigte, dass die US-Brenner lieber ihre eigenen Wege gingen, indem sie unter anderem auf ein weicheres Wacholderprofil setzten.

2006 führte Ryan Magarian mit dem Aviation Gin (siehe S. 183) das Konzept des New Western Dry Gin (siehe S. 74) ein, bei dem der Wacholder nur noch eine Nebenrolle spielte.

AUSTRALISCHE GINS
In Australien wird seit den 1990ern Gin gebrannt, seit 2010 in großem Stil. Heimische Botanicals sorgen für sehr eigenständige Noten und Aromen.

KANGAROO ISLAND SPIRITS O GIN (2006)

MANLY SPIRITS COASTAL CITRUS GIN (2017)

FOUR PILLARS OLIVE LEAF GIN (2020)

AUSTRALIENS EIGENHEITEN

Australien wurde jahrelang vom Rum regiert und seine Gin-Industrie ist im Vergleich zu anderen Ländern sehr jung. Ihre Wurzeln hat sie in den 1990er-Jahren, als der tasmanische Brenner Bill Lark das historische Brennverbot kippte, um Whisky brennen zu können. Der Erfolg inspirierte seinen Bruder Jon und dessen Frau Sarah zur Gründung von Kangaroo Island Spirits, der ersten reinen Gin-Brennerei Australiens.

Die Larks wollten ihren Gin nur aus heimischen Botanicals brennen und sie errangen damit eine Alleinstellung auf dem globalen Markt. Die einzigartigen Gins aus Down Under sind von Zutaten wie Zitronenmyrte und tasmanischem Bergpfeffer geprägt.

2013 entstanden in Australien etwa zehn Gins, wobei Destillerien wie West Winds und Four Pillars den Markt dominierten. 2020 waren daraus rund 700 Brennereien geworden.

FRANZÖSISCHES KNOW-HOW

Der französische Gin ist vom Wein, Cognac und Calvados des Landes ebenso geprägt wie von seiner Parfümindustrie. Die französischen Brenner beweisen großes Können beim Brennen, Verschneiden und Reifen ihrer Gins in Holzfässern. Gins wie der Mediterranean Gin by Léoube (siehe S. 179) und der 44°N (siehe S. 183) sind Belege für die eigenständigen Resultate dieser Methoden.

JUNIPERO (1998)

BLUECOAT AMERICAN DRY (2005)

AVIATION GIN (2006)

AMERIKANISCHE GINS
Craft-Destillerien gibt es seit den 1980er-Jahren. Seit 2000 passen US-Brenner den Gin zunehmend an amerikanische Gaumen an.

GIN UND KLIMASCHUTZ

Das Brennen von Spirituosen ist energieintensiv, aber es gibt viele Möglichkeiten, die Auswirkungen auf die Umwelt und das Klima zu verringern.

DER ENERGIEBEDARF

Die einfachste Methode, weniger Kohlendioxid (CO_2) beim Brennen zu erzeugen, ist, durch Mehrfachdestillation (»Multi Shot«-Verfahren, siehe S. 65) weniger Energie beim Heizen der Brennblase zu verbrauchen. Pro Brennvorgang entstehen mehr Flaschen Gin, es muss seltener angeheizt werden.

Manche Brenner sagen, dies erzeuge minderwertigen Gin. Aber es gibt auch andere Möglichkeiten. Statt seltener anzuheizen, kann man bei niedrigerer Temperatur oder mit Vakuumdestillation (siehe S. 64) brennen. Auch in traditionellen Brennblasen lässt sich ein Vakuum erzeugen. Zwar darf man nicht nur an die eingesparte Heizenergie denken, sondern auch an die zur Erzeugung des Vakuums verwendete Energie. Dennoch erlaubt diese Methode eine CO_2-Einsparung von etwa 40 %.

Durch den Einsatz eines Rotationsverdampfers lässt sich sogar noch mehr Energie sparen. Er arbeitet bei noch niedrigeren Temperaturen bis zu Zimmertemperatur und spart bis zu 90 Prozent Energie gegenüber der traditionellen Brennblase.

Man könnte sogar ganz auf die Destillation verzichten und Compound Gin (siehe S. 70–71) aufsetzen. Zukünftig werden die Brennereien auf der Suche nach nachhaltigeren Verfahren wohl verschiedene Methoden kombinieren.

Wichtig ist auch, wo die Energie herkommt. Immer häufiger wird zu grünen Energieanbietern gewechselt und es werden Solarpaneele installiert. Einige Erzeuger, die brauen und brennen, wie Adams und Ramsbury, nutzen den Dampf aus der Brauerei, um ihre Destillen zu beheizen, was ebenfalls den CO_2-Ausstoß senkt.

SINGLE-ESTATE GIN

Für Brenner war es schon immer von großer Bedeutung, welchen Basisalkohol sie verwenden. Nachhaltigkeit ist da nur ein weiterer Faktor. Der Basisalkohol ist für teilweise bis zu 50 % der CO_2-Emissionen verantwortlich. Daher ist es für einige Brennereien die ökologischere Option, ihren Basisalkohol selbst herzustellen.

Ramsbury (siehe S. 196) ist beispielsweise ein Single-Estate Gin, was bedeutet, dass Getreideanbau, Wasserquellen, Basisalkohol und Gin alle in der Hand der Brennerei liegen. Das ergibt aber nur Sinn, wenn die Brennerei den Basisalkohol effizienter herstellen kann als ein Großproduzent. Für kleinere Brennereien bleibt der Zukauf nachhaltiger.

GRÜNERE BRENNEREIEN

Brennereien können ihre CO_2-Bilanz bei der Gin-Produktion durch verschiedene Methoden oder Kombinationen von Verfahren verbessern.

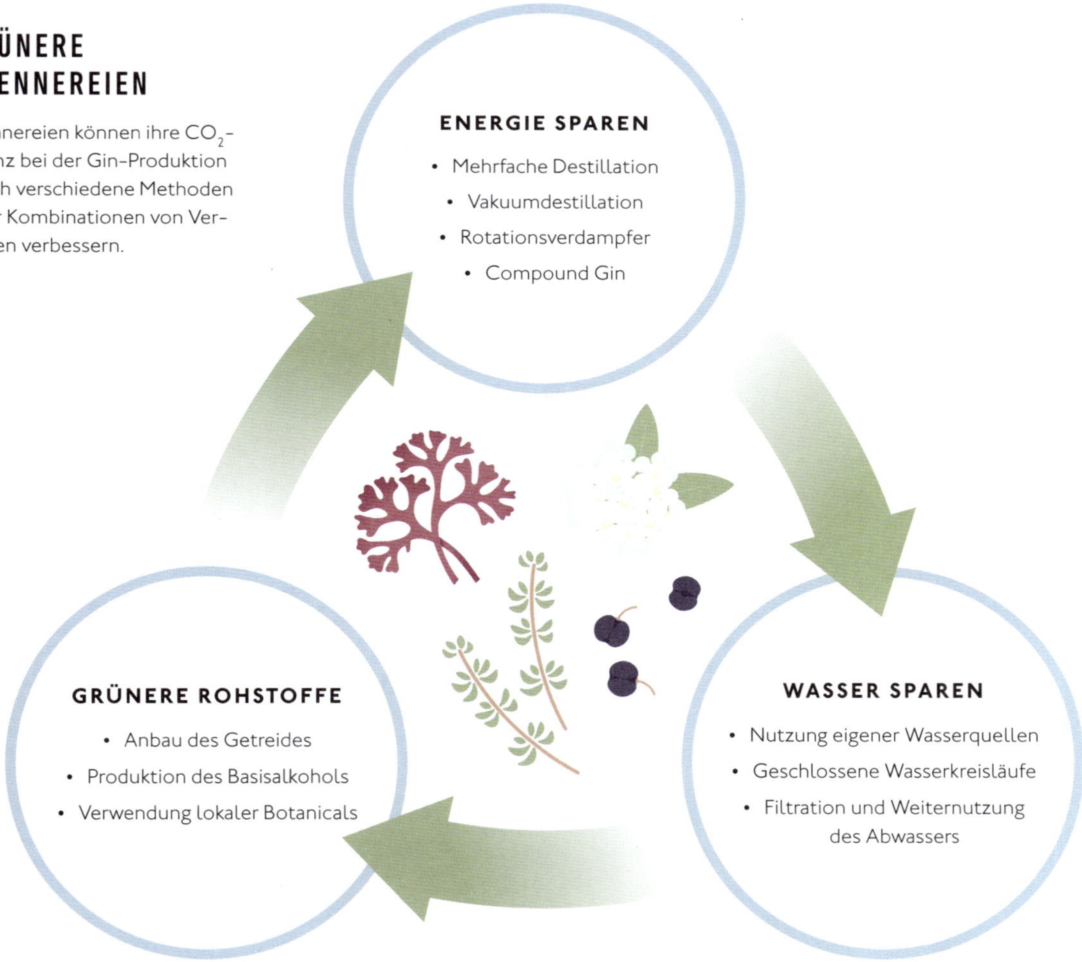

DIE BOTANICALS

Auch die Botanicals tragen zur allgemeinen CO_2-Bilanz des Gins bei. Viele Brennereien sammeln vor Ort wachsende Pflanzenstoffe von Hand. Dies hat den zweifachen Vorteil, dass der Brand die heimischen Aromen widerspiegelt und weniger CO_2 entsteht. Es gibt aber kein Patentrezept und für einige Brennereien wird es weiterhin effizienter und nachhaltiger sein, bestimmte Zutaten über spezialisierte Anbieter zu beziehen.

DER WASSERVERBRAUCH

Brennereien benötigen Wasser für die Destillation. Ebenso benötigen sie Wasser, um das Destillat auf Trinkstärke zu verdünnen. Für die Nachhaltigkeit sind aber Dampf zum Heizen und Wasser zum Kühlen noch wichtiger. Einige Brennereien verfügen über geschlossene Systeme und lassen das Wasser nicht einfach abfließen. Die Ramsbury Distillery entnimmt ihr Wasser aus eigenen Brunnen und führt es über eine Schilfkläranlage einem Teich auf dem Gelände zu, der die Biodiversität unterstützt.

MEHR GRÜNE LÖSUNGEN

Brennereien können ihren CO_2-Ausstoß nicht nur bei der Gin-Produktion senken, sondern auch durch Nachfüllpackungen, recycelbare Verpackungen und die Lieferung per Tanklaster.

DIE VERPACKUNG

Gin wird zwar in gut recyclebaren Glasflaschen verkauft, die Verpackungen tragen aber weiterhin stark zu den CO_2-Emissionen der Getränkeindustrie bei. Hier liegt viel Potenzial für Verbesserungen. Zunächst einmal sind Glasflaschen schwer. Schon eine leichte Gewichtseinsparung kann auf lange Sicht eine große CO_2-Ersparnis bringen, wenn bei der Herstellung der Flaschen weniger Energie und weniger Rohstoffe verbraucht werden und auch der Transport weniger Energie erfordert. Als Plymouth Gin 2021 ihre Flaschen um 15 % leichter machten, rechnete der Mutterkonzern Pernod Ricard mit einer jährlichen Einsparung von 60 Tonnen CO_2.

Grundsätzlich ist Glas zwar recycelbar, aber nicht alle Glassorten sind gleich gut geeignet. Die meisten Gin-Flaschen sind farblos, um den klaren Inhalt zu zeigen. Der Anteil an Recyclingmaterial ist in farbigem Glas aber deutlich höher.

Einige Brenner verzichten ganz auf Glas. Gins wie Green Man und Lowlander Gin werden in Papierflaschen verkauft, die zu 94 %

DER TRANSPORT IST EIN BEDEUTENDER FAKTOR BEI DER REDUZIERUNG DES CO_2-AUSSTOSSES.

recycelbar sind, deren CO_2-Bilanz 85 % geringer ausfällt als der von Glasflaschen und deren Produktion viermal weniger Wasser verbraucht. Zudem sind sie viel leichter, was Transportenergie spart, und sie sind thermisch stabil und damit effizienter zu kühlen.

Seit 2023 verwenden Penrhos Spirits für ihren Gin nur noch recycelte Aluminiumflaschen, die als nachhaltigste Variante gelten. Laut aktueller Schätzungen werden 75 % des je produzierten Aluminiums bis heute genutzt.

DIE WIEDERBEFÜLLUNG

Eine weitere Möglichkeit, Verpackungen grüner zu gestalten, ist, sie mehrfach zu verwenden. In den letzten Jahren bieten immer mehr Hersteller Verbrauchern die Möglichkeit, ihre Gin-Flaschen wiederzubefüllen.

Die Isle of Harris Distillery vertreibt Gin zum Nachfüllen in Aluminiumflaschen, die dann dem Recycling zugeführt oder als Wasserflaschen wiederverwendet werden können. Die Wye Valley Distillery vertreibt Gin-Refills in Aluminiumdosen und Dunnet Bay Distillers bieten Nachfüllbeutel aus recycelbarem Plastik für ihre Keramikflaschen an.

Bei anderen Brennereien gibt es Nachfüllstationen, an denen Verbraucher ihre eigenen leeren Flaschen wieder auffüllen lassen können. Silent Pool bieten dies etwa für ihre Flaschen an. Bei East London Liquor Co. können Kunden den Gin in jede 700-ml-Flasche abfüllen lassen, egal woher sie stammt: Ihrer Meinung nach gibt es bereits genug Flaschen auf der Welt.

In Gaststätten und Bars fallen noch deutlich mehr Flaschen an als beim Endverbraucher und auch da gibt es großen Verbesserungsbedarf. Mit Tanklastern ermöglicht die East London Liquor Co. auch dem Gastgewerbe, leere Flaschen nachzufüllen, was die damit verbundenen CO_2-Emissionen um 88 % senkt.

Hepple bietet Bars die Möglichkeit, seinen Gin aus dekorativen 10-Liter-Glasballons auszuschenken, die aus 10–25 Liter fassenden Gin-Fässern aufgefüllt werden. Jeder Verwendung des größeren Fasses nimmt 36 handelsübliche Flaschen aus der Wertschöpfungskette, was rund 34 kg CO_2 einspart. Seit 2023 bietet Hepple zudem seinen Gin in einem 5-Liter-Nachfüllbeutel an, den man dann zur Wiederverwendung zurückschickt.

DER TRANSPORT

Auch der Transport ist entscheidend für die Reduzierung des CO_2-Ausstoßes und hat Schnittstellen mit vielen anderen Bereichen, wie etwa dem Flaschengewicht und Massenguttransport. Würde man die Belieferung mit Tanklastern und »Multi Shot«-Verfahren (siehe S. 65) kombinieren, ließe sich noch mehr einsparen. Viele kleinere Brennereien beliefern ihre Kunden vor Ort mit Elektrofahrzeugen oder Lastenrädern, um CO_2 einzusparen.

DESTILLATION

Alle Spirituosen entstehen durch den Prozess der Destillation. Grundlage ist eine alkoholische Flüssigkeit. Durch ihre Konzentration entsteht ein alkoholstärkeres und teils geschmacksintensiveres Getränk.

DIE FERMENTATION

Im ersten Schritt vergärt man eine zuckerhaltige Flüssigkeit, die meist aus Getreide wie Weizen oder Gerste und Wasser angemischt wird. Diese enthält Stärken, die in Zucker umgewandelt werden können, der dann seinerseits zu Alkohol vergoren wird.

Das Getreide wird zuerst gemälzt, um die enthaltene Stärke aufzuschließen. Dazu weichen die Mälzer es in Wasser ein, bis es zu keimen beginnt. Dann trocknen sie es, um die Keimung zu stoppen.

Nun wird das Malz gemahlen und in heißem Wasser eingeweicht. Das löst die Stärke aus dem Mehl und das Enzym Amylase wandelt diese Stärke in der Maische in Einfachzucker um. Da Gerste Amylase enthält, fügen Brenner der Mischung oft etwas Gerste zu, auch wenn sie vorwiegend Weizen verwenden.

Nachdem das Getreide abgesiebt wurde, gibt man Hefe zur Würze, die Zucker in Alkohol und Kohlendioxid umwandelt. Es gibt

DESTILLATIONSPROZESS

Ziel der Destillation ist es, den Alkohol zu konzentrieren, ihn also stärker zu machen. Der Basisalkohol wird in der Destille erhitzt und verdunstet. Der Dampf wird in der Destille gesammelt und kondensiert zu einer stärkeren alkoholischen Flüssigkeit.

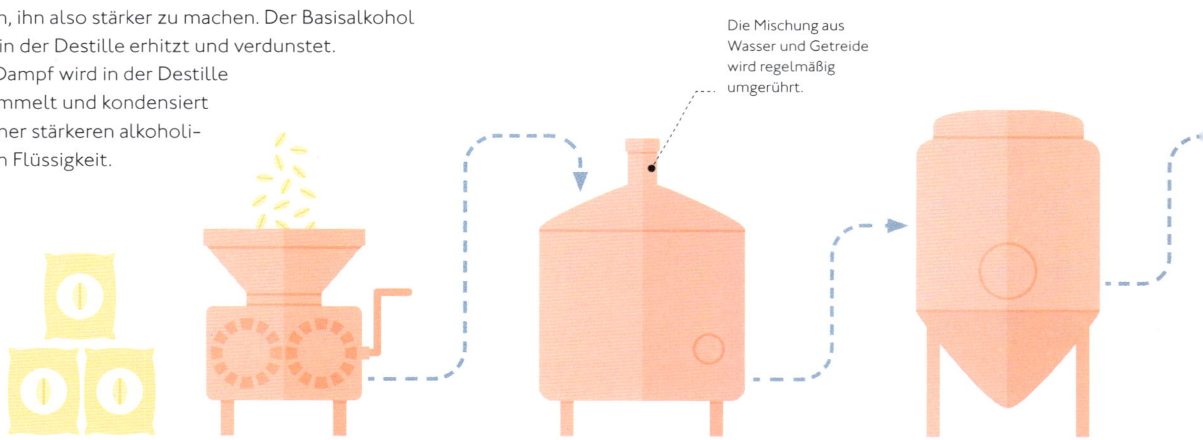

1

MÜHLE
Das gemälzte Getreide (Weizen oder Gerste) wird in der Mühle gemahlen.

2

MAISCHE
Das Mehl wird in heißem Wasser eingeweicht, das ihm die Stärke entzieht. So entsteht die Würze.

3

GÄRUNG
Die Würze wird in den Gärtank gefüllt, wo ihr Hefe zugesetzt wird.

viele verschiedene Hefestämme, darunter auch Wildhefen, die uns überall umgeben. Brenner verwenden wegen ihrer spezifischen Eigenschaften die Brauhefe *Saccharomyces cerevisiae*.

Nach abgeschlossener Fermentation hat man eine alkoholische Flüssigkeit, die nun gebrannt werden kann.

DIE DESTILLATION

Beim Destillations- oder Brennvorgang werden Ethanol und Wasser des Basisalkohols getrennt. Der Prozess nutzt zwei interessante Eigenschaften des Alkohols, nämlich seinen niedrigen Siedepunkt und seine Löslichkeit in anderen Substanzen (siehe Kasten oben). Ethanol hat einen Siedepunkt von 78 °C, verdunstet in der heißen Destille also früher als das Wasser mit seinem Siedepunkt von 100 °C. Die Ethanoldämpfe werden aufgefangen und gekühlt, wodurch sie wieder zu Flüssigkeit kondensieren. Dadurch werden Wasser und Unreinheiten abgeschieden. Zurück bleibt das, was uns interessiert: das Herzstück der Destillation, der Geist (lat. *spiritus*).

ALKOHOL IST EIN LÖSUNGSMITTEL

Die beiden Enden des Ethanol-Moleküls verhalten sich unterschiedlich. Das eine ist polar, verhält sich also wie Wasser und löst hydrophile (wasserliebende) Moleküle wie Zucker und Salz. Das andere ist unpolar und verhält sich wie Öle und Fette hydrophob (wasserabweisend). Da die meisten Stoffe in die eine oder die andere Kategorie fallen, ist Alkohol praktisch ein universelles Lösungsmittel. Wenn der Alkohol während der Destillation verdunstet (siehe S. 50), nimmt er einen Teil der ätherischen Öle der Botanicals mit, die sich dann nach der Kondensation in der Spirituose, wiederfinden. Wunderbar!

4

SÄULEN-BRENNANLAGE
Der Basisalkohol wird in diese Destille geleitet und erhitzt.

5

BRENNBLASE
Botanicals wie Pflanzen, Samen, Schalen und Rinde werden in die Brennblase gegeben.

6

WASSER
Der Brand wird mit Wasser auf den gewünschten Alkoholgehalt verdünnt.

7

ABFÜLLUNG
Die Spirituose wird gefiltert und für den Transport in Flaschen abgefüllt.

DIE BRENNBLASE

Das »Pot Still«-Verfahren ist das einfachste und häufigste Verfahren zum Brennen von Spirituosen, von Rum bis Whisky. Für Gin wird der Basisalkohol mit Botanicals in einer Brennblase nochmals gebrannt, um ihn zu aromatisieren. Der Basisalkohol entsteht in der Säulenbrennanlage (siehe S. 52).

FLÜCHTIGKEIT

Flüchtigkeit beschreibt die Verdunstungsfähigkeit eines Stoffs. Je flüchtiger ein Stoff ist, desto schneller verdunstet er.

DAS VERFAHREN

Die Brennblase wird mit einer Mischung aus Basisalkohol, Wasser und Botanicals gefüllt. Diese weicht oftmals 12–48 Stunden ein, um den Botanicals möglichst viele Aromen zu entziehen.

Dann wird die Brennblase langsam auf die Zieltemperatur erhitzt. Früher geschah dies über offenem Feuer. Heute kommen üblicherweise Heizelemente zum Einsatz, wie Heizschlangen im Innern des Kessels oder ein Mantel, der die Unterschale des Kessels mit Dampf beheizt.

Das Destillat entsteht in verschiedenen Fraktionen (Trennstufen): Foreshot (Vorlauf), Head (eine Zwischenfraktion am Ende des Vorlaufs), Heart (Mittellauf oder Herzstück) und Tail (Nachlauf) (siehe S. 58–59). Nur der Mittellauf ist genießbar und wird genutzt.

KONTROLLE DES BRANDS

Die Brenner kontrollieren die Temperatur der Destille für gewöhnlich über mehrere Thermometer, unter anderem an Blase, Hals und Kondensator. Zusätzlich messen sie den Alkoholgehalt (Vol.-%) des Destillats in der Vorlage bzw. dem Brandtresor, nachdem es den Kondensator verlassen hat.

DIE FRAKTIONIERUNG

Temperatur und Alkoholgehalt des Destillats zeigen dem Brenner, welche Fraktion des Destillats gerade aus der Kühlung läuft. Zusätzlich setzt er bei der Entscheidung, wann er die Spirituose abtrennt, auf Geruchs- und Geschmackssinn.

DESTILLENFORM

Die Form der Brennblase wirkt sich auf den Geschmack der Spirituose aus. Viele Brennblasen haben über dem Kessel einen Helm, in dem der Alkoholdampf kondensiert und zurück in den Kessel fällt und so wieder und wieder destilliert wird, bis er rein genug ist, um durch den Helm zum Geistrohr aufzusteigen.

Auch der Winkel des Geistrohrs wirkt sich aus: Ist es nach unten gerichtet, können schwerere, weniger flüchtige Aromaverbindungen den Kondensator erreichen; nach oben gerichtet gelingt dies nur flüchtigeren Verbindungen und es entsteht eine leichtere, feinere Spirituose.

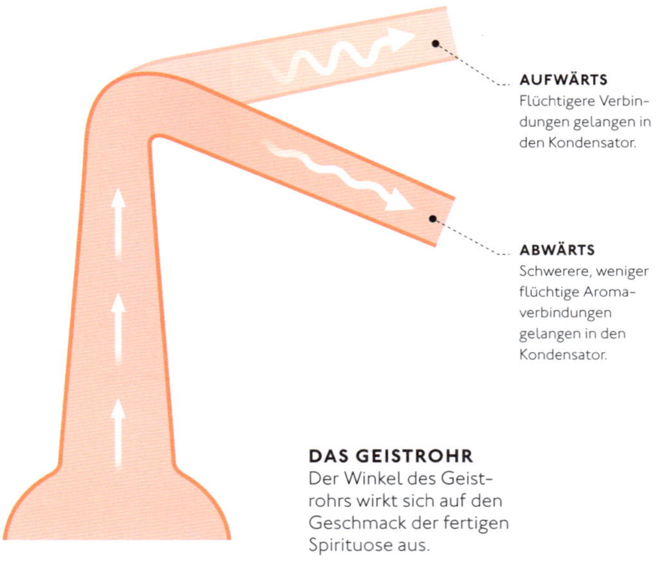

BRENNBLASE

Eine Brennblase (Pot Still) besteht aus Kessel, Hals, Kopf und Geistrohr, das den Dampf in den Kondensator leitet.

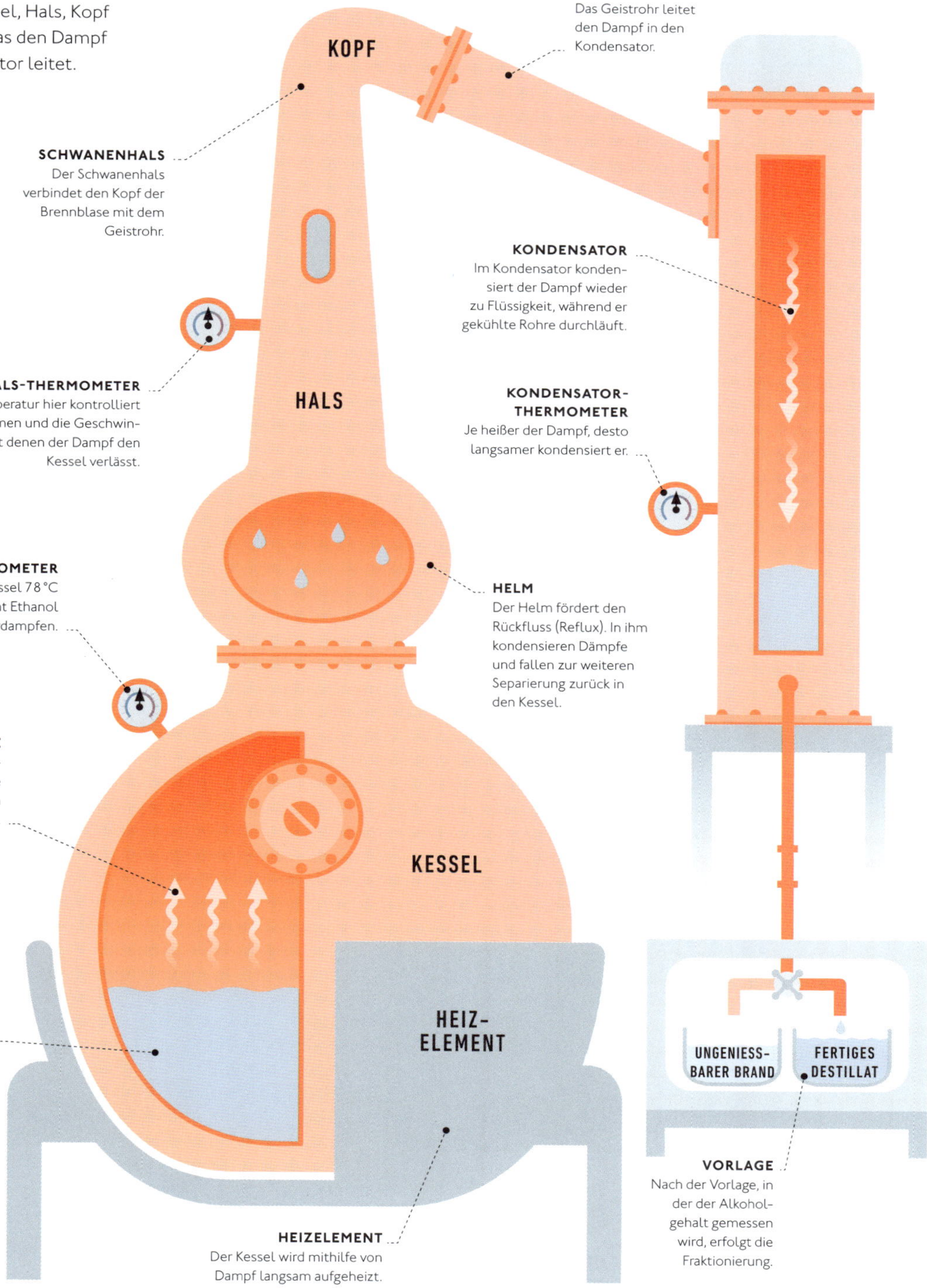

DIE SÄULEN-BRENNANLAGE

Im Gegensatz zur Brennblase, die nach jedem Brennvorgang geleert und gereinigt wird, kann in der Säulenbrennanlage über Tage und sogar Wochen hinweg kontinuierlich gebrannt werden.

DAS VERFAHREN

Die Säulenbrennanlage besteht aus einer Säule oder Kolonne mit mehreren kupfernen Siebböden. Neben jeder Platte befindet sich ein kleines Sichtfenster im Mantel der Kolonne, sodass der Brenner hineinsehen kann.

Der vorgewärmte Basisalkohol gelangt über den Zulauf in die Kolonne. Während er verdampft, fließen die weniger flüchtigen Bestandteile zum Boden, wo sie erneut erhitzt werden; die flüchtigeren Bestandteile steigen nach oben.

Im Stripping-Bereich unterhalb des Zulaufs entweichen flüchtige Komponenten aus der Flüssigkeit (Stripping). Im Rektifikationsbereich werden weniger flüchtige Stoffe durch von oben kommende Flüssigkeit entfernt (Rektifizierung; siehe S. 69).

Der Dampf kondensiert auf jedem Siebboden und wird durch von unten aufsteigenden Dampf und die Hitzequelle der Kolonne wieder erhitzt. Alle Stoffe, die flüchtig genug sind, um zu entweichen, verdampfen erneut und steigen weiter nach oben, während die weniger flüchtigen Bestandteile zum nächsttieferen Boden absinken.

Auf diese Weise reinigt jeder Boden die Dämpfe etwas mehr. Die Alkoholkonzentration in den Dämpfen nimmt zu, wenn sie aufsteigen, und die Konzentration der Aromastoffe nimmt ab.

DIE »COFFEY STILL«

Die moderne Säulenbrennanlage beruht auf der 1831 vom irischen Erfinder und Brenner Aeneas Coffey (1780–1839) patentierten »Coffey Still«. Sie revolutionierte die Destillation, weil man nun preiswert deutlich stärkeren Alkohol herstellen konnte.

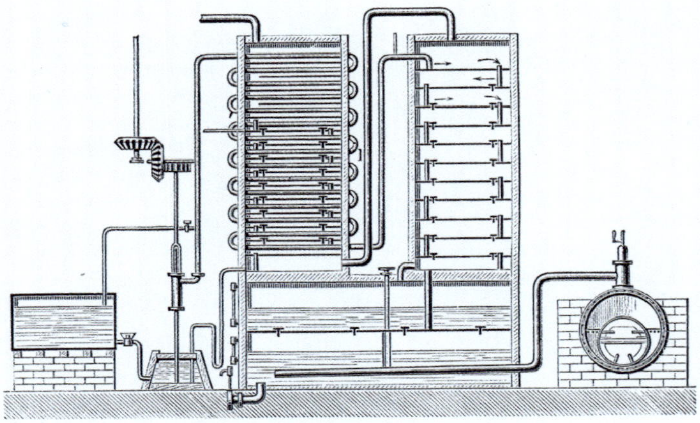

DIE DAMPFENTNAHME

Statt zu fraktionieren (siehe S. 58), kann man bei der Säulenbrennanlage an einem oder mehreren der Siebböden Dampf abziehen. Das geschieht meist weiter oben, wo Stärke und Aroma am ausgewogensten sind.

KOLONNE ODER BLASE

Säulenbrennanlagen können einen wesentlich höheren Alkoholgehalt erzeugen als Brennblasen. Mit genügend Siebböden lassen sich mehr als 96 Vol.-% erzielen. Dazu braucht man allerdings rund 40 Böden. Aus praktischen Erwägungen teilt man diese Anlagen meist in zwei miteinander verbundene Säulen auf.

BRENNSÄULE

Jeder Boden einer Brennsäule reinigt die ihn durchströmenden Dämpfe. Dabei nimmt der Alkoholgehalt zu und die Aromastoffe nehmen ab.

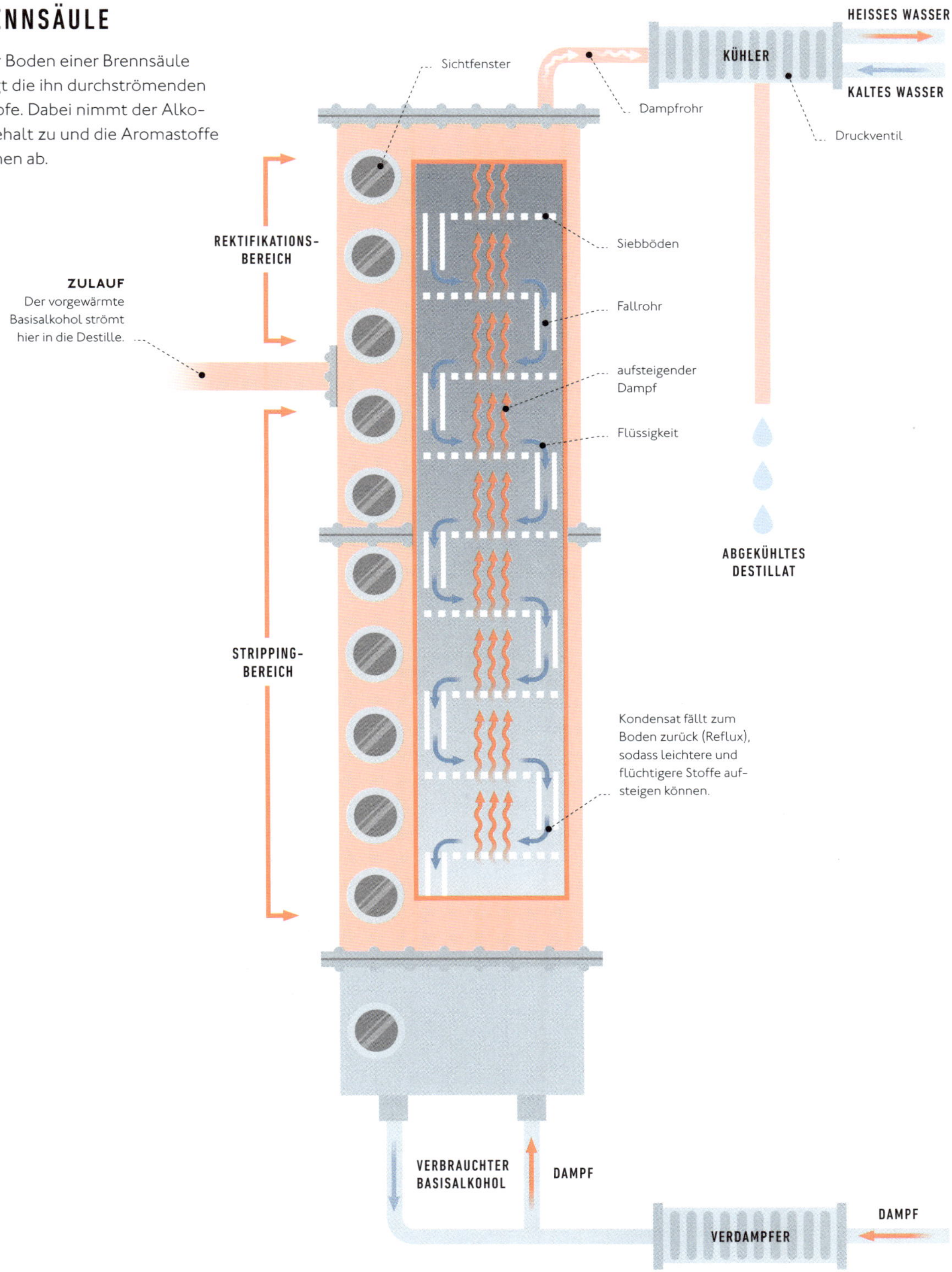

DER KONDENSATOR

Sobald die Alkoholdämpfe ihren Weg aus der Destille und durch das Geistrohr gefunden haben, landen sie im Kondensator, wo sie abkühlen und kondensieren. Diese Phase der Destillation beeinflusst den Geschmack auf mehrfache Weise.

DIE KONDENSATION

Größe und Form des Kondensators, sein Material und die Temperatur in seinem Inneren beeinflussen allesamt den Geschmack der fertigen Spirituose. Größe und Form bestimmen die Fläche, auf der die Dämpfe kondensieren. Sie bestimmen auch den Druck im Kondensator, der seinerseits die Geschwindigkeit beeinflusst, mit der die Dämpfe das System durchlaufen.

Die Temperatur bestimmt das Tempo der Kondensation und damit den Geschmack des Destillats. Ein kälterer Kondensator lässt sie schneller kondensieren und sorgt für ein »schwereres« Kondensat (mit mehr der weniger flüchtigen Geschmacksstoffen). Ein wärmerer Kondensator bremst die Kondensation und erzeugt einen leichteren Brand. Das verlangsamt den Durchlauf durch die gesamte Destille, sodass schwerere Geschmacksstoffe mehr Zeit im Hals der Destille verbringen und eher dort kondensieren und zurück in die Blase fallen.

DER WURMKÜHLER

Wurmkühler oder Kühlschlangen findet man eher in der Whisky- als in der Gin-Welt. Der »Wurm«, der sich an das Geistrohr anschließt, verläuft in Windungen durch ein mit Wasser gefülltes Becken. Kaltes Wasser wird von unten ins Becken gepumpt, nimmt die Wärme der kondensierenden Dämpfe auf und fließt oben wieder ab. Der Durchmesser der Kühlschlange nimmt über ihre Länge hin kontinuierlich ab; sie mündet im Brandtresor oder in der Vorlage, wo das fertige Destillat gesammelt wird.

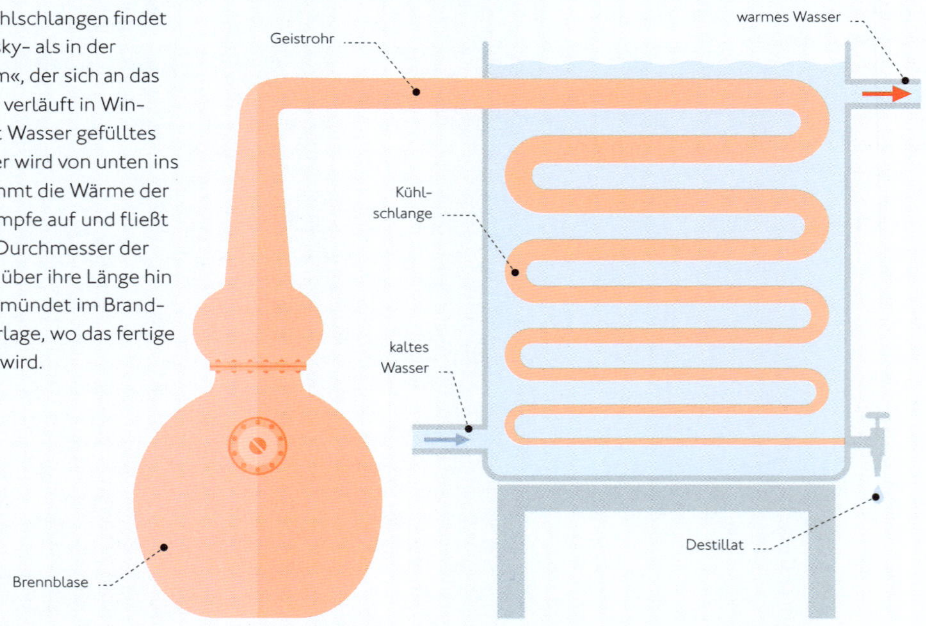

Letztendlich kommt es auf die Fläche und Dauer des Kontakts zwischen Kupfer und Dampf im Kondensator an. Je mehr Fläche und Zeit, desto leichter und reiner ist das Destillat dank seiner Reaktion mit den Sulfiden (siehe S. 61). Die meisten Kondensatoren bestehen aus Kupfer, manche aber auch aus Edelstahl. Letztere »reinigen« den Dampf nicht ganz so stark wie Erstere.

ROHRBÜNDEL-KONDENSATOR

Ein Rohrbündel-Kondensator besteht aus mehreren Kupferrohren in einem Gehäuse, durch das Kühlwasser fließt. Diese Rohre verbinden das Geistrohr an einem Ende mit der Vorlage oder dem Brandtresor am anderen. Kondensat und Wasser kommen niemals miteinander in Berührung. Stattdessen findet über die Kupferwände der Rohre ein Wärmeaustausch zwischen innen und außen statt, in dessen Verlauf die Dämpfe im Rohrinneren kondensieren.

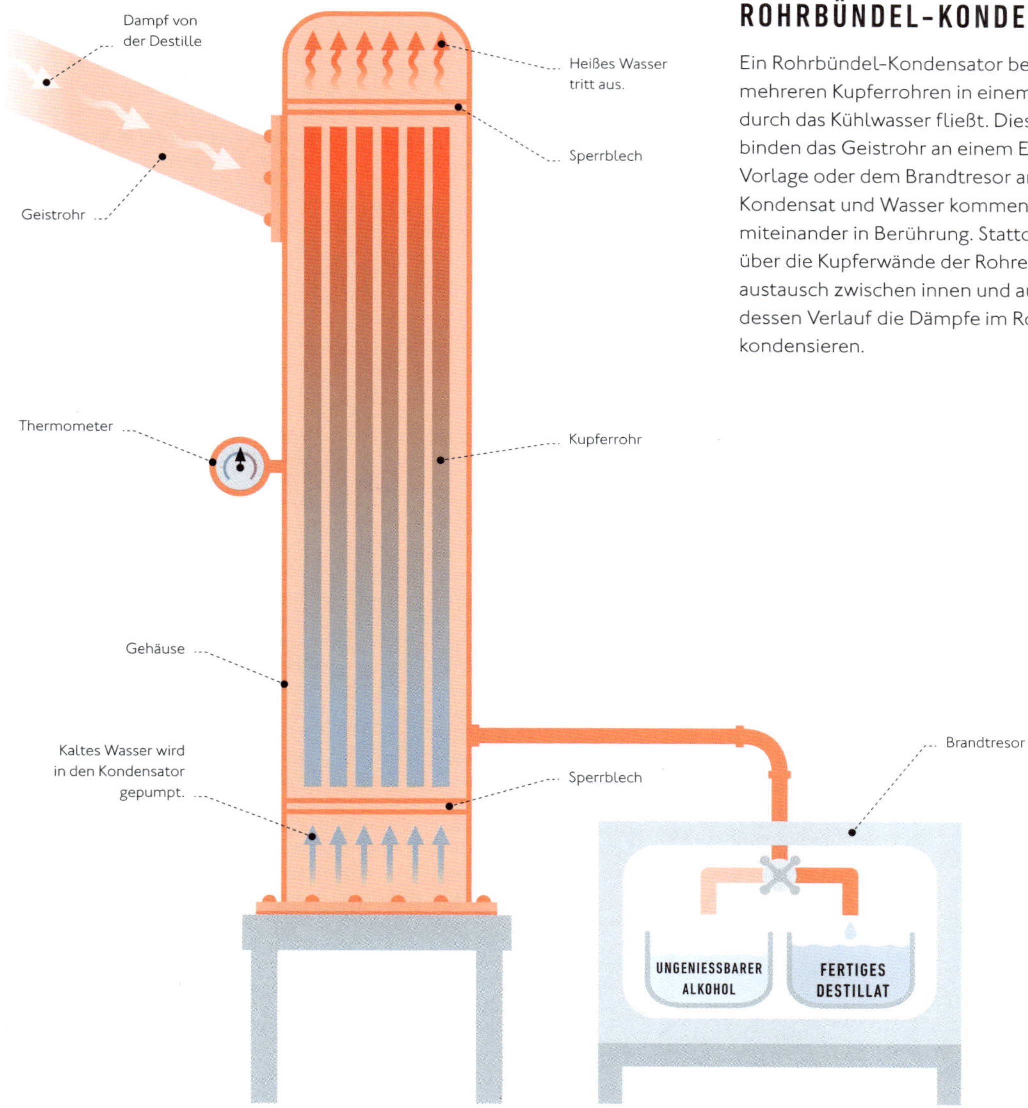

DIE DAMPFINFUSION

In der Regel geben Brenner die Botanicals direkt mit Basisalkohol und Wasser in die Destille, aber das ist nicht immer die beste Lösung. Wenn eine Zutat zu kräftig ist, kann sie schnell den Geschmack dominieren. In diesem Fall kann Dampfinfusion die bessere Methode sein.

DER WEG DES DAMPFS

Bei der Dampfinfusion gibt man ein Botanical nicht direkt in den Kessel, sondern hängt es so, dass der Dampf es umströmen kann. Manchmal verwendet man dafür einen Korb oder auch eine eigene Dampfkammer zwischen Destille und Kondensator.

Wenn die aufsteigenden Dämpfe das Botanical umströmen, nehmen sie einige seiner Geschmacksstoffe auf. Da der Abstand zur Wärmequelle größer ist, ist die Temperatur niedriger und der Dampf nimmt nur die leichteren, flüchtigeren Aromen mit. Das Botanical schmeckt dadurch weniger »gekocht«, als wenn es direkt im Kessel gelegen hätte.

VOR- UND NACHTEILE

Die Dampfinfusion ist eine weniger effiziente Extraktionsmethode als das Einweichen im Kessel. Die so gewonnenen Aromen sind oft nicht sehr intensiv. Das kann bei Geschmacksnoten von Vorteil sein, die sonst zu dominant wären. Es kann aber auch bedeuten, dass man mehr von einem Botanical benötigt. Man darf den Korb nicht überladen, weil sonst die Destille verstopft, sodass der Dampf manche der Botanicals gar nicht mehr erreicht.

Man kann die Dampfinfusion auch dazu nutzen, zartere Botanicals zu verwenden, die der Hitze im Kessel nicht gewachsen wären. Die Technik empfiehlt sich daher für Blüten und Zitrusfrüchte.

Ein weiterer Vorzug der Dampfinfusion ist, dass man Botanicals zu jedem Zeitpunkt der Destillation zuführen oder entfernen kann und damit eine bessere Kontrolle über das geschmackliche Ergebnis bekommt.

BOTANICALS FÜR DIE DAMPFINFUSION

Man setzt die Dampfinfusion häufig bei frischen Zitrusschalen ein, während die getrockneten Schalen eher in den Kessel kommen. Auch Lavendel, Kardamom, Pfefferkörner, Wacholder und Engelwurz werden häufig in den Korb gegeben. Beispiele für Gins, die mit Dampfinfusion arbeiten, sind:

- Aval Dor Cornish Dry Gin (Zitrusschalen)
- An Dúlamán Irish Maritime Gin (Carrageen)
- Death's Door Gin (Wacholder, Koriander, Fenchel)
- Lind & Lime Gin (Zitrusschalen)
- Silent Pool Rare Citrus Gin (Lavendel, Zitrusschalen, drei Pfeffersorten)
- The Botanist Islay Dry Gin (22 Botanicals, überwiegend Kräuter und Blüten)

DAMPFINFUSION

Aufsteigende Dämpfe umströmen die Botanicals in der Kammer und extrahieren einen Teil ihrer Geschmacksstoffe.

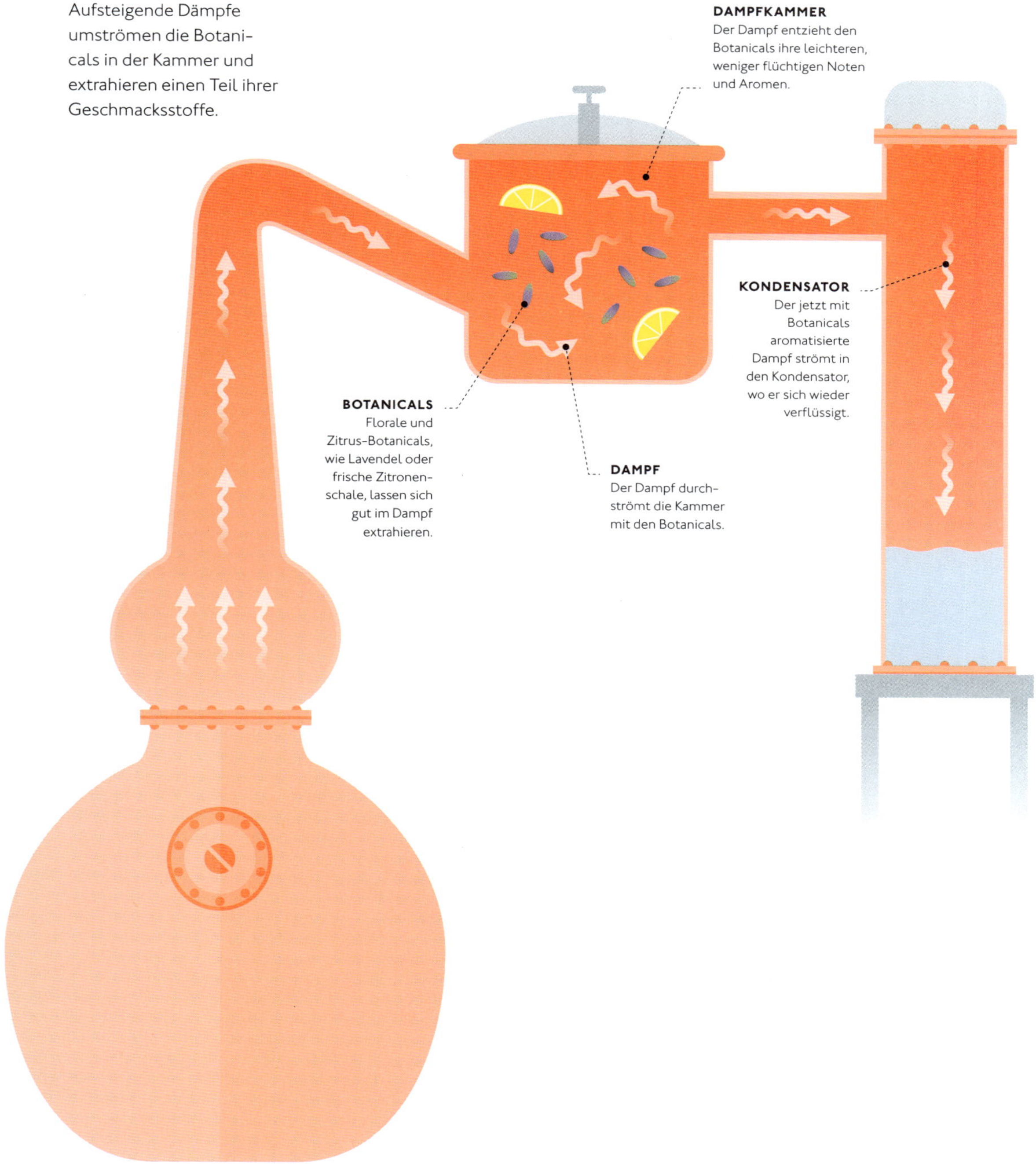

FRAKTIONEN UND GESCHMACKSNOTEN

Beim Destillieren von Alkohol kann man leider nicht einfach einen Hahn aufdrehen und Gin zapfen. Das Destillat entsteht in Abschnitten oder Fraktionen: Vorlauf (Foreshot und Head), Mittellauf (Heart) und Nachlauf (Tail).

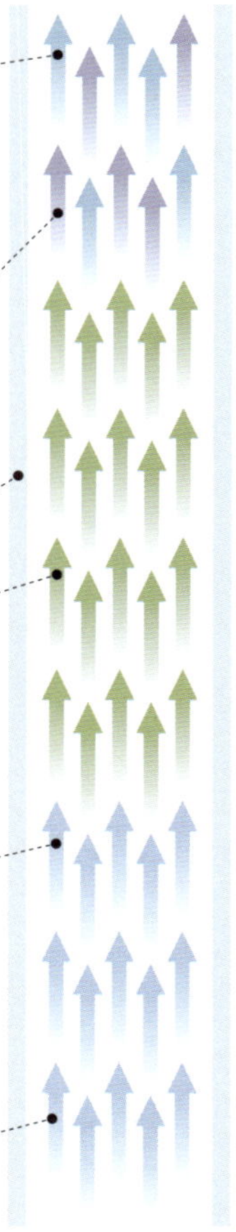

FRAKTIONEN
Das Destillat läuft in sogenannten Fraktionen aus der Destille.

»FORESHOT«

Zuerst kommt der Vorlauf (engl. *foreshot*) mit den flüchtigsten Teilen des Destillats, wie Methanol – ein giftiger Alkohol mit einem Siedepunkt unterhalb von Ethanol – sowie Aceton und diversen Aldehyden. Diese Fraktion ist ungenießbar. Beim Gin sind die meisten dieser Stoffe allerdings bereits dem Basisalkohol entzogen worden.

»HEAD«

Während die Hitze im Kessel steigt, verdampfen weniger Geschmacksverbindungen und gelangen in den Kühler. Diese »Heads« mit den leichteren und flüchtigeren Verbindungen gehören noch zum Vorlauf und geben adstringierende und Lösungsmittelnoten.

»HEART«

Brenner müssen entscheiden, wann sie das Destillat auffangen und wann sie damit aufhören, um nur den Mittellauf zu gewinnen, der alle guten Geschmacksstoffe enthält. Der Mittellauf beginnt dort, wo der Alkoholgehalt in der Destille fast 82 Vol.-% beträgt und die Kesseltemperatur um die 82 °C erreicht. Je heißer es im Kessel wird, desto geringer ist der Alkoholgehalt. In dieser Zeit verändern sich die Geschmacksnoten in der Destille von leichteren floralen und Zitrusnoten zu erdigen und würzigen Noten.

»TAIL«

Irgendwann beginnen die Aromen einen unangenehmen »gekochten« und pflanzlichen Charakter anzunehmen, meist wenn die Stärke unter 60 Vol.-% gesunken ist und die Kesseltemperatur 88 °C erreicht. Diesen Nachlauf kann man auffangen und mit oder ohne den Vorlauf erneut brennen, aber manchmal verkauft man ihn auch z. B. als Feuerzeugbrennstoff.

SCHLEMPE

Die Schlempe ist das Restmaterial, das nach dem Brennen im Kessel zurückbleibt. Sie enthält nicht verdampfte Flüssigkeit und alle Botanicals, die mit in den Kessel gegeben wurden. Da sie Protein enthält, wird die Schlempe gern auch als Viehfutter verkauft.

FRAKTIONEN UND IHRE NOTEN

Diese Grafik zeigt Temperatur, Alkoholgehalt und Geschmacksnoten jeder Fraktion im Verlauf der Destillation. Alle Fraktionen sind zu jedem Zeitpunkt vorhanden, nur die Mengenverhältnisse verändern sich mit der Zeit. Die Fraktionen dominieren, wie unten gezeigt.

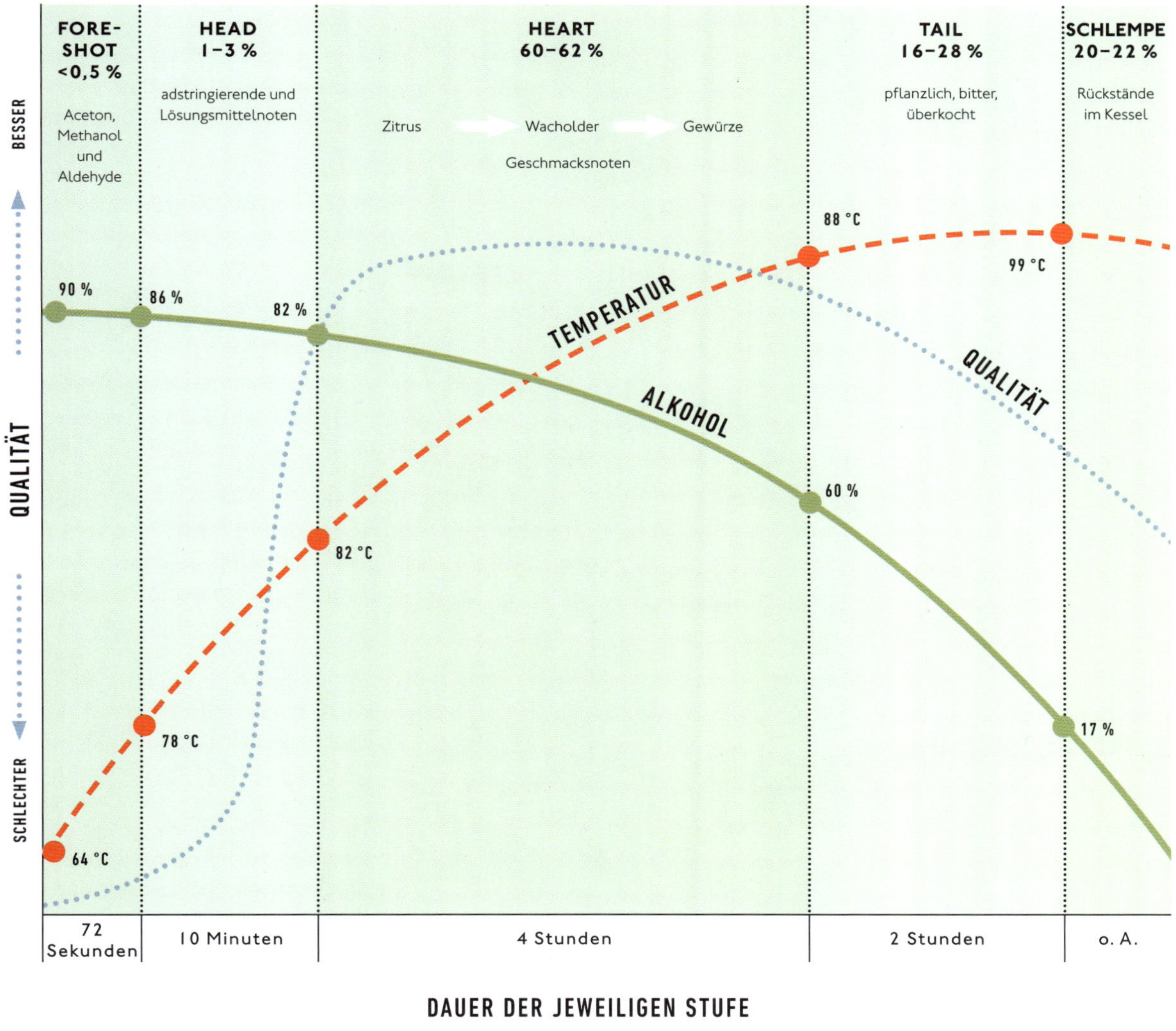

WARUM KUPFER?

Brenner verwenden nach wie vor gern Destillen aus Kupfer – nicht nur, weil sie gut aussehen, sondern auch aus einer Reihe praktischer Gründe, wie Formbarkeit und Wärmeleitfähigkeit. Beide beeinflussen das Resultat.

BRENNBLASE AUS KUPFER
Die englische Cotswolds Distillery in Stourton, Warwickshire, brennt ihren Craft-Gin in einer kupfernen 500-Liter-Brennblase. Hergestellt wurde diese Destille vom Kupferschmied Arnold Holstein in Deutschland.

DIE FORM

Form und Größe einer Destille sind wichtig für die Qualität und den Geschmack des Destillats. Kupfer ist ein weiches, biegsames Material, das sich in alle möglichen Formen bringen lässt. Der runde Kessel, der gewölbte Helm, der sich verjüngende Kopf, der elegante Schwanenhals und selbst die sich sanft verjüngenden Rohre des Kondensators sind alle sorgfältig und optimal auf die Alkoholdämpfe abgestimmt, die sie durchströmen.

DIE HITZE

Erhitzen und Abkühlen spielen bei der Destillation eine große Rolle. Brenner führen der Destille Wärme zu und nehmen sie im Kondensator wieder heraus, sie steuern sorgfältig jeden Schritt dieses Weges. Kupfer ist ein sehr guter Wärmeleiter, was diese Arbeit erleichtert. Man braucht weniger Energie zum Erhitzen der Destille als bei anderen Materialien und das Kupfer lässt sich auch leichter wieder abkühlen. Auch die Geschwindigkeit beider Vorgänge lässt sich mit Kupfer leichter steuern, was einen direkten Einfluss auf den Geschmack des Destillats hat.

DIE REINIGUNG

Kupfer erfüllt noch eine weitere wichtige Funktion: Es entzieht den Dämpfen Schwefelverbindungen. Diese stammen aus der Fermentation und sind in unterschiedlicher Menge immer vorhanden. Unbehandelt geben sie dem Destillat Noten von rohem Fleisch, verkochtem Gemüse, faulen Eiern oder abgebrannten Streichhölzern (siehe Kasten unten).

Wenn die Dämpfe mit den Kupferwänden der Destille in Berührung kommen, kommt es zu einer chemischen Reaktion und der Bildung von Kupfersalzen. Diese fallen zurück in den Kessel und werden damit aus den Dämpfen entfernt, sodass man ein geschmacklich reineres Destillat erhält.

DER ESTER

Kupfer ist auch ein Katalysator für chemische Reaktionen, in denen Ester im Destillat entstehen – wichtige Geschmacksverbindungen, die den Charakter von Rums und Whiskys entscheidend prägen. Für den Gin spielen sie keine so herausragende Rolle, hier kommt der Geschmack eher von den verwendeten Botanicals.

REINIGUNG

Kupfer bildet im Kontakt mit Schwefel Kupfersalze, die zurück in den Kessel fallen und so aus den Dämpfen entfernt werden.

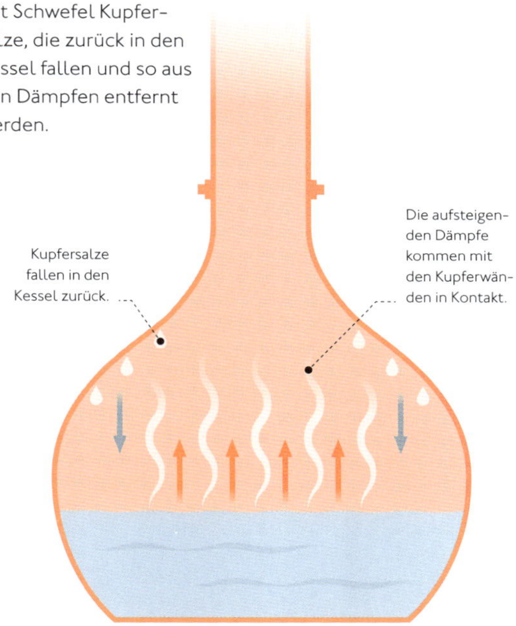

KUPFER UND SCHWEFELVERBINDUNGEN

SCHWEFELWASSERSTOFF (H_2S)
Schwefelwasserstoff riecht nach faulen Eiern. Er ist sehr auffällig und verdirbt schon in kleinen Mengen die Spirituose. Zum Glück ist er so flüchtig, dass er unter den richtigen Bedingungen von allein aus dem Destillat verdunstet.

DIMETHYLSULFID (DMS; C_2H_6S)
Dimethylsulfid riecht nach Mais oder Dosentomaten. Wie Schwefelwasserstoff ist es recht flüchtig und kann von allein verdunsten, sollte aber sicherheitshalber gezielt entfernt werden.

DIMETHYLTRISULFID (DMTS; $C_2H_6S_3$)
Dimethyltrisulfid riecht faulig, fleischig oder wie zerkochter Kohl. Glücklicherweise kann Kupfer diese Verbindung sehr gut aus dem Destillat entfernen.

DER LOUCHE-EFFEKT

Manche Gins trüben sich ein. Dieser »Louche-Effekt« (frz. *louche* für »trüb«) tritt auf, wenn man eine klare Spirituose oder einen Likör mit Wasser oder einer anderen Flüssigkeit verdünnt. Man findet ihn vor allem bei Pastis, Absinth und Ouzo, was auch die zweite, populäre Bezeichnung »Ouzo-Effekt« erklärt.

DER EFFEKT

Arak, Raki und Sambuca trüben sich ebenso ein wie Cointreau. Allen gemeinsam ist, dass sie hydrophobe (wassermeidende) ätherische Öle aus den Botanicals enthalten, mit denen sie aromatisiert wurden. Diese Öle sind in der Spirituose gelöst, die vor allem eine Mischung aus Ethanol und Wasser ist. Durch das Verdünnen sinkt die Ethanolkonzentration im Gemisch, sodass die gelösten Öle ausfallen und winzige, ölige Tröpfchen bilden. Diese Öltröpfchen streuen das Licht, das durch die Flüssigkeit fällt, sodass diese trüb wirkt.

IST DAS EIN FEHLER?

Manche Menschen zögern, etwas zu trinken, das eben noch klar war und jetzt plötzlich trüb ist. Ist es wirklich unbedenklich?

Keine Sorge, mit Ihrem Drink ist alles in Ordnung. Die Trübung ist nur ein Anzeichen dafür, dass das Getränk eine hohe Konzentration an ätherischen Ölen und damit an Geschmack enthält.

Manche Gin-Hersteller betrachten den Louche-Effekt tatsächlich als Fehler, weil Spirituosen für sie kristallklar sein sollen, wobei es kein Gesetz gibt, das diese Charakteristik festlegt. Diese Meinung ist heute tatsächlich überholt. Viele Konsumenten haben überhaupt kein Problem damit, getrübten Gin zu trinken, und finden eher, dass eine Kaltfiltrierung (siehe gegenüber) zu viel Textur und Geschmack wegnimmt.

SO FUNKTIONIERT ES

Wenn man bestimmte Drinks verdünnt, kommen ätherische Öle aus der Lösung und bilden winzige Tröpfchen. Diese streuen das Licht und trüben die Flüssigkeit.

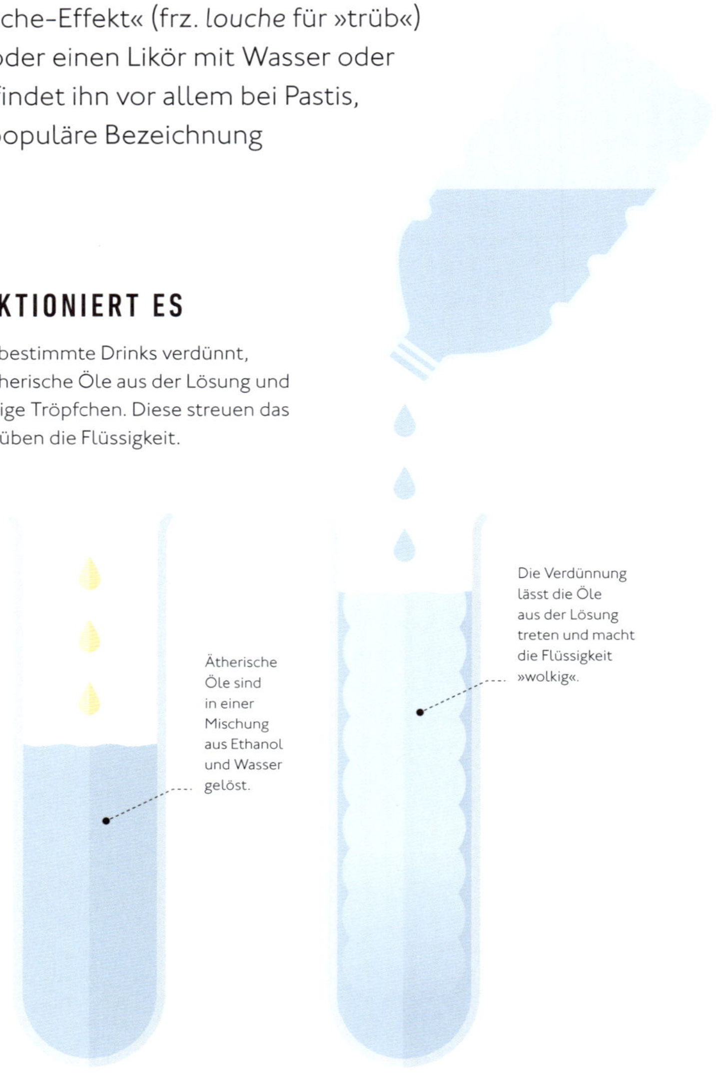

TRÜBUNG IN DER DESTILLERIE

Auch wenn die Trübung im Glas sie nicht stört, so möchten die meisten Brenner doch ein klares Destillat in der Flasche haben. Gin verlässt die Destille mit rund

80 Vol.-% und muss vor der Abfüllung mit Wasser auf rund 40 Vol.-% verdünnt werden. Das kann zu Trübungen führen, vor allem, wenn dieser Schritt zu früh erfolgt.

Das liegt zum Teil an den unterschiedlichen Konzentrationen von Ölen und Alkohol in verschiedenen Bereichen des Behälters. Das Destillat ist noch nicht homogen. In dieser Phase hilft es manchmal, durchzurühren und abzuwarten.

GRÖSSERER VORLAUF

Die Brenner können auch einen größeren Vorlauf abtrennen, um Trübungen zu vermeiden (siehe S. 58). Beim Anheizen treffen die Dämpfe in der Destille auf kalte Flächen und laufen immer wieder um, bis die Destille so warm ist, dass sie durchlaufen können. Die erste Fraktion ist also vielfach destilliert und enthält eine zu hohe Konzentration an Wacholder- und anderen ätherischen Ölen.

KÜRZERER MITTELLAUF

Eine andere Möglichkeit ist, den Mittellauf (siehe S. 58) früher zu unterbrechen, um nicht so viele der schweren Öle mitzunehmen, die gegen Ende des Brennvorgangs auftreten.

GERINGERE VERDÜNNUNG

Die Brenner können auch weniger Wasser zum Verdünnen nehmen und den Gin mit höherer Stärke abfüllen.

NEUTRALER ALKOHOL

Ist der Gin bereits getrübt, kann man das manchmal mit zusätzlichem neutralem Alkohol korrigieren. Das veränderte Mischungsverhältnis von Ethanol und Wasser erhöht die Lösungsfähigkeit und zwingt die Öle zurück in die Lösung.

KALTFILTRIERUNG

Schließlich kann man den Gin auch noch kaltfiltrieren, um die Öle zu entfernen. Der Gin wird auf 0 °C gekühlt und durch einen Filter gepresst, der ihn klärt. Die trübenden Öle sind allerdings auch für Geschmack und Textur des Gins verantwortlich, sodass das nicht immer die ideale Lösung ist.

LÖSUNGSANSÄTZE

Oft reicht es schon, das Destillat umzurühren und es dann ruhen zu lassen. Wenn das nicht funktioniert, haben die Brenner mehrere Optionen, um eine Trübung zu vermeiden oder zu beseitigen.

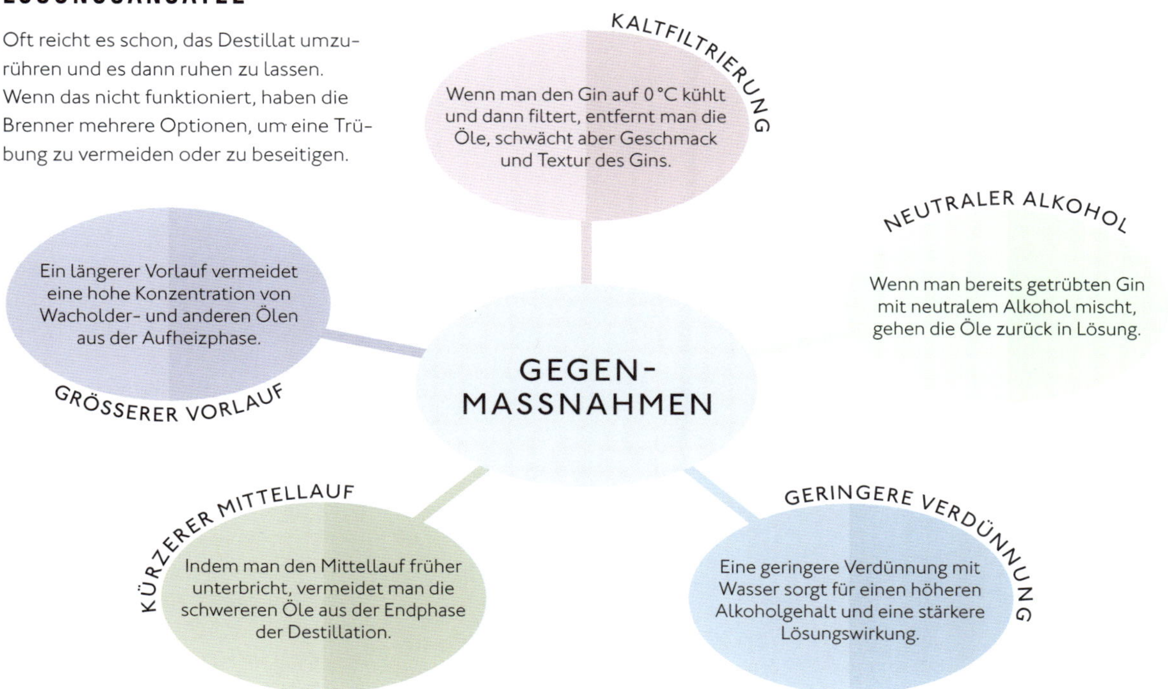

ANDERE DESTILLATIONS-TECHNIKEN

Manche Brenner wünschen eine größere Kontrolle über die Geschmacksnoten, die sie ihren Zutaten entziehen, und nutzen Techniken aus der Wissenschaft oder auch der Parfümherstellung.

HYBRID-DESTILLEN

Viele Produzenten nutzen Hybride aus Brennblase und Kolonne. Sie sind billiger im Betrieb als Säulenbrennanlagen, aber immer noch effizienter als Brennblasen und liefern eine höhere Alkoholkonzentration. Bei manchen Modellen sitzt die Säule direkt auf dem Kessel, bei komplexeren Anlagen sind die Teile durch Rohre und Ventile miteinander verbunden. Der Brenner kann hier je nach gewünschtem Resultat entscheiden, über welche Wege er die Dämpfe leitet.

ÜBERKRITISCHE EXTRAKTION

Eine 100-ml-Phiole Wacholder-Absolut aus überkritischer Extraktion reicht aus, um 6000 Flaschen Gin zu aromatisieren.

Die Extraktion kann zwar bis zu einer Woche dauern, ist aber eine hocheffiziente Methode, um Gin zu aromatisieren.

VAKUUMDESTILLATION

Höhere Temperaturen beschleunigen die Aromaextraktion (so wie Tee mit kaltem Wasser dünner wird als mit heißem). Indem man den Druck in der Destille senkt, senkt man auch die Temperatur, bei der Ethanol und Geschmacksstoffe verdampfen, sodass ganz andere Geschmacksnoten in den Vordergrund treten können. Mit der Vakuumdestillation können Brenner Noten einfangen, die bei höheren Temperaturen leiden würden. So erzielt er leichtere und zartere Geschmacksnoten im Destillat.

ÜBERKRITISCHE EXTRAKTION

Das passiert, wenn ein Brenner ein Parfümlabor plündert. Statt wie bei der Vakuumdestillation den Druck zu senken, erhöht man ihn bei der überkritischen Extraktion stark. Die Anlage komprimiert Kohlendioxid (CO_2), bis es »überkritisch« wird und sich gleichzeitig wie eine Flüssigkeit und wie ein Gas verhält. Das komprimierte CO_2 durchströmt eine Lage aus Botanicals, wo es wie ein Lösungsmittel wirkt und alle ätherischen Öle löst und ein »Absolut« erzeugt, wie der Parfümeur sagt. Hepple erzeugt mit

MIT DER VAKUUMDESTILLATION KÖNNEN BRENNER NOTEN EINFANGEN, DIE BEI HÖHEREN TEMPERATUREN SCHADEN NEHMEN WÜRDEN.

dieser Technik ein Wacholder-Absolut, dass aussieht wie ein neongelbes Salatdressing und riecht, als inhalierte man den kompletten Wacholderstrauch von der Wurzel bis zu den Blattspitzen. Es braucht etwa eine Woche, um 100 ml zu sammeln, aber das reicht aus, um 6000 Flaschen Gin zu aromatisieren.

MEHRFACHDESTILLATION

Das Brennen in der Brennblase (siehe S. 50–51) nennt man eine Einfach- oder »Single Shot«-Destillation. So machte man früher Gin: eine Charge Botanicals, ein Brennvorgang, eine Kiste Gin.

Die Mehrfach- oder »Multi Shot«-Destillation nutzt eine ausreichende Menge an Botanicals für viele Chargen auf einmal. Das intensive Konzentrat wird zunächst mit mehr Basisalkohol vermischt, um ein geschmackliches Gleichgewicht zu erzielen, und dann mit Wasser auf Abfüllstärke verdünnt. Befürworter halten diese Methode für effizienter, schneller, energiesparender und im Hinblick auf Angebot und Nachfrage kommerziell interessanter. Gegner der Methode bemängeln die Qualität des Gins, auch wenn das in Blindverkostungen noch nie belegt werden konnte. Viele bekannte Hersteller nutzen das »Multi Shot«-Verfahren.

KONTINENTALES VERFAHREN

Bei dieser Herstellungsmethode werden separat destillierte Botanicals zum fertigen Gin verschnitten.

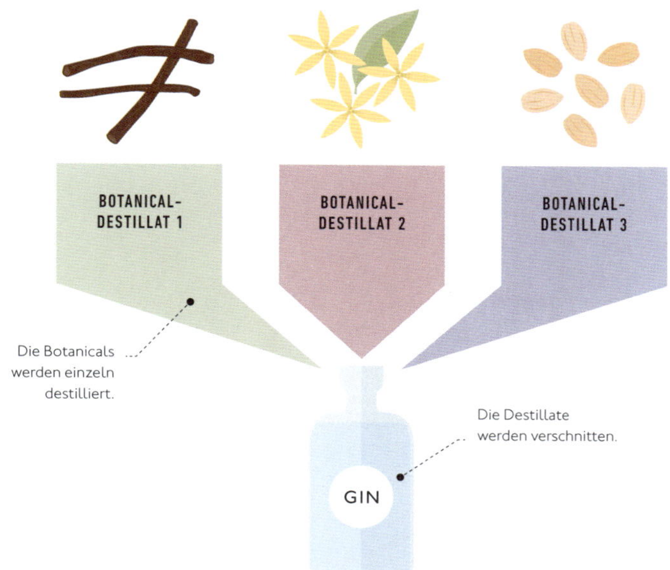

DAS KONTINENTALE VERFAHREN

Beim sogenannten kontinentalen Verfahren wird jedes Botanical separat destilliert und die Destillate werden anschließend zum fertigen Gin verschnitten. Diese Methode ist in Großbritannien nicht üblich, wohl aber auf dem europäischen Festland. Für seine Befürworter liefert dieses Destillationsverfahren Gins von höherer Qualität und größerer Klarheit.

WORAUS IST GIN GEMACHT?

Für manche Spirituosen gibt es genaue Vorschriften, woraus die Alkoholbasis hergestellt sein darf. Für einen echten Scotch Whisky darf nur Gerste gebrannt werden, bei Bourbon müssen mindestens 51 % Mais enthalten sein. Nicht so bei Gin. Hauptsache, die Alkoholbasis ist fermentierbar. Daher kann der Basisalkohol von Gin aus allem möglichen gebrannt werden.

GETREIDE

Obwohl es keine Vorgaben gibt, tendieren die meisten Gin-Brenner zu Basisalkohol aus Getreide, wobei Preis und Qualität eine wichtige Rolle spielen: Die Großbrennereien stellen schon seit Langem große Mengen an Alkohol aus Getreide her, wissen also, was sie tun, und arbeiten sehr kosteneffizient. Es gibt Gin, der aus Gersten- oder Roggenbrand hergestellt wird, doch der Löwenanteil ist aus Weizenbrand. Der Aufdruck »NGS« oder »GNS« (Neutral Grain Spirit/Grain Neutral Spirit) steht für »Neutralbrand aus Getreide« und ist meist ein Weizenbrand.

ZUCKER

Alle auf dieser Seite aufgeführten Stoffe sind im Prinzip in der einen oder anderen Form Zucker (ob Glucose, Fructose, Laktose oder Maltose). Hier geht es um Sucrose, wie sie sich in Zuckerrohr, Melasse und Zuckerrübe findet. Aus den ersten beiden wird meist Rum

BASISALKOHOL VON GIN

Die meisten Basisalkohole werden aus Getreide gebrannt, vor allem aus Weizen. Die Brenner können aber auch Weintrauben, Zucker, Kartoffeln oder Molke verwenden.

gemacht, wo sich der Geschmack deutlicher zeigt. Aber selbst bei einem Alkoholgehalt von 96 Vol.-% bleibt der Geist der sanften, wärmenden Süße der Sucrose erhalten. Als während der Napoleonischen Kriege (1803–1815) in Frankreich Zuckerrohr knapp wurde, wandten sich die französischen Brenner der Zuckerrübe zu, die ebenfalls Sucrose enthält.

WEINTRAUBEN

Wir alle kennen Alkohol aus Trauben, daher verwundert es kaum, dass auch Wein destilliert wird. Oftmals wird er zu Brandy gebrannt, aber als Basisalkohol verliert er seinen Traubencharakter fast vollständig, wenn auch nur fast. Traubengeist kann etwas streng schmecken, wird verdünnt aber floraler. Manche Hersteller nutzen ihn erfolgreich für Gins, wie G'Vine Floraison (siehe S. 185), Geometric Gin (siehe S. 202), London to Lima Gin (siehe S. 203) und Sandy Gray Gin (siehe S. 205).

KARTOFFELN

Kartoffeln ergeben fürchterlichen Wein, aber hervorragenden Brand, der dem Endprodukt eine geschmeidige, cremige Textur und eine hauchzarte Note von Kartoffelpüree verleiht. Manche Gin-Brenner sagen, durch diese Viskosität halte der Gin seine botanischen Noten besser. Die Cremigkeit trägt jedenfalls angenehm zur Textur bei.

ANDERE BASISALKOHOLE

Einige japanische Hersteller brennen Gin aus Shōchū als Basis, einem Branntwein der aus Reis, Getreide (Gerste oder Buchweizen), braunem Zucker oder Süßkartoffel gebrannt wird. Shōchū macht sich im fertigen Gin erkennbar und trägt zu Aroma und Textur bei.

Einige japanische Gins enthalten einen neutralen Reisbrand, wie etwa die Ki No Bi Gins der Kyoto Distillery. Der 135° East Hyōgo Gin (siehe S. 175) der Kaikyō Distillery aromatisiert ihren Basisalkohol mit einem Schuss Sake-Destillat aus der Akashi Saké Brewery.

Der französische Calvados-Brenner Maison Drouin brennt Le Gin de Christian Drouin (siehe S. 195) auf einer neutralen Alkoholbasis aus Apfel-Cidre. Der Cidre wird aus über 30 Apfelsorten gewonnen, deren Vielfalt von bitteren über bittersüße und süße bis hin zu sauren Sorten reicht.

MOLKE

In Irland mit seiner riesigen Milchindustrie wird viel Milch zu Butter verarbeitet und noch mehr Milch fließt in die Käseherstellung. Dabei entsteht reichlich Molke (die Flüssigkeit, die bei der Käseproduktion zurückbleibt). Es muss wohl ein glücklicher Tag gewesen sein, an dem ein heller Kopf auf die Idee kam, diese Molke zu fermentieren (Laktose ist Milchzucker), zu destillieren und schließlich in Gin zu verwandeln.

In Irland finden sich heute etliche »Milk Gins« und noch mehr, die zwar Molke verwenden, dies aber nicht auf dem Etikett angeben (Laktose ist ein Allergen, wird aber durch Fermentation und Destillation entzogen).

BASISALKOHOL: BRENNEN ODER KAUFEN?

Einige Gin-Brenner brennen ihren eigenen Basisalkohol. In Großbritannien mit der größten Gin-Produktion weltweit erzeugt nur eine Handvoll der 563 Gin-Brenner alles selbst, vom Getreide (in manchen Fällen: von der Kartoffel) bis zum Glas. Warum ist das so und ist der Gin dieser Hersteller besser?

BAUERNBRENNEREIEN

Als sich die Brennkunst auf der Welt verbreitete, nutzten viele Bauern sie vor allem, um Getreideüberschüsse aufzubrauchen. Bis dahin konnten sie nur versuchen, dieses überschüssige Getreide zu verkaufen. Wenn mehr Getreide auf den Markt kam, sanken die Preise und die Bauern verdienten weniger.

Durch Destillation konnten die Bauern den Überschuss in eine wertvolle und fast endlos lagerfähige Ware verwandeln, die sie in mageren Zeiten zu Geld machen konnten. Ein paar Fässer Brand ließen sich viel einfacher lagern und transportieren als ganze Wagenladungen Korn.

Man brannte den Alkohol also dort, wo das Rohmaterial wuchs. Doch Gin wurde meist in den Städten in der Nähe der Häfen gebrannt, wo die botanischen Zutaten aus aller Welt eintrafen. Diese Aufteilung war nicht immer so eindeutig, aber grundsätzlich trifft sie zu.

Auch heute noch bezeichnen wir mit dem Begriff »Bauernbrennerei« die Brennerei eines landwirtschaftlichen Betriebs, die das Ausgangsmaterial zur Spirituose destilliert.

RECHTLICHES
Gesetzliche Bestimmungen zum Alkoholgehalt des Basisalkohols für Gin variieren weltweit nur leicht.

WIE REIN IST REIN?

In Großbritannien und der EU schreibt das Gesetz (siehe S. 12–13) vor, dass Gin aus landwirtschaftlich erzeugtem Ethylalkohol (Agraralkohol) hergestellt sein muss, der einen Alkoholgehalt von mindestens 96 Vol.-% hat. In den USA ist ein Mindestalkoholgehalt von 95 Vol.-% vorgeschrieben (siehe S. 14).

Auf 95 Vol.-% zu brennen ist kein leichtes Unterfangen. Dazu benötigt man eine Säulenbrennanlage (siehe S. 52–53) mit etwa 40 Siebböden, die in Anschaffung und Betrieb teuer ist und ein hohes Brennhaus erfordert. Außerdem benötigt die Brennerei genügend Platz, um die Ausgangsmaterialien (Getreide etc.) zu lagern und daraus den Basisalkohol zu brauen.

Man möchte meinen, dass der Schritt von 95 zu 96 Vol.-% keinen großen Unterschied macht, aber er ist erheblich. Bei dieser Konzentration erreicht das Destillat seinen azeotropen Punkt, also den Punkt, ab dem es sich wie ein Reinstoff verhält und einen konstanten Siedepunkt besitzt. Ohne eine andere Art der Destillation ist eine weitere Trennung ab diesem Punkt nicht mehr möglich.

WIRTSCHAFTLICHKEIT

Brennereien, die neutralen Alkohol herstellen, verfügen über Anlagen, die auf maximale Effizienz ausgelegt sind und nicht zwischen der Destillation von Basisalkohol und Gin wechseln. Zudem kaufen sie ihre Zutaten im großen Stil und erzielen so bessere Preise. Sie können deutlich günstiger produzieren. Bei eigener Produktion des Basisalkohols kann die Flasche Gin schnell 5–6 € teurer werden und 35 € kosten, während selbst hochwertiger zugekaufter Basisalkohol nur ein paar Cent pro Liter kostet. Warum sollte man sich also die Mühe machen, selbst zu brennen?

WORIN LIEGT DIE KUNST?

Stellen wir uns die Welt des Gins wie eine Kunstgalerie und die verschiedenen Gins als Gemälde vor. Der Basisalkohol ist die Leinwand. Gehen wir in die Galerie, um Leinwände zu betrachten? Nein! Entscheidend ist, was darauf gemalt wurde.

Gin-Brenner, die ihren eigenen Basisalkohol brennen, sprechen gern über das Terroir, das er dem Gin verleiht. Aber wie stark soll sich das Terroir im fertigen Gin bemerkbar machen, wenn die Basis auf 96 Vol.-% gebrannt wird? Nicht sehr, würde ich sagen. Auch wenn es ein schöner Gedanke ist, dass alles in einem Gin aus einer Hand kommt, trägt dies doch eher zu einer runden Image-Story bei als zum Geschmack.

DESTILLIEREN ODER REKTIFIZIEREN?

Chemiestudierende wissen, dass technisch gesehen kein Unterschied zwischen Destillieren und Rektifizieren besteht. In der Praxis bezeichnet man mit »Destillation« aber meist das Brennen einer fermentierten Flüssigkeit, um sie zur Spirituose zu machen.

Rektifizieren bedeutet, eine bereits gebrannte Spirituose erneut zu destillieren. Der Prozess ist derselbe, nur dient der zweite Brennvorgang einem anderen Zweck. Der Brenner kann damit den Alkoholgehalt erhöhen, weitere Unreinheiten entfernen oder den Alkohol wie beim Gin aromatisieren.

In vielen Ländern sind für die unterschiedlichen Aktivitäten separate Lizenzen erforderlich, was den Behörden eine genauere Kontrolle der Brenner erlaubt und höhere Steuereinnahmen ermöglicht.

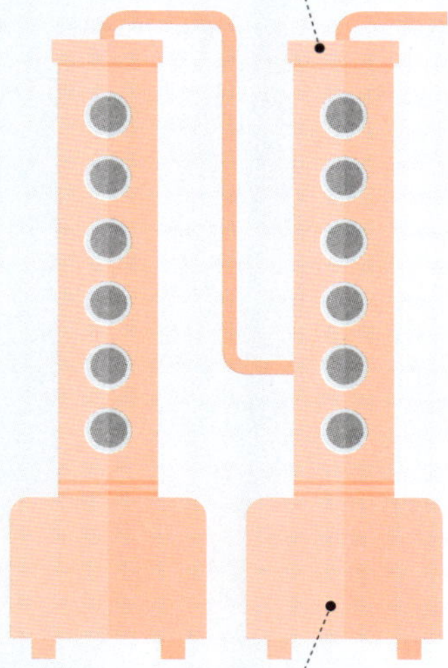

Es ist zumindest kein Grund, negativ über Gin-Brenner zu denken, die ihren Basisalkohol, wie der Großteil der Gin-Industrie, zukaufen. Viele Hersteller machen damit ganz hervorragende Gins.

Das eigentliche Kunsthandwerk der Brenner liegt in der Auswahl und Kombination der Botanicals, damit sich das gewünschte Aromaprofil im fertigen Gin wiederfindet. Das ist eine schwierige Aufgabe, die einen guten Gaumen und ein kreatives Vorstellungsvermögen für Aromen erfordert.

Brenner müssen wissen, wie der Brennvorgang die Botanicals beeinflusst, und ihr Zusammenspiel mit Hitze und Alkohol kontrollieren. Zudem müssen sie wissen, wie unterschiedliche Alkoholgehalte im fertigen Gin bestimmte Aromen einschließen oder freisetzen.

COMPOUND GIN

Wem Destillieren zu viel Aufwand ist, für den gibt es eine Alternative: Man kann den Basisalkohol schlicht mit Botanicals mischen und warten, bis er ihre Aromen angenommen hat. Dann filtert man die Feststoffe heraus, verdünnt den Alkohol auf die gewünschte Stärke und füllt ihn ab. Nicht jeder hält das wirklich für Gin.

COMPOUNDING

Beim Compounding oder Aufsetzen werden den Botanicals in einer Mischung aus Alkohol und Wasser Aromastoffe entzogen. Ethylalkohol ist ein Lösungsmittel (siehe S. 49) und löst einige der ätherischen Öle der Botanicals aus. Andere Aromastoffe lösen sich besser in Wasser, weshalb der Gin nicht nur mit Alkohol angesetzt wird. Neben Geschmacksstoffen geben die Botanicals auch etwas Farbe ab, sodass Compound Gin oft eine je nach Zutaten variierende, zarte Färbung hat.

Compound Gins, manchmal auch Bathtub Gins genannt (siehe S. 39), genießen nicht den besten Ruf. Dies geht teilweise auf die Zeit der Prohibition (1920–1933) in den USA zurück, als man mit Compound Gin den Geschmack fürchterlicher Schwarzbrände überdecken wollte. Teils liegt es auch daran, dass Compound Gins oftmals robustere, ausgefallenere Geschmacksrichtungen haben, manchmal gefärbt sind und mehr ätherische Öle enthalten, wodurch sie zur Trübung neigen (siehe S. 62–63).

KALTES COMPOUNDING

Die Botanicals ziehen bei Zimmertemperatur (daher »kaltes« Compounding) in einer Lösung aus Alkohol und Wasser. Der Ethylalkohol löst einige der ätherischen Öle aus den Botanicals.

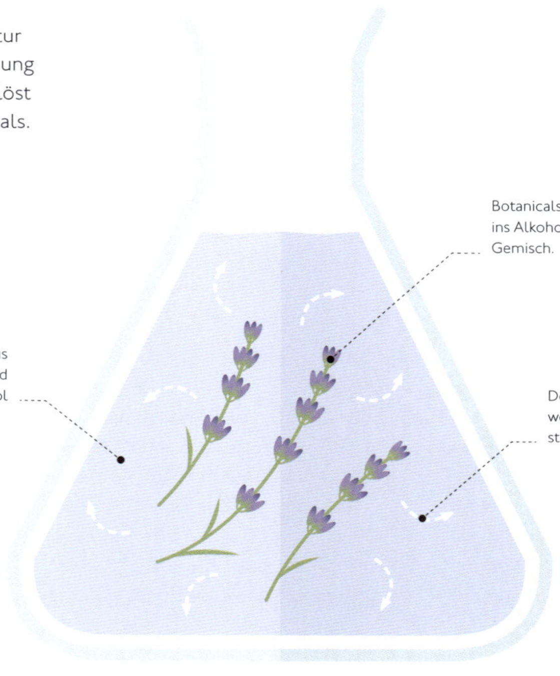

FRÜCHTE UND KALTES COMPOUNDING

Viele Früchten, deren Geschmack sich mehr im Fruchtfleisch versteckt als in der Schale, eignen sich gut für Compound Gin. Dazu zählen Streuobst wie Äpfel, Birnen und Quitten sowie saisonale Früchte wie Brombeeren, Pflaumen, Erdbeeren und Schlehen.

KALT STATT WARM

Heutige Konsumenten stehen diesen angeblichen »Fehlern« nicht allzu skeptisch gegenüber. Viele haben einen abenteuerlustigen Gaumen und sehen einem Getränk sein Aussehen nach, wenn nur der Geschmack stimmt. So finden auch Compound Gins wie der Four Pillars Bloody Shiraz (siehe S. 193) einen Markt, der nach der Destillation acht Wochen auf Weintrauben steht, um zusätzlich Farbe und Aromen aufzunehmen.

Compound Gins sind besonders für Früchte ideal, deren Geschmack eher aus dem Fruchtfleisch als aus der Schale kommt, denn sie überstehen die Hitze der Destillation meist nicht sehr gut. So lassen sich saisonale Früchte oder Streuobst wie Äpfel, Birnen und Quitten gut verarbeiten.

Aufgrund ihrer vordergründigen Aromen lassen sich Compound Gins gut für Cocktails wie den Negroni (siehe S. 142) nutzen. Sie sind immer dort die ideale Wahl, wo die übrigen Zutaten dazu neigen, Gins mit zarteren botanischen Noten zu übertönen.

GINS AUS EXTRAKTEN

Es gibt eine noch einfachere Methode zur Herstellung von Compound Gins, nämlich durch Mischen des Basisalkohols mit fertigen botanischen Extrakten oder Essenzen. In Großbritannien und den USA sind sie eher selten, in Belgien und Spanien finden sich viele Beispiele im Handel.

Diese Gins sind völlig klar und verraten auf dem Etikett oft nicht, dass sie Compound Gins sind. Viele Menschen halten diese Herstellungsmethode nicht für besonders appetitanregend. Wer diesen Produkten aus dem Weg gehen möchte, kann nach Gins suchen, deren Etikett ausweist, dass sie destilliert sind, oder zu London Dry (siehe S. 73) greifen, der destilliert sein muss.

VERSCHIEDENE GIN-STILE

Gin ist ein komplexes Getränk. Sein Stil sagt nicht unbedingt etwas über seinen Geschmack aus, sondern mehr darüber, wie er hergestellt ist. Dennoch gibt es wichtige Unterschiede zwischen den Stilen.

AGED ODER BARREL-RESTED GIN

Früher wurden alle Gins im Holzfass gereift, denn die Fassreifung mildert bittere Noten ab und steuert Aromen von Vanille, Kokos, Gewürznelken, Zimt und Muskat bei, außerdem Noten der Getränke, die zuvor im Fass gelagert wurden (siehe S. 92–93). Einige wenige Hersteller setzen weiter auf Fassreifung, doch auch bei Gin-Fans bleibt es ein Nischenmarkt.

COASTAL GIN

Die Küsten-Gins sind eine neue Variante des New Western Dry Gin (siehe S. 74). Sie setzen vor allem maritime Zutaten ein, die sich sonst nirgends in Gin finden. Diese Gins tauchen überall in Großbritannien und Irland (mit ihren langen Küstenlinien) auf, aber besonders in den keltischen Regionen Cornwall, Wales und Schottland und auf den vorgelagerten Inseln, wie den Scilly-Inseln und den

GIN-STILE

Der Stil eines Gins wird eher am Herstellungsverfahren festgemacht, und weniger an seinem Geschmack.

Hebriden. Diese Gins haben einen köstlich salzigen, krautig-pflanzlichen Charakter. Gute Beispiele sind etwa Lussa Gin (siehe S. 210), Isle of Harris Gin (siehe S. 210) und Rock Rose Citrus Coastal Gin (siehe S. 213).

COLD-COMPOUNDED ODER BATHTUB GIN

Dieser locker umschriebene Stil meint mehr die Herstellung als den Geschmack (siehe Compound Gins S. 70–71). Das reine Mazerieren der Botanicals im Alkohol, ohne sie mitzubrennen, ermöglicht ausgefallenere Aromen, da die Hersteller so Zutaten nutzen können, die den Destillationsvorgang meist nicht überstehen.

FLAVOURED GIN

Auch die aromatisierten Gins sind eine locker gefasste Kategorie, die alle Pink Gins umfasst (nicht zu verwechseln mit dem gleichnamigen Cocktail) sowie alle Lemon Gins, Strawberry Gins etc. Gemeinsam ist ihnen nur, dass ihr Geschmack von einer pflanzlichen Zutat dominiert wird, teils derart, dass sie den Wacholder übertönt. Wobei sich die Frage stellt, ob das wirklich noch Gins sind.

LONDON DRY

Dies ist der bekannteste Gin-Stil. Er muss nicht in London gebrannt sein, dort entstand nur die Methode. Ein London Dry Gin ist mit Botanicals erneut destillierter Ethylalkohol, wobei das Destillat mindestens 70 Vol.-% haben muss (siehe S. 13). Entscheidend ist, dass nach dem Brennen außer Ethylalkohol (derselben Herkunft, Stärke und Zusammensetzung) und Wasser nichts mehr zugefügt werden darf. Farbstoffe und Aromen sind verboten, auch das Süßen – daher die Bezeichnung »Dry«.

Außer dem Wacholdercharakter müssen diese Gins kein bestimmtes Aromenprofil haben, wobei viele sich an den klassischen Stil eines Tanqueray (siehe S. 164) oder Jensen's Bermondsey Dry Gin (siehe S. 161) halten. Ihr Geschmack zeigt Noten von Zitrus (oft Orange), Koriander, Veilchenwurzel und Engelwurz (Angelikawurzel).

NAVY STRENGTH

Die britische Marine führte früher Rum (für die Mannschaft) und Gin (für die Offiziere) an Bord ihrer Schiffe mit. Es war wichtig, dass der Alkohol brennfähig war, falls etwas davon über das Schießpulver vergossen wurde. Da dies erst bei Spirituosen mit einem Alkoholgehalt von 57,15 Vol.-% oder mehr der Fall ist, sprach man bei ihnen von »Navy Strength« (Marine-Stärke).

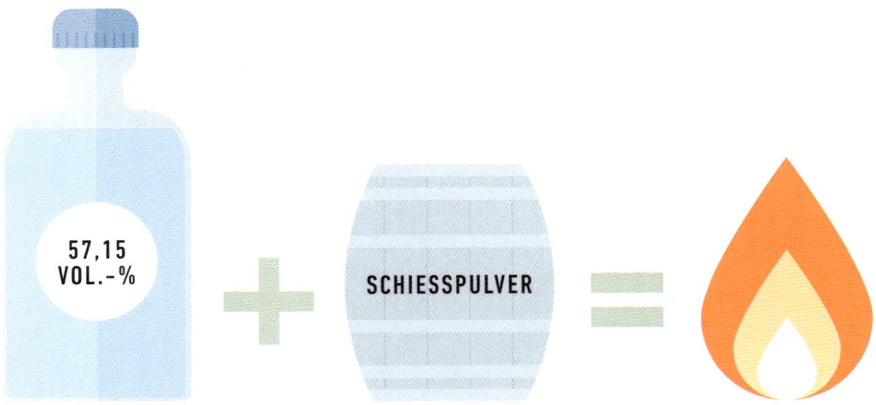

NAVY STRENGTH

Will sich ein Gin als tauglich für die Marine erweisen, muss er zunächst einmal 57,15 Vol.-% erreichen (siehe Kasten oben). Geschmacklich sind Navy Strength Gins nicht festgelegt, aber sie sind alle recht kräftig mit einem ordentlichen Kick Botanicals. Gute Vertreter wärmen, aber brennen nicht bzw. der Alkohol ist »gut integriert«, wie der Gin-Nerd etwa zum schwedischen Hernö Navy Strength (siehe S. 160) sagen würde. Auch wenn starker Gin und die Marine eine lange Geschichte haben, geht der Begriff »Navy Strength« eher auf das Marketing für Plymouth Gin (siehe S. 75) in den 1990er-Jahren zurück.

NEW WESTERN DRY

Ryan Magarian, einer der Köpfe hinter Aviation Gin (siehe S. 183), erdachte diesen Begriff für einen zeitgenössischeren Gin, der den Fuß beim Wacholder etwas vom Gas nimmt, um den anderen Botanicals mehr Strahlkraft zu verleihen. Dennoch sollte Wacholder weiter dominant bleiben. Die Idee dahinter ist, den anderen Botanicals die zweite Hauptrolle einzuräumen. Eine Theorie besagt, dass diese auch »Contemporary« oder »New Age« genannten Gins entstanden, um dem Wodka wieder Marktanteile zu entreißen. Viele sind leichter und zugänglicher als die klassischen Gins, was aber nicht bedeutet, dass ihnen Aroma fehlt. Gute Beispiele sind Tanqueray No. Ten (siehe S. 173), Bombay Sapphire (siehe S. 157), Hendrick's (siehe S. 186) und Roku (siehe S. 180).

OLD TOM

Old Tom ist ein süßerer Stil, der im 18. und 19. Jahrhundert beliebt war, aber mit dem Aufstieg des London Dry aus der Mode kam. Viele der ältesten Cocktailrezepte wurden für Old Toms erfunden. Früher wurden viele Gins mit Zucker oder Honig gesüßt. Einige Brenner kehren heute zu diesem Stil zurück. Sie haben »pflanzlich gesüßte« Versionen, die Süßholz nutzen (ohne Saccharose-Zugabe). Vor allem in den USA reifen einige

VIELE DER ÄLTESTEN COCKTAILREZEPTE WURDEN FÜR OLD TOMS ERFUNDEN.

Hersteller ihre Old Toms gern in Fässern. Dies war allerdings nie gesetzlich vorgeschrieben und die Old Toms tragen eher selten eine Altersangabe, wie sie bei Whisky üblich ist. Außer Süße und Wacholder sind die Gins nicht durch ein spezielles Aromenprofil geprägt. Die Süße sollte sich harmonisch in die anderen Botanical-Noten einfügen und sie nicht übertönen. Hayman's Old Tom ist eine lohnende Version.

PLYMOUTH GIN

Wie kann ein einzelner Gin zu einem eigenen Stil werden? Vermutlich, weil er zur rechten Zeit am rechten Ort war. Plymouth Gin wurde Lieferant der britischen Marine, als diese die Weltmeere beherrschte – das dürfte geholfen haben. Er ist auch ein bisschen anders als andere Gins: weicher als London Dry und körperreich. Die pflanzliche Basis ist erdiger und er ist eher halbtrocken als knochentrocken.

Früher durfte Plymouth Gin nur in der Hafenstadt Plymouth gebrannt werden, da der Stil Schutz durch europäisches Recht genoss. Nach einer Gesetzesänderung hätte der Markeneigner Pernod Ricard allerdings das Rezept offenlegen müssen, um den geschützten Status zu wahren, aber der zog es vor, den Schutz 2014 auslaufen zu lassen.

Will man diesen Stil verkosten, bleibt einem nur der Plymouth Gin (siehe S. 163). Er passt zu praktisch jedem Cocktail. Plymouth Gin machen auch eine tolle Navy-Strength-Version und sorgen so für eine kleine stilistische Verwirrung. Was ist das nun, Plymouth oder Navy Strength?

SCHWÄCHERE GINS

Alkoholschwächere Gins gibt es nicht, da Gin als Spirituose mit mindestens 37,5 Vol.-% (GB und EU) bzw. 40 Vol.-% (USA) definiert ist (siehe S. 12–14). In anderen Ländern, wie etwa Australien und Neuseeland, gelten aber andere Bestimmungen (siehe S. 14).

Dies bedeutet nicht, dass es keine alkoholschwächeren Gin-Varianten für all diejenigen geben kann, die ihren Alkoholkonsum drosseln möchten. Gin-Essenzen oder -Konzentrate werden mit 40–50 Vol.-% abgefüllt und sind von Botanical-Noten dominiert. Aufgrund der intensiven Aromen reichen geringe Mengen (2,5 ml) pro Glas. 200 ml Tonic Water runden alles zu einem harmonischen G&T ab, der nur 0,6 Vol.-% Alkohol hat.

Vertreter sind etwa Hayman's Small Gin, Adnam's Smidgin Gin und Chase Distillery's Dry Gin Essence. Sie werden in 200-ml-Flaschen verkauft und liefern zum einfacheren Abmessen Messlöffel, Messbecher oder eine eingebaute Pipette mit.

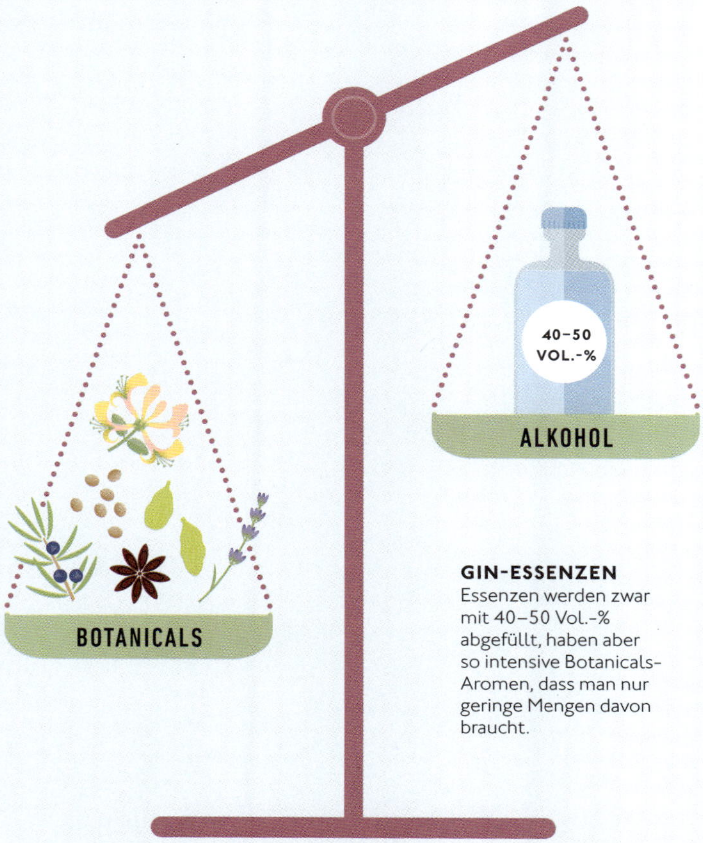

GIN-ESSENZEN
Essenzen werden zwar mit 40–50 Vol.-% abgefüllt, haben aber so intensive Botanicals-Aromen, dass man nur geringe Mengen davon braucht.

SLOE GIN

Schlehen sind die kleinen, pflaumenartigen Früchte des Schwarzdorns (*Prunus spinosa*). Die meisten Vögel finden sie ungenießbar, sodass der Mensch zu Herbstbeginn noch reichlich findet, um sie mit Gin und Zucker zu Schlehenlikör zu verarbeiten. Das macht die Schlehen nicht genießbarer, wirkt im Gin aber Wunder.

FRUCHTIGER LIKÖR

Sloe Gin ist technisch gesehen ein Likör (da Zucker zugegeben wird). Das fruchtig-herbe Gebräu schmeckt besonders in den kalten Monaten pur, ob am Kamin oder aus dem Flachmann bei einem belebenden Spaziergang durch die Kälte. Aber es ist nicht nur ein Wintergetränk, sondern lässt sich mit Bitter Lemon oder Sherry auch gut in einen sommerlichen Highball verwandeln. Viele Gin-Cocktails steigen in neue Dimensionen auf, wenn Schlehe ins Spiel kommt.

DIE ERNTE

Traditionell werden Schlehen nach dem ersten Frost geerntet, da sie zur Reife Kälte benötigen. Mein Tipp ist, sie in den Gefrierschrank zu legen, wodurch sie gleichzeitig reifen und ihre Struktur aufbricht. Wer keine Lust hat, durch Dornen-

SLOE GIN SELBST HERSTELLEN

Ob der Zucker von Anfang an dazukommt, ist Geschmackssache. Wem das zu viel Aufwand ist, kann einfach fertigen Sloe Gin kaufen.

1

WASCHEN UND EINFRIEREN
Die Schlehen waschen, dann im Gefrierschrank reifen und aufbrechen lassen.

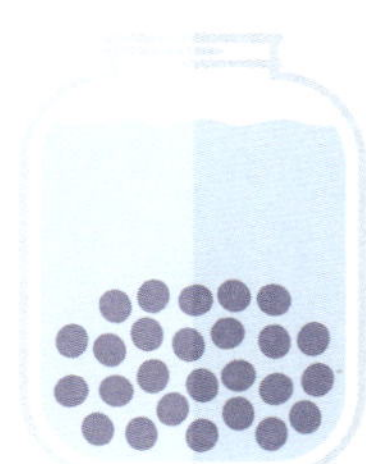

2

GLAS BEFÜLLEN
Ein großes Einmachglas zur Hälfte mit den Schlehen füllen und mit Gin aufgießen.

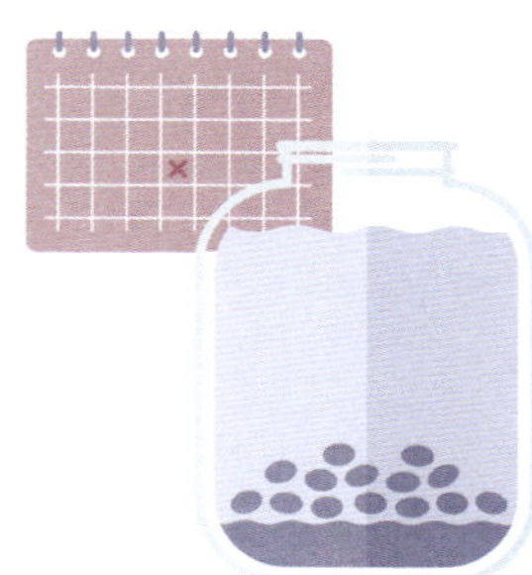

3

ZIEHEN LASSEN
Das Glas an einem kühlen, dunklen Ort bis zu sechs Monate lagern. Von Zeit zu Zeit schütteln.

VIELE GIN-COCKTAILS STEIGEN IN NEUE DIMENSIONEN AUF, WENN SCHLEHE INS SPIEL KOMMT.

büsche zu turnen, kann die Schlehenfrüchte natürlich auch online kaufen.

DAS REZEPT

Ein festes Rezept für Sloe Gin gibt es nicht. Man nehme ein Glas, fülle es etwa zur Hälfte mit Schlehen und gieße mit Alkohol auf. Dann warte man möglichst lang, zwei bis drei Monate, bis man den Gin filtert und – genießt. Sechs Monate sind noch besser, wenn Sie es so lange aushalten.

In vielen Rezepten kommt von Anfang an Zucker dazu. Aber eigentlich ist es besser, den Schlehen erst etwas Zeit im Alkohol zu geben, denn ihr Zuckergehalt variiert von Jahr zu Jahr. Je nach Süßegrad kann dann mit Zucker, Sirup oder Honig nachgesüßt werden. Nur wer süße Schlehen zum Backen braucht, sollte den Zucker sofort zugeben.

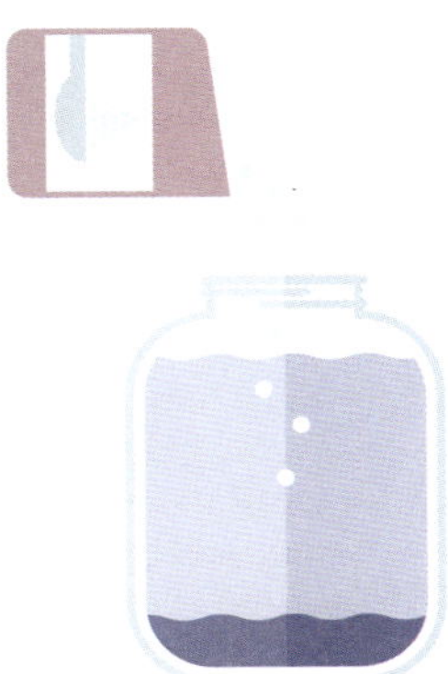

4

SÜSS ODER NICHT SÜSS?
Reifen lassen und dann nach Geschmack mit Zucker, Sirup oder Honig süßen.

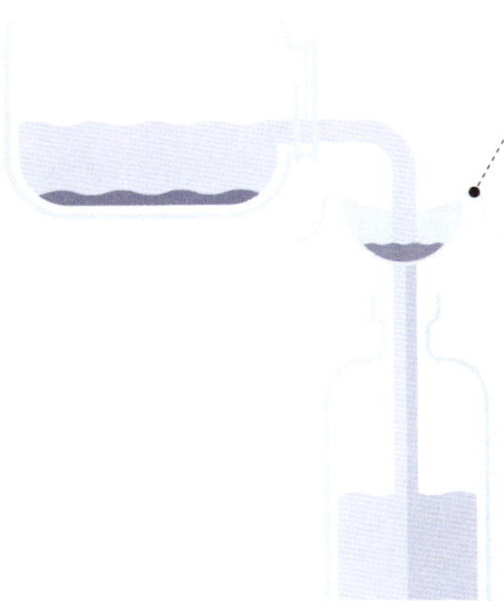

5

FILTERN UND GENIESSEN
Alles durch ein Passiertuch in eine saubere Flasche gießen und fertig ist der Sloe Gin.

BEISPIELE FÜR SLOE GIN

HEPPLE SLOE & HAWTHORN GIN (siehe S. 194) ist ungewöhnlich, da ihm Weißdornfrüchte (*Crataegus*) zugegeben werden. Ihr sehr fruchtiges Aroma wird durch das trockene Finish aufgewogen, das bei dem für Hepple typischen kräftigen Wacholdercharakter durchscheint. Mein Tipp: Geben Sie einen Schuss ins Guinness.

HAYMAN'S SLOE GIN (siehe S. 193) ist herb und pflaumig mit köstlichem Mandelaroma im Hintergrund und einem knochentrockenen Finish. Mit Aperol und Blutorangenlimo ergibt er einen tollen Winter-Spritz.

ELEPHANT SLOE GIN Der Elephant Sloe Gin hat einen etwas höheren Alkoholgehalt und liegt eher auf der würzigen Seite mit fast mentholartigen Noten von zerstoßenem schwarzem Pfeffer hinter den herben Schlehenbeeren. Er ist zudem ungefiltert und daher trüber als die meisten Gins.

GESCHMACKSSTOFFE

Was hat Wacholder mit Zitrus oder Lavendel mit Süßholz gemeinsam? Wer die Bausteine ihres Aromas betrachtet, entdeckt Verbindungen zwischen den pflanzlichen Zutaten des Gins. Diese aromatischen Elemente, oftmals Monoterpenoide, erklären, warum die Schalen, Samen und Kräuter dem Gin die Noten verleihen, die wir lieben.

AROMATISCHE VERBINDUNGEN

Dies ist nur eine kleine Auswahl von vielen Tausenden flüchtigen Komponenten, von denen wir dank der organischen Chemie inzwischen wissen.

KIEFERNTÖNIG UND HOLZIG

Wacholder enthält **Pinen,** ein Monoterpenoid, das sich auch in vielen Kräutern, Gewürzen und einigen Zitrusfrüchten findet. Es schmeckt kieferntönig, harzig und »terpentinig«. Engelwurz ist u. a. dank Pinen und **Caren** süß, moschusartig und holzig. Holzige Noten kommen auch von **Cadinenen,** die sich in Wacholder, Ringelblumen und Avocados finden. **Mycren,** das sich in Zitrusschalen (vor allem in Bitterorangen), schwarzem Pfeffer und Wacholder findet, bringt holzige, harzige Aromen. Diese Schalen enthalten auch **Menthatrien,** das Terpentin- und Kampfernoten beisteuert. Limettenschale kann holzig und terpentinartig und dank **Terpinolen,** das sich auch in Ingwer und anderen Gewürzen findet, zitrustönig sein.

ZITRUSTÖNIG

Das bekannte **Limonen** ist trotz seines Namens nicht besonders zitronig, findet sich aber verbreitet in Zitrusfrüchten und liefert frische zitrusartige, kräuterige und terpentinartige Hintergrundnoten. Wacholder enthält auch Limonen. Das Aroma, das wir vor allem mit Zitronen verbinden, stammt tatsächlich von **Geranial** und **Neral,** die ebenfalls in Zitronengras, Zitrusschalen, Zitronenverbene, Eukalyptus und Ingwer vorkommen. Das in Litschis, Citronella, Kaffirlimetten und Zitrusschalen enthaltene **Citronellal** bringt Zitrusnoten sowie blumige und rosenartige Aromen.

BLUMIG

Linalool schmeckt blumig, süß-zitronig und lavendelholzig. Es kommt in über 200 Pflanzenarten vor, darunter Minze, Zitrus, Lorbeer, Zimt, Birken, Koriandersamen, Süßholz, Lavendel, Basilikum, Beifuß, Hopfen und Cannabis. **Geranylacetat** (fruchtig, blumig, rosenartig) findet sich in Zitrusfrüchten, Orangenblüten, Zitronengras, Citronella, Geranien und Eukalyptus. Süße, blumige, rosenartige und Zitrusnoten kommen aber auch vom **Geraniol** und **Nerol,** das in Rosen und Geranien vorkommt, ebenso in Zitrone. Rosennoten kommen vom **Rosenoxid.** Veilchenwurzeln enthalten holzig-blumige **Eisenverbindungen,** die warm, süß und veilchenartig wirken. Spierstrauch erhält seine Vanillenoten von **Anisaldehyd,** das auch in Anis, Sternanis und Basilikumblüten steckt.

KRAUTIG

Die Quelle der meisten minzigen, kühlenden Noten ist uns vertraut: **Menthol.** Zudem finden sich in Minze und einigen Geranien auch **Menthone.** Zwei eng verwandte Volatile sind **(R)-(–)-Carvon** (Speerminznoten wie in Minze, Lavendel und Zitrus) und **(S)-(+)-Carvon** (Kümmel- und Dillnoten, wie sie sich in diesen und in Ackerminze und Lavendel finden). **Anethol** ist für anisartige und medizinische Noten von Anis, Sternanis, Süßholz und Fenchel verantwortlich. **Estragol** liefert anisartige, grüne und krautige Noten, wie sie in Estragon, Basilikum, Süßholz und Fenchel vorkommen.

WÄRMEND UND WÜRZIG

Kampfer (medizinisch, holzig, wärmend/kühlend) findet sich in Zimt, Lavendel, Zitrusfrüchten, Kräutern und Gewürzen. Holziges und wärmendes **Borneol** kommt in Zypressen, Ingwer, Lavendel, Zitrus und Gewürzen vor. Zitrus, Rosmarin und Lavendel steuern minzige, kieferntönige und wärmende **Cineole** bei. **Vanillin** findet sich in Eiche, Süßholz und Kirschen. Der wärmende Geschmack von Gewürznelken stammt vom **Eugenol** und kommt in Zimt, Basilikum und Bananen vor. Süßholz hat komplexe »grüne«, blumige und bohnenartige Noten, Thymian, Anis, Gewürznelken, Bockshornklee, Karamell, Butter, Vanille rauchige Noten. Zu den Geschmacksstoffen zählen zudem **Veilchenblätteraldehyd, Carvacrol, Thymol, Sotolon, Diacetyl** und **Guajacol.**

FRUCHTIG

Die süßen (ans blumige grenzenden) Beerennoten, die sich etwa in Himbeeren und Loganbeeren finden, stammen von der flüchtigen Verbindung **4-(p-Hydroxyphenyl)butan-2-on** oder auch **Himbeerketon,** was viel einfacher zu merken ist. Ein wichtiger Teil des Erdbeeraromas ist **Furaneol,** dessen fruchtige, teils karamellige Noten auch in Ananas, Himbeeren, Mangos, einigen Weintrauben, Süßholz und sogar Tomaten vorkommen.

HERZHAFT

Gin-Brenner sind immer auf der Suche nach anderen Geschmacksnoten. Seit einigen Jahren wenden sich viele herzhaften, Umami- oder maritimen Noten zu. Seegras wie Lappen- und Knorpeltang kann dank **Bromoform** und **Hexanal,** einem Aldehyd mit sechs (oder bei seinen nahen Verwandten mit sieben, acht oder sogar neun) Kohlenstoffatomen, süße und frische Jodnoten beisteuern. Dieses Aldehyd findet sich neben dem eng verwandten, aber völlig verschiedenen **Hexenal** auch in Oliven.

DIE HAUPT-BOTANICALS

Das Herzstück jedes Gins ist die Kombination aus Samen, Blättern, Schalen, Wurzeln und Rinden, die sein Geschmacksprofil ergeben. Jeder Gin-Brenner möchte seinem Gin etwas Einzigartiges verleihen, ohne dabei den typischen Gin-Geschmack zu opfern. Die »Großen Drei« unter den Botanicals sind Wacholderbeeren, Koriandersamen und Engelwurz.

WACHOLDERBEEREN

Juniperus communis aus der Familie der *Cupressaceae* (Zypressengewächse)

Wacholder ist die unverzichtbare Zutat im Gin. Ohne Wacholder darf er sich nicht »Gin« nennen. Nur die Wenigsten von uns sind heute mit seinem Geschmack vertraut. Seine violett-blauen Beeren (botanisch eigentlich Zapfen) sind reich an Alpha-Pinen, das ein kiefern-rosmarin-terpentinartiges Aroma ergibt. Sie enthalten zudem Myrcen, das auch in wildem Thymian, Hopfen und sogar Cannabis vorkommt, sowie Limonen (man denke an Zitrus und einige Kräuter).

KORIANDERSAMEN

Coriandrum sativum aus der Familie der *Apiaceae* (Doldenblütler)

Koriander ist vermutlich nach Wacholder die wichtigste pflanzliche Zutat im Gin. Seine getrockneten Samen riechen staubig und muffig mit einem Hauch von in der Spätsommersonne gewärmtem Heuschober. Doch zerstoßen bricht sich sofort lebhaftes grünes Zitrus-Gewürz-Aroma Bahn. Die ätherischen Öle der Samen sind reich an Thymol, Geraniol und Linalool.

ENGELWURZ

Angelica archangelica aus der Familie der *Apiaceae* (Doldenblütler)

Nummer drei unter den »Großen Drei« ist die Engelwurz, die wegen ihres ähnlichen Geruchs häufig mit Wacholder verwechselt wird, aber moschus- und holztöniger ist. Die wichtigsten Aromastoffe sind Alpha- (wie bei Wacholder) und Beta-Pinen. Das Samenöl ist süßer mit Minze- und Eukalyptusnoten. Destilliert schmeckt Engelwurz erdig, holzig und krautig. Brenner sagen, Engelwurz »fixiere« andere Geschmacksnoten im Gin, vor allem die leichteren, flüchtigeren Aromen, was aber wissenschaftlich nicht belegt ist. Einige Gins, wie der Beefeater, nutzen neben der Wurzel auch die Samen.

ANDERE ÜBLICHE BOTANICALS

Neben den »Großen Drei« Wacholder, Koriander und Engelwurz kommen häufig noch andere Botanicals zum Einsatz. Die meisten Gins enthalten zumindest einige davon, vor allem Cassiarinde, Zitruspflanzen und Veilchenwurzel.

CASSIAZIMT

Cinnamomum cassia aus der Familie der *Lauraceae* (Lorbeergewächse)

Die Zimtkassie wird auch als Chinesischer Zimtbaum bezeichnet, um sie vom Ceylon- oder Echten Zimtbaum *(Cinnamomum verum)* zu unterscheiden. In den USA wird diese Unterscheidung nicht getroffen, dort wird Cassiazimt schlicht als Zimt verkauft. Angebaut wird er vor allem in Indonesien und auf Sri Lanka und er wird in Gin genutzt, um den Basisaromen Komplexität zu verleihen. Dank seiner ätherischen Öle, die Zimtaldehyd und Curamin enthalten, ist er süß, holzig und wärmend.

ECHTES SÜSSHOLZ

Glycyrrhiza glabra aus der Familie der *Fabaceae* (Hülsenfrüchtler)

Süßholz zählt tatsächlich zu den Hülsenfrüchtlern. Wer hätte das gedacht? Aber wir sind an der Wurzel interessiert, die reichlich Anetol speichert und dem Gin (und anderen Spirituosen) seine warme, süß-aromatische Note schenkt, die gut zu Anis passt. Zudem enthält sie reichlich Glycyrrhizin, das 30 bis 50-mal süßer als Zucker ist. Daher kommt Süßholzwurzel oft in Old Tom Gins (siehe S. 74–75) zum Einsatz. Brenner nutzen die getrocknete Wurzel in Pulverform, aber nicht nur wegen ihres Geschmacks, sondern auch für eine geschmeidige Textur.

GRÜNER KARDAMOM

Elettaria cardamomum aus der Familie der *Zingiberaceae* (Ingwergewächse)

Kardamom wird in den Tropen auf Sri Lanka und in Guatemala angebaut, der beste Kardamom kommt aus Indien. Seine papierartigen Samenkapseln haben wenig Aroma, doch die Samen stecken voller blumig-würzig-ingwertönigem Geschmack. Da er andere Botanicals leicht übertönt, nutzen Brenner Kardamom zurückhaltend. Seine Geschmacksstoffe Linalool und Linalylacetat finden sich auch in Lavendel und Zitrusfrüchten. Schwarzer Kardamom stammt von *Amomum subulatum*, einer anderen Pflanze, und wird üblicherweise über offenem Feuer getrocknet, was ihm eine Rauchnote verleiht.

ECHTES SÜSSHOLZ BESITZT EINE WARME, SÜSS-AROMATISCHE NOTE.

KUBEBENPFEFFER

Piper cubeba aus der Familie der *Piperaceae* (Pfeffergewächse)

Kubeben sind die Früchte einer Kletterpflanze aus Indonesien. Äußerlich erinnert sie stark an ihren nahen Verwandten, den schwarzen Pfeffer (*P. nigrum*), wird aber zur einfacheren Unterscheidung üblicherweise am Stiel verkauft, weshalb sie auch Stielpfeffer genannt wird. Ihr ätherisches Öl enthält Piperin, das den Kubeben ihren stark pfeffrigen Biss gibt, aber auch Limonen, das in vielen Zitrusgewächsen und Kräutern vorkommt. Kubebenpfeffer kann Gin besonders im Nachklang eine minzeartige Note verleihen.

MANDELN

Prunus dulcis aus der Familie der *Rosaceae* (Rosengewächse)

Mandeln sind enge Verwandte von Aprikosen und Pfirsichen. Sie werden vor allem in Kalifornien angebaut, aber auch in Spanien und Italien. Ihr Geschmack lässt sich vielleicht am besten als honigtönig und nussig beschreiben, obwohl Mandeln genau genommen keine Nüsse sind, sondern Steinfrüchte, bei denen das Fruchtfleisch einen Kern umgibt, in dem sich der Samen verbirgt. Bei der Mandel essen wir diesen Samen. Mandeln verleihen Gin eine gewisse trockene Textur.

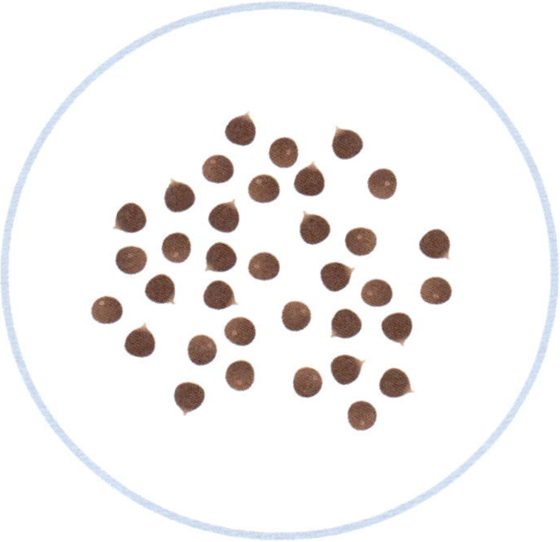

PARADIESKÖRNER

Aframomum melegueta aus der Familie der *Zingiberaceae* (Ingwergewächse)

Paradieskörner sind in den Sümpfen Westafrikas zu Hause und werden deshalb auch Guineapfeffer genannt. Die getrockneten Samen erinnern an Pfefferkörner und können in allen möglichen Lebensmitteln und Getränken als Ersatz für schwarzen Pfeffer genutzt werden. Sie liefern die gewohnte Schärfe, wenn auch ein wenig intensiver und würziger mit einem Hauch ihres nahen Verwandten Kardamom. Sie enthalten die Geschmacksstoffe Gingerol, Paradol und Shoagol. Destilliert haben Paradieskörner ein minziges, pfeffriges Aroma, das zur geschmacklichen Tiefe des Gins beiträgt und seinen Nachklang verlängert.

SCHWARZER HOLUNDER

Sambucus nigra aus der Familie der *Viburnaceae* (Moschuskrautgewächse)

Holunder ist in fast ganz Europa heimisch (vor allem in den nordischen Ländern). Das Aroma der Blüten ist beliebt und wird in vielen Lebensmitteln und Getränken verwendet, vor allem in alkoholfreien Sirupen. In den USA ist er praktisch unbekannt. Zum Gin-Brennen werden sowohl die Blüten als auch die Beeren des Holunders genutzt. Holunderblüten enthalten Linalool, Rosenoxid und eine winzige Spur Naphthalin und schmecken nach süßem, blumigem Honig mit einer verführerischen Note von Birne und grünfleischiger Melone im Hintergrund. Die violettschwarzen Beeren sind marmeladenartiger, recht sauer und leicht giftig.

ZUM GIN-BRENNEN WERDEN SOWOHL DIE BLÜTEN ALS AUCH DIE BEEREN DES HOLUNDERS GENUTZT.

VEILCHENWURZEL

Iris florentina aus der Familie der *Iridaceae* (Schwertliliengewächse)

Veilchenwurzel hat angeblich fixierende Eigenschaften und ist vermutlich aus der Parfümherstellung zum Gin gelangt. Sie sorgt für eine geringere Flüchtigkeit anderer Botanicals und damit dafür, dass Gin länger besser schmeckt. Die Wurzel selbst riecht nach Veilchen (genauer nach Parma-Veilchen), wird aber eher selten wegen ihres Aromas eingesetzt. Die Wurzel, die im Gin verwendet wird, stammt von in Südfrankreich, Norditalien und Marokko angebauten Schwertlilien, die bis zur Erntegröße bis zu fünf Jahre benötigen und weitere fünf, um zu trocknen.

ZITRUS

Diverse Mitglieder der Familie der *Rutaceae* (Rautengewächse)

Was haben die Lieblings-Zitrusschalen und -blätter der Gin-Brenner gemeinsam? Limonen! Es gehört zur stark aromatischen Gruppe der Terpene, die für Aromen, Geschmack und Farbe vieler verschiedener Pflanzen verantwortlich sind. Einige Pflanzen nutzen sie, um nicht von Tieren gefressen zu werden. Für uns sind diese Terpene köstlich: leicht, prickelnd, pikant und zudem frisch mit hintergründiger Süße und manchmal einer zarten Bitternote. Da viele andere Gin-Botanicals ebenfalls Limonen enthalten, passen sich Zitrusfrüchte nahtlos ins allgemeine Geschmacksprofil ein.

WEITERE BOTANICALS

Einer der Gründe, warum Gin so komplex ist, ist die schiere Masse an Zutaten, die in der Destille landen können. Alle hier aufgeführten Blätter, Samen und anderen Pflanzenteile kommen in mindestens einem Gin vor, die Liste ist aber bei Weitem nicht vollständig. Was einen Geruch hat, lässt sich auch destillieren, und die Chancen stehen gut, dass es schon jemand getan hat.

BOTANICAL	SÜSS	NUSSIG	ERDIG	WÄRMEND	ANIS	WÜRZIG	SAUER
BEEREN							
GOJI-BEEREN							○
HEIDELBEEREN	○						○
LILLY-PILLY-BEEREN			○			○	○
MEHLBEEREN							
PFEFFERKÖRNER	○					○	
SANDDORN	○						○
SCHLEHEN		○	○				○
BLÜTEN							
AKAZIE	✿						
ARNIKA							
GEISSBLATT	✿						
HECKENROSE	✿						✿
HEIDEKRAUT						✿	
HIBISKUS			✿				✿
JAPANISCHE KIRSCHBLÜTE	✿						✿
LINDE	✿						
MÄDESÜSS	✿	✿					
RAINFARN				✿		✿	

ZITRUS	FRUCHTIG	BLUMIG	KRAUTIG	GRASIG	PFLANZLICH	KIEFER	SALZIG	BITTER	ADSTRIN-GIEREND
	●								
	●								
	●								
	●								
	●							●	●
●	●								
	●							●	
●		●			●				
		●				●		●	
		●						●	
		●							
	●	●	●						
	●	●							
	●	●							
●		●							
	●	●		●					
								●	

BOTANICAL	SÜSS	NUSSIG	ERDIG	WÄRMEND	ANIS	WÜRZIG	SAUER
OBST							
AMANATSU	●						●
FINGERLIMETTE							●
HAGEBUTTE	●						●
KUMQUAT	●						●
POMELO	●						●
QUITTE	●						●
BLÄTTER							
AMPFER							●
ANISMYRTE (*SYZYGIUM ANISATUM*)	●		●	●			
BROMBEERE		●					
CHINESISCHER GRÜNTEE	●	●	●				
GAGELSTRAUCH	●					●	
HIMBEERE			●				
KAMILLE	●						
KERBEL					●		
LIEBSTÖCKEL					●		
MEERSALAT						●	
ROTER SHISO (*PERILLA*)					●	●	
SCHAFGARBE	●				●		
TANNENSPITZEN							●
TASMANISCHE PFEFFERBEERE			●	●		●	
ZITRONENMYRTE	●					●	
ZUCKERTANG	●	●					

ZITRUS	FRUCHTIG	BLUMIG	KRAUTIG	GRASIG	PFLANZLICH	KIEFER	SALZIG	BITTER	ADSTRINGIEREND
								●	
●			●					●	
		●							
●									
●									
	●	●						●	
●				●					
			●						
	●							●	●
		●	●		●				
			●			●		●	●
	●		●					●	
	●	●							
			●						
			●						
			●				●		
●			●						
								●	
●						●			
			●						
●			●						
					●		●		

BOTANICAL	SÜSS	NUSSIG	ERDIG	WÄRMEND	ANIS	WÜRZIG	SAUER
WEITERE							
FEUER-SCHEINZYPRESSE			●				
MACADAMIANÜSSE	●	●					
MYRRHE	●				●	●	
QUELLER							
RHABARBER							●
SANDELHOLZ	●	●		●			
WEIHRAUCH			●	●		●	
SCHALEN							
BERGAMOTTE							●
YUZU-SCHALE							●
WURZELN							
GOLDDISTEL			●				
KLETTE	●	●	●	●			
KURKUMA			●			●	
LÖWENZAHN		●		●			
MEERRETTICH						●	
STECHWINDE (*SARSAPARILLE*)				●			
SAMEN							
ANIS	●		●	●	●	●	
APRIKOSENKERNE	●	●					
DILL	●	●			●		
FENCHEL	●			●	●	●	
GOLDENER ALEXANDER						●	
KREUZKÜMMEL	●	●		●	●	●	
STERNANIS	●		●	●	●		

ZITRUS	FRUCHTIG	BLUMIG	KRAUTIG	GRASIG	PFLANZLICH	KIEFER	SALZIG	BITTER	ADSTRINGIEREND
●						●			
								●	●
					●		●		
	●								
		●							
●						●			
●		●						●	
●	●		●					●	
			●					●	
●								●	
								●	
					●				
								●	
								●	
			●	●				●	
		●			●				
●								●	

WAS MACHT DER GIN IM FASS?

Manche Gins reifen im Fass aus und erhalten dabei zusätzlich zu den Noten der Botanicals noch ganz besondere Aromen. Whisky- oder Bourbon-Liebhabern werden diese Geschmacksnoten vertraut sein, denn Whisk(e)y reift ja ebenfalls im Fass.

AUSBRENNEN

Küfer (so nennt man die Fassbauer) brennen das Fassinnere gern aus, bevor der Brenner das Fass mit Destillat befüllt. Dabei entsteht eine dünne Holzkohleschicht auf der Innenwand, die das Destillat filtert und es mit der Zeit weicher macht, indem sie ihm Schwefelverbindungen entzieht. Außerdem kann es leichter in das Fassholz eindringen.

ZUCKER UND WÜRZE

Die Temperatur des Destillats im Fass steigt und fällt im natürlichen Zyklus von Tag und Nacht und der Jahreszeiten. Gleichzeitig dringt es ins Holz ein und verlässt es wieder, fast so, als würde das Fass atmen (siehe gegenüber). Wenn das Destillat ins Holz eindringt, nimmt es die dort gebundenen natürlichen Zucker auf, die ihm süße Noten von Vanille oder Kokosnuss verleihen. Daneben kann das Holz Noten von Backgewürzen wie Nelken, Zimt und Muskat abgeben.

GEISTER IM HOLZ

Die meisten Fässer werden immer wieder neu befüllt und manchmal übertragen sich dabei Geschmacksnoten älterer Spirituosen auf die neueren. Brauer nutzen das gern aus und reifen ihr Bier in Fässern, die einst Sherry, Whisky oder Bourbon enthielten, um es zu aromatisieren. Das ist beim Gin nicht so gebräuchlich, kann aber interessante Ergebnisse liefern.

ZEIT UND AROMEN

Je länger eine Spirituose im Fass liegt, desto stärker prägt das ihr Geschmacksprofil. Mit der Zeit werden die beschriebenen Einflüsse von Holzkohle, Zucker und Würze immer ausgeprägter. Die Dauer der Fassreifung hat auch noch andere Auswirkungen: Fässer sind nicht luftdicht, Sauerstoff kann also hinein- und Alkoholdämpfe können herausgelangen. Durch Verdunstung wird der Fassinhalt immer stärker konzentriert. Mit der Zeit entwickeln sich Oxidationsnoten, die beim Verkosten manchmal an Sherry erinnern.

DIE GRÖSSE ZÄHLT

Die englischen Begriffe *Barrel* und *Cask* auf dem Flaschenetikett beschreiben zwei bestimmte Fassgrößen und -formen. Daneben gibt es noch eine Reihe weiterer Formate mit eigenen Bezeichnungen.

WAS PASSIERT IM FASS?

Während eine Spirituose im Fass reift, laufen mehrere Vorgänge ab, die den Geschmack beeinflussen.

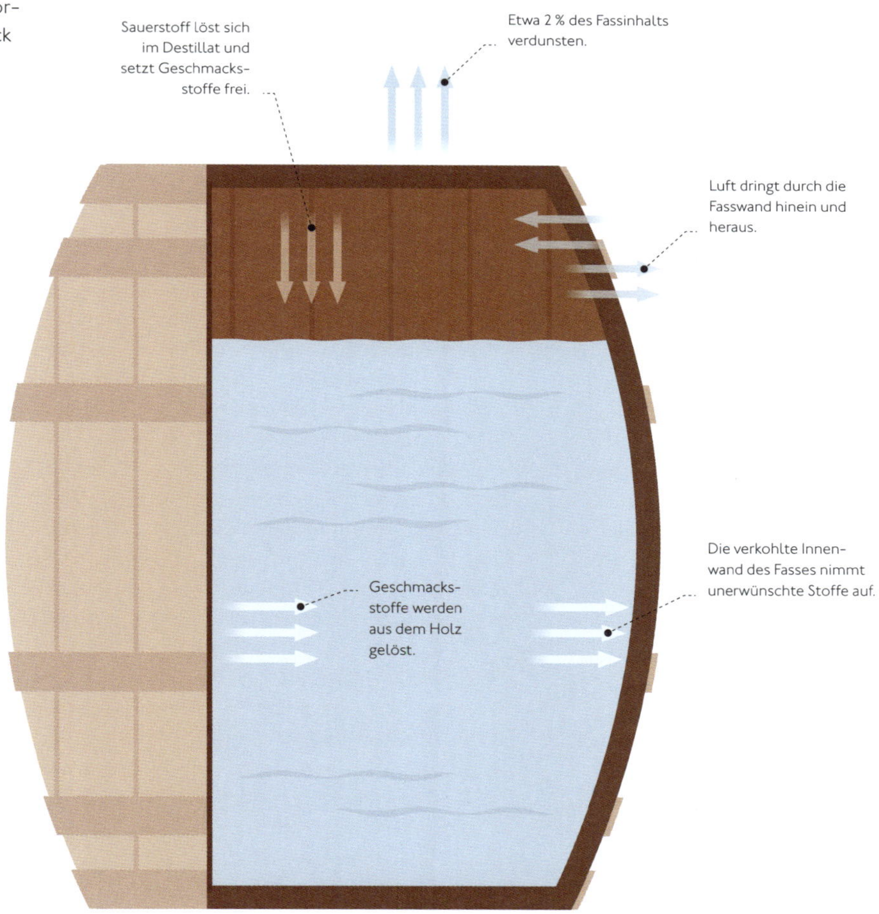

JE LÄNGER EINE SPIRITUOSE IM FASS LIEGT, DESTO STÄRKER PRÄGT DAS IHR GESCHMACKSPROFIL.

WIE FUNKTIONIERT GESCHMACK?

Es lohnt sich zu ergründen, wie wir Geschmack wahrnehmen. Wenn wir verstehen, wie unsere Sinne und unser Gehirn zusammenarbeiten, verstehen wir auch besser, was passiert, wenn wir Gin verkosten.

ES IST KOMPLIZIERT

Geschmack entsteht, wenn Zunge, Nase und Gehirn zusammenarbeiten, um etwas zu untersuchen, was man gerade im Mund hat. Unsere Sinne für Sehen, Hören und Berühren spielen dabei ebenso eine Rolle wie Stimmung, Erwartung, Erinnerungen und Umgebung. Dies alles zusammen prägt unser Geschmacksempfinden, sodass jeder von uns Geschmack auf ganz individuelle Weise erfährt.

SCHMECKEN HEISST RIECHEN

Der Großteil dessen, was wir Geschmack nennen, ist eigentlich Aroma. Die Zunge erkennt nur die Grundkategorien süß, sauer, salzig, bitter und umami … zumindest, soweit wir wissen. Die Forschung zeigt, dass wir möglicherweise fettig als einen sechsten Grundgeschmack hinzufügen können, vielleicht noch einen für »kokumi« oder »reichhaltig«, aber da ist sich die Wissenschaft nicht einig.

Alles darüber hinaus beruht auf unserem Geruchssinn. Der Geruch ist ein integraler Teil des limbischen Systems des Gehirns, zu dem Amygdala und Hippocampus gehören, die für Emotionen und Erinnerungen verantwortlich sind. Deshalb erkennen und erinnern wir uns besser an Gerüche, die mit starken Empfindungen oder Erinnerungen verknüpft sind. Und deshalb ist unser Geschmacksempfinden so individuell.

REINE KOPFSACHE

Für die meisten sind Gerüche etwas, das nur außerhalb ihres Kopfs stattfindet, meist irgendwo vor dem Mund oder unter der Nase. Dabei entsteht Geruch vielmehr im Gehirn, genauer gesagt knapp unterhalb und hinter den Augen. Hier sitzen unsere Geruchsrezeptoren und die Gerüche, die wir wahrnehmen, können genauso gut aus dem Mund stammen wie von außerhalb des Kopfs. Kommt der Geruch von innen, sprechen wir von retronasaler Wahrnehmung; kommt er von außen, sprechen wir von orthonasaler Wahrnehmung.

FLÜCHTIGKEIT

Unsere Sinne für Riechen und Schmecken unterscheiden sich von den anderen Sinnen insofern, als sie auf Chemorezeption beruhen, also der Wahrnehmung mikroskopischer Teile, die in den Körper gelangen und direkt mit dem Nervensystem interagieren. Wenn wir beispielsweise ein Stück Obst riechen, gelangen flüchtige Verbindungen von seiner Oberfläche in unsere Nase.

Denken Sie daran, wenn Sie das nächste Mal etwas wirklich Furchtbares riechen!

EINZIGARTIGE ERFAHRUNG

Geschmack ist eine komplexe Empfindung mehrerer Sinne, an der nicht nur der Inhalt des Glases beteiligt ist. Physische und mentale Aspekte spielen zusammen und erzeugen eine Erfahrung, die für wirklich jeden und jede von uns einzigartig ist.

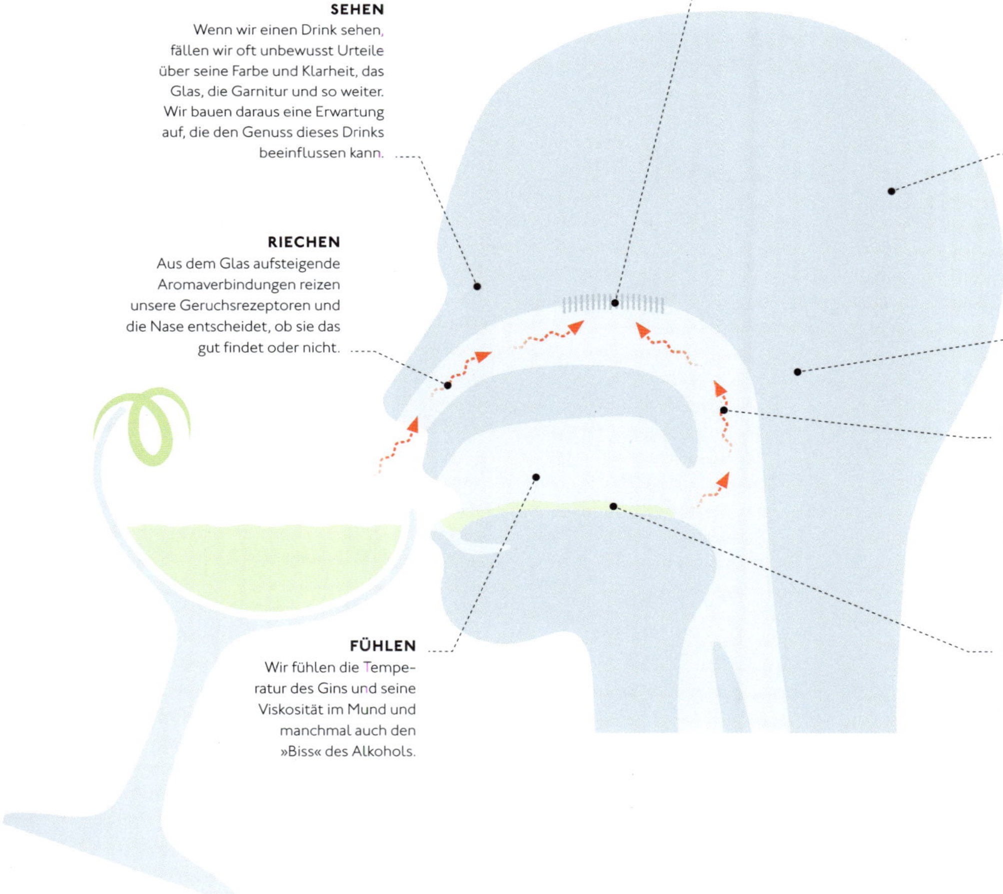

RIECHEN UND SCHMECKEN
Nervensignale von Geruchsrezeptoren und Zunge werden im Gehirn ausgewertet und machen einen Großteil unseres Geschmacksempfindens aus.

SEHEN
Wenn wir einen Drink sehen, fällen wir oft unbewusst Urteile über seine Farbe und Klarheit, das Glas, die Garnitur und so weiter. Wir bauen daraus eine Erwartung auf, die den Genuss dieses Drinks beeinflussen kann.

ERFAHRUNG
Unser Wissen über den Gin, frühere Erfahrungen, Erinnerungen und sogar unsere Stimmung beeinflussen, wie wir einen Gin wahrnehmen, den wir schon einmal getrunken haben.

RIECHEN
Aus dem Glas aufsteigende Aromaverbindungen reizen unsere Geruchsrezeptoren und die Nase entscheidet, ob sie das gut findet oder nicht.

HÖREN
Höreindrücke, wie die Beschreibung, welchen Geschmack wir zu erwarten haben, können unsere Wahrnehmung färben.

LUFTSTRÖMUNG
Beim Trinken erreichen einige Aromaverbindungen unsere Geruchsrezeptoren von innerhalb des Munds und verstärken das Geschmacksempfinden.

FÜHLEN
Wir fühlen die Temperatur des Gins und seine Viskosität im Mund und manchmal auch den »Biss« des Alkohols.

SCHMECKEN
Unsere Zunge erkennt die Grundkategorien – süß, sauer, salzig, bitter, umami und eventuell fettig –, sobald der Gin sie berührt.

GEDANKEN ZUM GESCHMACK

Geschmack ist ein wichtiger Schlüssel zum Gin-Genuss. Je besser wir Geschmack verstehen, desto besser verstehen wir Gin und wissen auch, welchen Cocktail wir wählen oder warum wir einen Gin besonders mögen.

BIBLIOTHEK DER GERÜCHE

Um ein besserer Verkoster zu werden, lohnt es sich, sich mit Geschmack im Allgemeinen vertraut zu machen. Wenn Sie viel probieren, gewinnen Sie Erfahrungen, auf die Sie zurückgreifen können, wenn Sie die Geschmacksnoten eines Gins beschreiben möchten.

Riechen ist vielleicht noch wichtiger, denn Geschmack kommt vor allem vom Geruch (siehe S. 94–95). Einfach etwas riechen ist ein guter erster Schritt. Es gibt ein paar Tricks, wie wir uns Gerüche einprägen können, auch wenn sie zunächst seltsam wirken mögen. Im Grunde geht es darum, alle Sinne zu nutzen, um sich Gerüche besser zu merken.

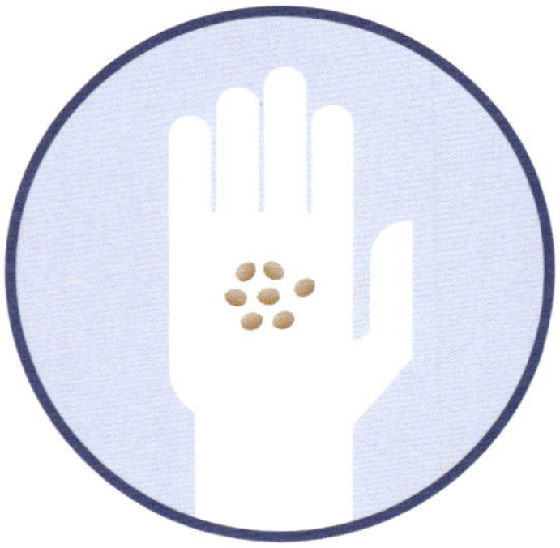

WER BIN ICH?

Sprechen Sie aus, was Sie riechen und wiederholen Sie es mehrfach. Schließen Sie die Augen, konzentrieren Sie sich ganz auf das Aroma, auf den Klang seines Namens und auf die Erinnerungen, die es wachruft. Die Verknüpfung multisensorischer Verbindungen in Ihrem Gehirn erhöhen die Chance, einen Geruch später wiederzuerkennen.

MIT GEFÜHL

Sie können sich die starke Verknüpfung von Gerüchen und Emotionen im Gehirn auch zunutze machen, indem Sie sich einem Geruch mit Aufmerksamkeit und Gefühl nähern. Einfacher ist es, Gerüche mit emotional besetzten Erinnerungen zu verknüpfen, wie etwa mit einem bestimmten Ort oder einer besonderen Person.

GEZIELT SCHMECKEN

Viele Aromen im Gin stammen von Zutaten, die leicht zu finden sind. Wenn Sie sie zuverlässig im Gin identifizieren können wollen, nehmen Sie Koriandersamen, Süßholz und Engelwurz zur Hand. Berühren und riechen Sie, bis sich diese Eindrücke vertraut anfühlen. Bauen Sie sich eine ganz persönliche Datenbank der Gin-Aromen auf.

AUSGEWOGENER GESCHMACK

Die Grundgeschmacksrichtungen, die wir mit der Zunge wahrnehmen, existieren nicht isoliert, sondern wirken gemeinsam. Sie können sich gegenseitig verstärken. Süß und salzig etwa verstärken die Wahrnehmung des jeweils anderen – wie bei Salzkaramell-Eis. Säure verstärkt umami und salzige Noten, wie Limette zu Tacos.

Ist ein Grundgeschmack zu dominant, können Sie die Balance gezielt wieder herstellen:

- Süße gleicht Säure oder Bitterkeit aus (und auch würzige Schärfe).
- Säure gleicht Süße oder Bitterkeit aus (und auch würzige Schärfe).
- Bitterkeit gleicht Süße oder Salzigkeit aus.
- Salzigkeit gleicht Bitterkeit aus.
- Würzige Schärfe gleicht Süße aus.

Bei Getränken kann man sich den Alkohol ebenfalls als einen Grundgeschmack vorstellen, wie der erste Schluck, bei dem wir denken: »Hoppla, der ist stark!« Gut, dass wir auch dominanten Alkohol mit Süße oder Bitterkeit ausgleichen können.

GESCHMACKSNOTEN IM GIN

Durch die Destillation verleibt sich Gin viele flüchtige Aromaverbindungen ein. Sie sind zu unterschiedlichem Grad in Ethylalkohol und Wasser löslich. Mit anderen Worten: Je stärker der Gin, desto stärker hält er bestimmte Aromen fest und setzt andere frei. Geben Sie Wasser (oder einen Mixer wie beispielsweise Tonic Water) dazu, verändern Sie dieses Gleichgewicht und der Gin setzt andere flüchtige Bestandteile frei. Dadurch verändern Sie den Geschmack des Gins.

Süße ist nicht nur eine Geschmacksnote, sie beeinflusst auch die Textur des Gins, macht ihn dickflüssiger und klebriger. Ist kein Zucker da, sprechen wir von »Dry Gin«, ist ein wenig Zucker da, nennen wir ihn »Medium Dry« und bei viel Zucker ist er »Sweet«.

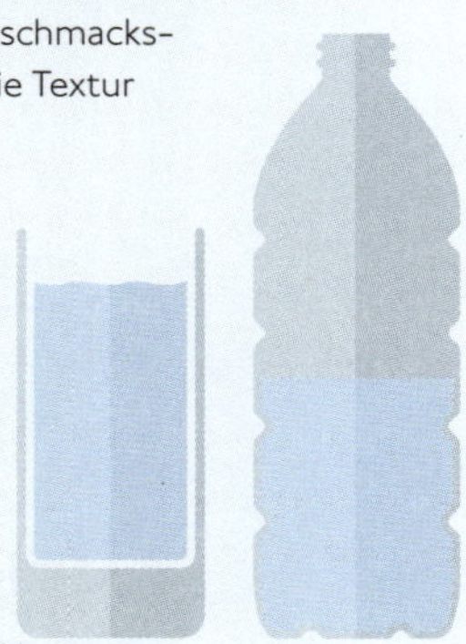

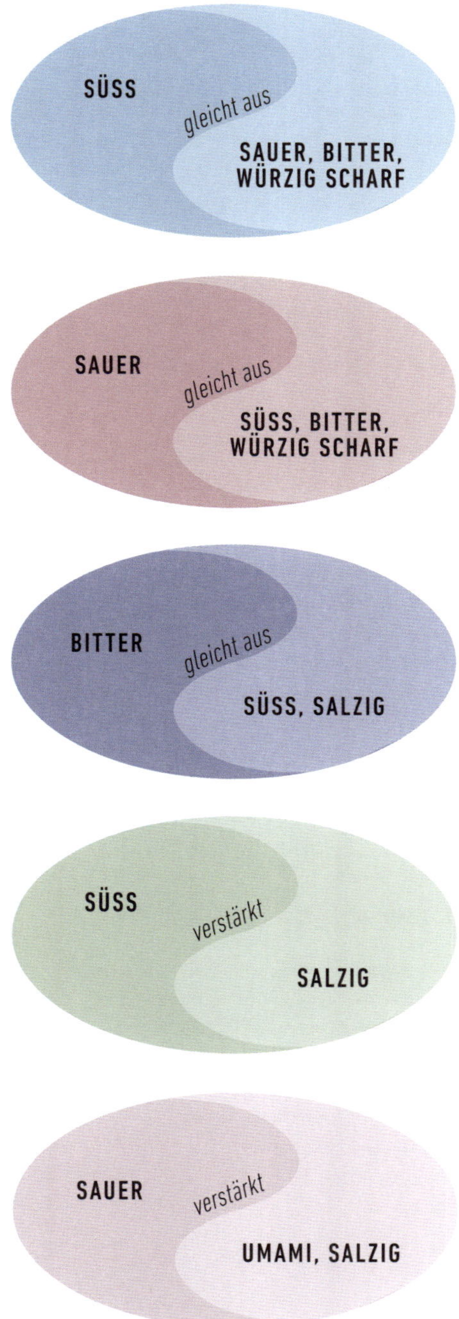

GESCHMACKSPAARUNGEN

Bestimmte Geschmackskategorien wirken anderen entgegen; manche verstärken sich gegenseitig.

BEREIT ZUM VERKOSTEN?

Sich mit Freunden oder abends auf dem Sofa gepflegt einen G&T genehmigen, ist etwas Wunderbares. Doch darum geht es hier nicht. Wer einen Gin wirklich verkosten möchte, beispielsweise um seine Qualität zu bewerten, besser schmecken zu lernen oder beides, muss die Sache anders angehen.

VOLLE KONZENTRATION

Auf den folgenden Seiten geht es darum, wie wir Gin mit den gleichen Methoden systematisch verkosten können, wie Profis es tun. Und wir sehen uns an, wie wir sinnvolle und aussagekräftige Verkostungsnotizen anfertigen können (siehe S. 102–103). Aber bevor es losgeht, sollten wir alles Nötige zur Hand haben.

Es führt kein Weg daran vorbei: Wir müssen uns voll auf den Gin und unsere Reaktionen auf ihn konzentrieren. Das funktioniert nicht, wenn wir alle fünf Minuten unterbrochen oder abgelenkt werden. Am schlimmsten sind starke Gerüche, die unsere Verkostungsbemühungen untergraben. Wählen Sie also eine Zeit und einen Ort, an dem Sie sich ganz auf den Gin konzentrieren können.

IN DER PRAXIS

Wenn alles vorbereitet ist, geht es an die praktischen Fragen, etwa wie viel Gin man verkostet, verdünnt oder nicht, und andere Dinge, die zu beachten sind.

WIE VIEL?
Ein Shot (3 cl) ist meist genug. Sie können sich jederzeit nachschenken, aber das ist selten nötig.

ALLES ZUR HAND?

Wer ständig aufstehen muss, weil etwas fehlt, kann sich nicht richtig konzentrieren. Also stellen wir besser alles bereit, bevor wir anfangen. Wir brauchen natürlich die zu verkostenden Gins. Darüber hinaus benötigen wir die hier gezeigten Dinge.

VERKOSTUNGSGLAS
Ein Glas, das sich nach oben verjüngt, konzentriert die Aromen.

WASSER ODER TONIC ZUM VERDÜNNEN
Das Tonic Water sollte keine starken Geschmacksnoten oder Süßstoffe enthalten, die die Aromen des Gins übertönen (siehe S. 112).

WELCHE TEMPERATUR?
Zimmerwarm ist gut. Ist der Gin zu kalt, lassen sich die Geschmacksnoten schlechter erkennen.

PUR ODER VERDÜNNT?
Wir beginnen immer pur. Danach ist es praktisch, Wasser oder Tonic zur Hand zu haben, um zu sehen, wie der Gin verdünnt schmeckt. Das hat aber Zeit. Zuerst gilt immer der pure Geschmack.

SPUCKEN ODER NICHT?
Wenn man nur ein paar Gins verkostet, ist Spucken meist nicht nötig. Wer allerdings hinterher noch etwas vorhat oder mehr als eine Handvoll Gins verkosten möchte, für den ist Spucken eine gute Idee. Es verringert die Alkoholaufnahme und verhindert, dass wir betrunken werden. Spucken ist auch dann gut, wenn wir uns länger konzentrieren wollen.

WELCHES GLAS?
Das ist, ehrlich gesagt, vollkommen egal. Profis nehmen in der Regel geeichte 200-ml-Gläser nach ISO (Internationale Organisation für Normung). Wenn sich das Glas wie eine Tulpe nach oben hin verjüngt, konzentrieren sich die Aromen automatisch am oberen Glasrand, was das Verkosten erleichtert (siehe S. 104–105).

SPUCKNAPF
Der Spucknapf ist praktisch, wenn wir möglichst wenig Alkohol aufnehmen wollen.

GAUMENPUTZER
Wenn Sie mehrere Gins verkosten, ist es hilfreich, den Gaumen zwischendurch mit einfachen Kräckern zu neutralisieren.

NOTIZBLOCK, HANDY ODER LAPTOP
Sie können Notizen auf Papier, auf dem Handy oder auf dem Laptop anlegen.

SYSTEMATISCHE VERKOSTUNG

Wer regelmäßig verkostet, kann seinen Gin – oder jeden anderen Drink – besser genießen. Die hier vorgestellte Methode nutzen auch Profis. Es ist im Grunde eine Checkliste, die sicherstellt, dass wir beim Verkosten alle Aspekte beachten.

AUSSEHEN

Als Erstes schauen wir, wie klar der Gin ist und welche Farbe er hat. Meist wird er klar und farblos sein. Dann geht es direkt weiter. Manchmal hat er aber einen fast silbrigen Glanz und wirkt im Glas heller. Das deutet auf Kaltfiltrierung hin. Sie macht den Gin stabiler und weniger anfällig für den Louche-Effekt (siehe S. 62–63), kann aber auch Aromen und Texturelemente kosten.

Einige Gins haben Farbe, was auf ihr Aroma hinweisen kann. Rosa Gins sind oft fruchtig, orangefarbene können Zitrusgeschmack haben. Manchmal deutet die Farbe auch auf einen Aspekt der Herstellung hin, wie etwa Fassreifung oder kaltes Compounding (siehe S. 70–71). Sie gibt uns eine Vorahnung, was wir bei Duft und Geschmack erwarten können.

GERUCH

Um zu erkennen, wie intensiv ein Gin duftet, halten wir das Glas zunächst vor die Brust. Ist er dort schon gut riechbar, ist er intensiv. Dann heben wir das Glas zum Kinn. Können wir ihn erst hier riechen, ist sein Duft mittelstark. Dann halten wir das Glas an die Nase. Können wir ihn jetzt erst riechen, ist sein Duft zart. Riechen wir immer noch nichts, ist er neutral.

Nun konzentrieren wir uns darauf, was wir riechen. Wir suchen nach den Aromen der Zutaten, bei Gin also nach den Botanicals. Wacholder sollte immer erkennbar sein, oft gepaart mit einer prominenten Koriandernote. Aber das ist nur der Anfang. Wir nehmen uns hier Zeit und versuchen dem Gin möglichst viele Gerüche zu entlocken (mögliche Botanicals finden Sie auf S. 80–91).

UNSER PERSÖNLICHER EINDRUCK SAGT NICHT UNBEDINGT ETWAS ÜBER DIE QUALITÄT AUS. EIN GIN KANN HERVORRAGEND SEIN UND UNS TROTZDEM NICHT SCHMECKEN.

GESCHMACK

Nun nehmen wir ein Schlückchen, behalten es ein paar Sekunden im Mund und bewegen den Gin ein wenig hin und her. Das ist wichtig, da wir nicht nur auf der Zunge, sondern im ganzen Mund Geschmacksknospen haben, auch in den Wangen, am Gaumen und im Rachen. Nun schauen wir, wie die Geschmacksnoten zu den Gerüchen passen, die wir entdeckt haben.

Wir konzentrieren uns auf das Mundgefühl: Beißt oder brennt er oder ist er weich? Ist seine Textur eher dünn oder leicht oder ist er ölig und mundfüllend?

Zum Schluss nehmen wir uns Zeit für das, was nach dem Schlucken (oder Spucken) passiert. Bleiben bestimmte Geschmäcker erhalten? Entwickeln sie sich weiter? Das ist der Nachklang, der, wenn er gut ist, angenehm komplex ist.

URTEIL

Mit den gewonnenen Eindrücken können wir die Qualität des Gins beurteilen. Wie ist er im Vergleich mit den anderen verkosteten Gins? Ist er ausgewogen oder sticht ein Aspekt hervor? Ist das gut oder schlecht?

Im nächsten Schritt geht es um unseren persönlichen Eindruck, der nicht unbedingt etwas über die Qualität des Gins aussagt. Ein Gin kann hervorragend sein und uns trotzdem nicht schmecken. Jetzt ist der richtige Moment, emotionale Reaktionen in den Verkostungsnotizen (siehe S. 102–103) festzuhalten (siehe S. 96, warum das eine gute Idee ist). Hier können wir dem Gin auch eine Note oder eine Bewertung geben. Manche Profis nutzen dafür die folgenden Kategorien: schwach, akzeptabel, gut, sehr gut und herausragend.

VERKOSTUNGS-NOTIZEN

Wir schmecken jeden Tag, dennoch sind viele überzeugt, dass sie nicht gut darin sind, differenziert zu schmecken. Warum aber können manche Menschen sich Stunden über den Geschmack eines Drinks auslassen, während wir höchstens »Schmeckt mir« sagen können?

DER NASE NACH

Wir alle empfinden Gerüche individuell. Es ist normal, dass wir uns dennoch an anderen Menschen orientieren. Letztendlich sollten wir lernen, unserer eigenen Nase zu vertrauen.

WAS IST DAS GEHEIMNIS?

Wer einen Geschmack genau beschreiben kann, ist nicht unbedingt besser darin zu schmecken, er hat nur mehr Übung darin, Geschmackserfahrung in Worte zu fassen. Je häufiger wir das tun, desto eher nehmen wir wahr, was in unserer Nase und in unserem Mund passiert, wenn wir etwas riechen und schmecken.

WARUM NOTIZEN WICHTIG SIND

Geschmack in Worte fassen zu können, bereichert unser Leben. Dafür benötigen wir keine Spezialausrüstung. Natürlich kann man viel Geld für schicke Aroma-Sets ausgeben, aber eigentlich reicht ein einfaches Notizbuch.

Es geht auch nicht darum, den Gaumen zu schulen, sondern das Gehirn. Manche Menschen haben einen empfindlicheren Gaumen, aber das bedeutet nur, dass die Signale »lauter« in ihrem Gehirn ankommen. Was zählt, ist, wie gut wir diese Signale interpretieren können.

Notizen helfen uns, unsere Geschmackseindrücke einzuordnen. Das gilt vor allem für handschriftliche Notizen, die laut Forschung das Gedächtnis besonders unterstützen. Wir halten dabei inne, was uns wiederum hilft, uns auf unsere Eindrücke zu konzentrieren.

AUSSAGEKRÄFTIGE NOTIZEN

Damit unsere Notizen aussagekräftig sind, müssen wir uns nur auf unseren Drink konzentrieren und aufschreiben, was wir vorfinden. Das müssen keine Romane sein – Übung macht den Meister.

Nun beurteilen wir den Geschmack. Zunächst einmal gibt es zwei Grundreaktionen: »Schmeckt mir« oder »Schmeckt mir nicht«. Dann kommen einzelne Geschmacksnoten, wie Wacholder oder Koriander, und Abstufungen, wie schwach, kräftig oder penetrant, hinzu. Wir können bildliche Sprache verwenden, wie »Dieser Gin ist gehaltvoll und cremig«, oder Metaphern, wie »Ein regnerischer Sonntag im Glas«, aber auch Fachbegriffe, wie »Der Alkohol ist gut integriert«, was bedeutet, dass der Gin weder brennt noch sticht. Oder wir konzentrieren uns auf Grundgeschmacksrichtungen wie süß oder bitter.

Es ist gut, alle erkannten Geschmacksnoten festzuhalten, aber wir sollten auch versuchen zu ergründen, wie wir zu dem Gin stehen. Der persönliche Eindruck vertieft die Trinkerfahrung. In unserem Gehirn sind Gerüche und Gefühle eng verbunden. Halten wir sie fest, können wir uns später besser an die Aromen erinnern (siehe S. 96).

Die systematische Herangehensweise (siehe S. 100–101) und Verkostungsnotizen sind die zwei wichtigsten Hilfsmittel, wenn wir lernen wollen, besser zu schmecken.

NOTIZEN HELFEN UNS, UNSERE GESCHMACKS-EINDRÜCKE EINZUORDNEN.

VERKOSTUNGSBOGEN

So könnte die Vorlage für Verkostungsnotizen aussehen. Der Bogen liefert die wichtigsten Geschmacksfacetten und bietet eine Bewertungsskala von 1–5 Sternen.

NAME DES GINS ....

☐ PUR ☐ MIT TONIC ....

AUSSEHEN

....

....

....

WERTUNG

☆ ☆ ☆ ☆ ☆

GERUCH

AROMA

NEUTRAL – LEICHT – MITTEL – STARK

GESCHMACK

INTENSITÄT

NEUTRAL – LEICHT – MITTEL – STARK

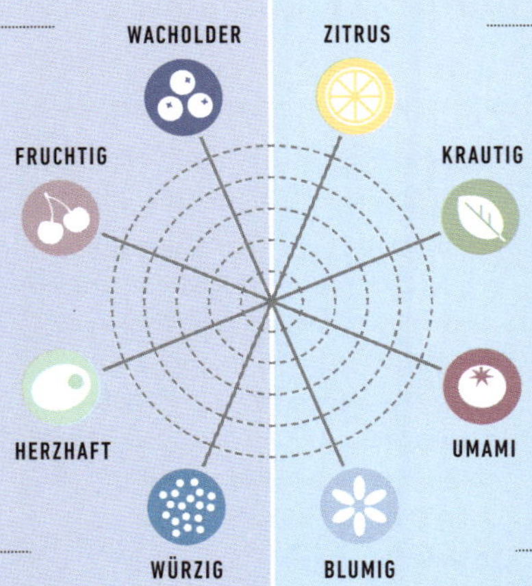

KOMMT ES AUF DAS GLAS AN?

In welchem Glas serviere ich Gin am besten? Wirkt sich die Form wirklich auf den Geschmack aus oder geht es nur darum, was am besten aussieht?

FORM UND AROMA

Es gibt Gründe, warum sich verschiedene Glastypen für unterschiedliche Getränke entwickelt haben. Denn die Form des Glases beeinflusst manchmal direkt, manchmal eher auf subtile und indirekte Weise, wie wir ein Getränk trinken und schmecken.

Direkt beeinflusst etwa der Glasrand das Aroma und ein gestieltes Glas wirkt sich direkt auf die Temperatur des Getränks aus. Eher indirekt beeinflusst uns, ob wir ein Glas oder das Gewicht des Glases (ob bewusst oder unbewusst) als »angemessen« für den Drink empfinden.

Auch persönliche Vorlieben spielen eine Rolle, aber da landen wir beim Henne-Ei-Problem: Bevorzuge ich ein Highball-Glas für meinen G&T, weil die Form gut zum Drink passt, oder schmeckt er mir gut, weil ich ihn gern auf diese Weise serviert bekomme?

DIREKTE EINFLÜSSE

Die Form des Glases beeinflusst unser Geschmacksempfinden direkt:

- In einem sich nach oben verjüngenden Glas konzentrieren sich die Aromen am oberen Rand.
- Ein nach oben weiter werdendes Glas lässt mehr Luft ans Getränk und die Aromen entweichen.
- In einem hohen, schlanken Glas hält sich die Kohlensäure länger – wichtig für G&T-Trinker!
- Durch den Stiel kommen unsere warmen Hände nicht in Kontakt mit der Glasschale; das Getränk bleibt länger kalt und gibt weniger Aromen frei.

VERJÜNGTER RAND
Das Aroma konzentriert sich an der Spitze eines oben zulaufenden Glases.

INDIREKTE EINFLÜSSE

Die Psychologie zeigt, dass mehrere Faktoren unseren Geschmack beeinflussen:

- Wir genießen einen Drink mehr, wenn wir das Glas für »angemessen« halten.
- Süße Speisen und Getränke assoziieren wir mit runden Formen, saure und bittere eher mit kantigen Konturen. Die Art, wie ein Drink serviert wird, kann also bestimmte Geschmacksnoten verstärken oder abschwächen. In einem runden Glas kann ein Negroni lieblicher erscheinen als in einem kantigen.
- Wir assoziieren Gewicht mit Qualität. In einem schweren Glas schmeckt Gin daher besser als aus dem Plastikbecher.

ANGEMESSENES GLAS
Champagner schmeckt aus der Sektflöte besser als aus einer angestoßenen Teetasse.

DIE FORM DES GLASES BEEINFLUSST DEN GIN, DER DARIN SERVIERT WIRD, SOWOHL DIREKT ALS AUCH INDIREKT.

GEWEITETES GLAS
Bei einem ausgestellten Rand entweichen flüchtige Aromen.

HOHES, SCHLANKES GLAS
In einem hohen, schlanken Glas hält sich die Kohlensäure länger – perfekt für G&Ts.

STIELGLAS
Wird das Glas am Stiel gehalten, bleibt der Drink in der Schale länger kalt und frisch.

GERUNDETE FORMEN
Wir assoziieren süße Speisen und Getränke mit runden Formen. Zartherbe Drinks können daher in runden Gläsern lieblicher erscheinen.

KANTIGES GLAS
Wir assoziieren saure oder bittere Speisen und Getränke mit eckigeren Formen. In einem kantigen Glas kann ein zartherbes Getränk einen intensiveren »Biss« haben.

GEWICHT GLEICH GÜTE
Wir assoziieren Gewicht mit Qualität. Aus einem schweren Glas schmeckt der Gin besser als aus einem leichten Plastikbecher.

GLASTYPEN

TUMBLER

Verlangt der Drink nach Eis, sind dies die Gläser der Wahl. Sie bieten genügend Raum für kalte Würfel. In niedrigen Tumblern lässt sich das Getränk zudem gut schwenken, während Longdrinks ihre Kohlensäure in einem hohen, schlanken Glas länger halten. Der schwere Boden gibt den Gläsern einen sicheren Stand.

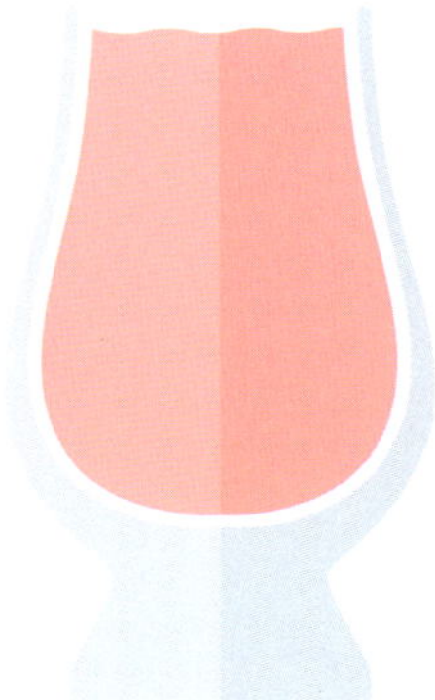

GLENCAIRN-GLAS

Das Glas wurde zwar für Whisky entwickelt, wird aber auch gern für andere Spirituosen genutzt. Die runde Schale ermöglicht das Schwenken, die sich nach oben verjüngende Form konzentriert das Aroma.

EINFACHER TUMBLER ODER LOWBALL-GLAS

Dies ist die einfachste Wahl für Gin, vor allem, wenn er pur oder auf Eis getrunken werden soll. Nur wenige Menschen trinken Gin so, aber hin und wieder lohnt es sich, einen Gin auf diese Weise zu probieren.

STIELGLÄSER

Einige Cocktailrezepte verlangen nach gestielten Gläsern. Ihr Vorteil ist, dass der Drink darin länger kalt bleibt, auch wenn sie ohne Eis serviert werden. Denn wenn wir den Stiel anfassen und nicht die Schale (aber auch nur dann), wärmen wir den Drink nicht an. Außerdem sehen Stielgläser elegant aus.

COCKTAILGLAS

Das einfache Cocktailglas setzt den Drink elegant in Szene und ist perfekt, wenn er auch ohne Eis länger kalt bleiben soll. Er ruht über dem Stiel in der Schale und das Glas steht sicher.

COCKTAILSCHALE

Die Cocktailschale wirkt wie das Cocktailglas, fasst aber dank der weiteren Schale etwas mehr Inhalt. Besonders gut wirkt sie bei Cocktails mit Eiweißschaum, wie dem Clover Club (siehe S. 128).

STIELLOSE TULPE

Diese Gläser verbinden den schweren Boden des Tumblers mit der runden Schale und der verjüngten Form eines Wein- oder Pilsglases. Sie sind gute Allrounder mit stabilem Stand, Platz für Eis und dem engeren Rand für mehr Aroma.

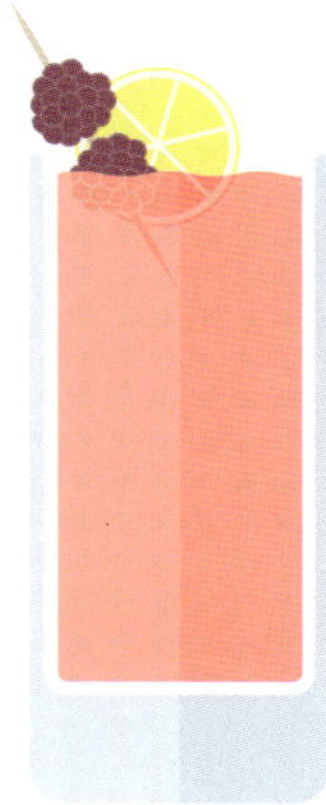

HIGHBALL-GLAS

Der meiste Gin wird mit Tonic gemischt und dies ist das richtige Glas dafür: ein langes (hohes) Glas für einen Longdrink mit reichlich Platz für Eis. Und der schwere Boden sorgt für schlichten, erfrischenden Genuss.

COLLINS-GLAS

Dies ist ein Longdrink-Glas, das höher und schlanker ist als ein Highball-Glas. Wofür das gut ist, wo es doch Highball-Gläser gibt? Das Collins-Glas hat mehr Fassungsvermögen.

SCHICK, ABER UNPRAKTISCH

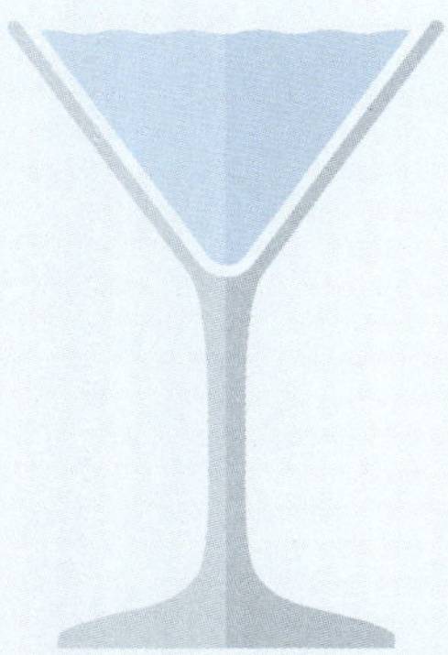

MARTINIGLAS

Es sieht toll aus, lässt sich aber schwer reinigen und zerbricht leicht, frisst Regalplatz und ist nicht sehr standfest. Und zu allem Überfluss lässt sich auch noch schlecht daraus trinken.

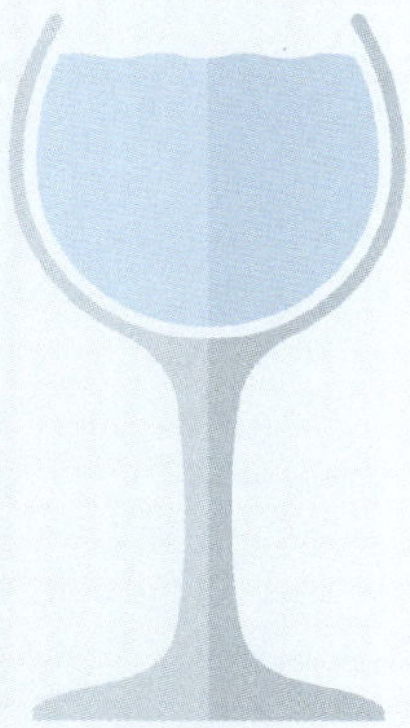

BALLONGLAS

Manche Menschen lieben sie, aber ich kann mich an die Goldfischgläser nicht gewöhnen. Wie Martinigläser sind sie schlecht ausbalanciert und Barkeeper neigen darin zum Garnitur-Overkill.

WIE WICHTIG IST EIS?

Es ist Zeit, die Eis-Werbetrommel zu rühren: Nehmt mehr Eis! Ein lauwarmer G&T ist eine Entgleisung, wie ein verregneter Sonntag im Glas. Also werfen Sie ein paar Eiswürfel in Ihren Drink!

TEMPERATUR UND VERDÜNNUNG

Eis macht den Drink kalt, verleiht ihm eine knackige Textur und sorgt dafür, dass er den Durst stillt und erfrischt. Es kühlt den Drink aber nicht nur, sondern tut noch viel mehr.

Essen und Trinken gehören zu unseren intensivsten Sinneserlebnissen. Geben wir Eis in ein Getränk, werden neben Geschmack und Geruch auch unser Sehen, Hören und der Tastsinn angesprochen.

Zudem verdünnt das Eis den Drink leicht, idealerweise nur so viel, dass es ihm die alkoholische Schärfe nimmt. Zu stark verdünnt, wird der Gin schlaff und verliert seinen »Biss«. Es mag verrückt klingen, aber mit mehr Eis (nicht weniger!) lässt sich das verhindern. Es kühlt den Drink schneller, wodurch das Eis langsamer schmilzt, was uns mehr Zeit gibt, ihn zu genießen.

WELCHES EIS?

Am besten sind frische, »trockene« Eiswürfel, die also noch nicht schmelzen. »Nasse« Eiswürfel verwässern den Drink zu schnell. Die Würfel sollten nicht zu klein sein, etwa 3 cm groß, sodass sie gerade ins Glas passen. Größere Eiswürfel schmelzen langsamer. Klare Eiswürfel sehen schöner aus, ich empfehle, sie zu kaufen, statt sie selbst zu machen. Beutel mit guten Eiswürfeln sind preiswert. Drei große Würfel füllen ein Highball-Glas perfekt und sehen elegant aus. Das lohnt die Ausgabe allemal.

KLARES EIS

Um klar zu bleiben, muss Eis langsam und gleichmäßig gefrieren. Dazu füllen Sie einen Eiswürfelkühler mit Wasser und stellen ihn ohne Deckel ins Gefrierfach. Jegliche Trübung bildet sich so nur am Boden. Das Eis lässt sich gut teilen, indem Sie es mit einem Brotmesser anritzen und dann mit dem Gummihammer auf den Messerrücken schlagen (auch gut zur Stressbewältigung). Den klaren Teil trennen Sie in praktische Würfel, die Sie bis zum Gebrauch in einem Beutel im Gefrierschrank lagern. Oder Sie kaufen eben doch fertige Eiswürfel.

ZERSTOSSENES EIS UND CRUSHED ICE

Zerstoßenes Eis ist gut für Longdrinks wie den Red Snapper (siehe S. 144). Sie können übergroße Eiswürfel mithilfe eines Barlöffels in der Hand zerteilen. Das braucht aber Übung und die Stücke fliegen dabei gern quer durch den Raum. Am besten schlagen Sie die Eiswürfel in ein sauberes Küchentuch und hauen mit einem Nudelholz darauf. Crushed Ice selber machen ist nur etwas für Hartgesottene. Außer es muss unbedingt ein Bramble sein (siehe S. 126). In diesem Fall schlagen Sie es in einem Gefrierbeutel sehr klein oder geben Sie es in einen Hochleistungsmixer.

VORGEKÜHLTE GLÄSER

Am besten geben Sie die Gläser in den Gefrierschrank. Nach 5–10 Minuten sind sie kalt genug zum Servieren. Alternativ können Sie ein Glas mit Eis füllen, bevor Sie sich Ihren Drink machen. Zerstoßenes Eis ist dafür am besten geeignet, da es mehr Kontakt zum Glas hat. Wenn Sie Würfel verwenden, geben Sie etwas Wasser mit ins Glas. Kippen Sie das Eis vor dem Einschenken des Gins weg.

ZERSTOSSENES EIS

Geben Sie die Eiswürfel in ein sauberes Küchentuch und schlagen sie mit dem Nudelholz klein – es muss nicht so fein wie Crushed Ice werden.

NUDELHOLZ

EISWÜRFEL

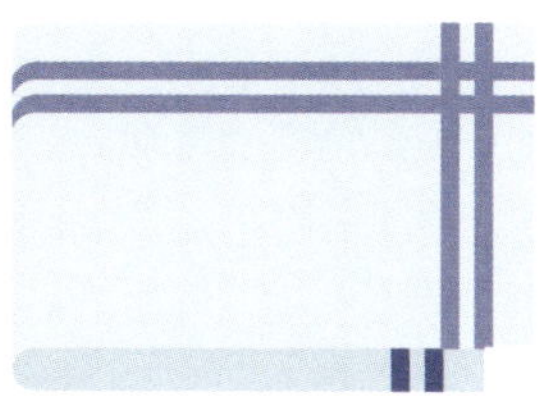

SAUBERES KÜCHENTUCH

WENN WIR EIS IN EIN GETRÄNK GEBEN, WERDEN ALLE SINNE ANGESPROCHEN.

GIN SERVIEREN

Natürlich kann man Gin pur trinken, vor allem, wenn man seinen Geschmack erforschen will. Doch die meisten von uns greifen zu einem Mixer – und da ist Tonic (siehe S. 112–115) bei Weitem nicht das letzte Wort.

WASSER

So mochte der englische Schriftsteller Kingsley Amis seinen Gin. Für ihn war Tonic im Gin wie Ketchup auf Kaviar. Er wollte den Gin schmecken und nicht das Tonic Water und war sogar gegen eine Zitronenscheibe (zu aromatisch) oder Eis (lieber die Flasche kühlen).

Wasser im Gin verändert den Geschmack weniger, als man denkt. Es gibt vielmehr eine weichere Textur und dämpft den Alkoholbiss. Es macht den Gin zugänglicher, ist aber für viele eine etwas zu spartanische Art, ihn zu trinken.

BITTER LEMON

Zitrone und Gin sind perfekte Partner, weil viele der verwendeten Botanicals bereits einen Zitruston haben, allen voran der Koriander (siehe S. 80). Daneben findet sich auch häufig Zitronenschale im Rezept wieder. Die Bitterkeit sorgt für eine gewisse Ausgewogenheit.

Versuchen Sie Bitter Lemon im Sloe Gin (siehe S. 76–77). Er ist zart und fruchtig, mit erdigen Untertönen. All das wird durch die bittere Zitrone ausbalanciert. Es passt auch zu Gins, die keine ausgeprägte Zitrusnote besitzen, und rundet dort das Geschmacksprofil schön ab.

GINGER BEER

Viele Gins haben eine erdige, aromatische, würzige Seite (siehe S. 198–199), die gut zu einem wärmenden Ingwerbier passt. Old Tom Gins (siehe S. 74–75) mit der etwas dickeren und süßeren Textur sind gute Partner, weil Süße allgemein würzige Schärfe gut ausbalanciert (siehe S. 97).

Wenn Ihnen Ingwerbiere generell zu süß sind, suchen Sie nach einem trockenen Vertreter. Das funktioniert sogar noch besser, wenn der Gin selbst eine gewisse Bitterkeit mitbringt.

BITTERS (PINK GIN)

Es geht hier nicht um Strawberry oder Raspberry Gin. Dies ist ein klassischer Drink mit enger Verbindung zur britischen Marine wie der Gimlet (siehe S. 135).

Es ist ganz einfach: Einen Tumbler mit drei großen Tropfen Angostura ausschwenken, den Überschuss weggießen und etwa zwei Shots Gin einschenken. Traditionell nimmt man Plymouth Gin (natürlich Navy Strength). Sie können auch Eis hinzugeben, wenn Sie mögen.

Dieser Drink ist ein bisschen altmodisch und daher online schwer zu finden. Die meisten Suchergebnisse liefern Treffer für moderne, fruchtige Gins. Es ist aber ein schnelles und einfaches Rezept und lohnt den Versuch.

WERMUT (GIN & IT)

Süßen Wermut und Gin zu gleichen Teilen mixen (vielleicht mit einem Spritzer Orange Bitters). Mit Eis durchrühren und in einen Tumbler mit Eis abseihen. Mit einer Orangenscheibe garnieren.

Nehmen Sie einen trockenen Gin und einen guten Wermut, wie Cocchi Vermouth di Torino, mit dem sich der Gin einige Botanicals teilt. Deshalb funktioniert dieser Drink so gut.

Der Drink hieß früher Sweet Martini, aber während der Prohibition in den USA (1920–1933) setzte sich der Name Gin & It durch. Das »It« steht für *italian* und bezieht sich auf den süßen Wermut, der im Englischen auch als *italian vermouth* (italienischer Wermut) bezeichnet wird.

DUBONNET

Dubonnet ist ein weiterer altmodischer Drink, dem die verstorbene Königin Elizabeth II. zu großer Popularität verholfen hat. Sie mochte zwei Teile Dubonnet, gemixt mit einem Teil Gin, in einen Tumbler mit Eis abgeseiht und mit einer Zitronenscheibe garniert.

Dubonnet ist ein süßer französischer Aperitif aus Kräutern, bitteren Rinden und Gewürzen. Er enthält Chinin und ist in Eichenfässern gereift. Er erinnert ein wenig an Campari, ist aber insgesamt süßer.

Der in den USA verkaufte Dubonnet ist etwas anderes und besteht aus kalifornischem Likörwein mit Weinbrand.

TONIC WATER

Wie beim Gin hat sich auch beim Tonic Water in jüngerer Zeit viel getan. Früher gab es zwei Optionen: Markenprodukt (also Schweppes) oder Hausmarke eines Einzelhändlers. Heute stehen wir vor einer riesigen Auswahl an Tonics für unsere Gins. Es gibt drei Hauptkategorien: Indian (mit der klassischen Chininnote), Light oder aromatisiert.

INDIAN

Im 20. Jahrhundert war der Name Schweppes synonym mit Tonic Water. Das änderte sich mit dem Aufkommen des Fever-Tree Premium Indian Tonic Water in den frühen 2000er-Jahren. Diese Variante enthält rund 20 % weniger Zucker als Schweppes und beruht auf der neuen Idee, dass Tonic Water nicht schlicht sein muss.

Die meisten klassischen Tonic Waters enthalten etwa 7–9 g Zucker pro 100 ml (siehe S. 214–215), wobei einige auch schon in die Light-Kategorie fallen könnten, wie das London Essence Original Indian Tonic Water mit seinen gerade einmal 4,3 g Zucker pro 100 ml.

LIGHT

Weniger Zucker bedeutet, dass die Botanicals sich besser durchsetzen, was sehr für die Light Tonics spricht. Einige Hersteller ersetzen den Zucker durch Süßstoffe wie Aspartam oder Stevia, die den Gin ebenso gut maskieren können wie Zucker. Sie sind aber meist nicht so gut wie die zuckerarmen Produkte.

EDEL-SCHWEPPES
Eine Werbung aus den 1920er-Jahren empfiehlt den Jungen und Schönen Schweppes Tonic Water für ihren Gin.

AROMATISIERTES TONIC WATER

Die häufigsten Zutaten in aromatisierten Tonic Waters sind Holunder, Grapefruit, Orange, Gurke und Rosmarin, aber es gibt auch Produkte mit Cranberry, Rhabarber, Ingwer, Yuzu und schwarzen Oliven.

FRISCHE

Unabhängig vom Geschmack muss ein Tonic Water frisch und perlend sein. Es gibt nichts Schlimmeres als ein schales Tonic. Die beste Verpackung ist eine kleine Dose oder Flasche, zwischen 150 und 200 ml. Je nachdem, wie viel Tonic Sie in Ihrem Gin mögen – hoffentlich nicht zu viel, siehe die Tipps zum Servieren auf S. 114–115 –, reicht diese Menge für einen oder zwei Drinks. In einer größeren Flasche wird das Tonic Water schnell schal. Schon nach einem oder zwei Tagen verliert es gegenüber einer frisch geöffneten Flasche massiv an Frische und Geschmack.

TONIC-SIRUP

Eine nicht häufig zu findende, aber sehr interessante Variante ist der Tonic-Sirup. Das ist im Prinzip ein Konzentrat aus Extrakten des Chinins und der übrigen Botanicals, das man nach Belieben mit Sodawasser verdünnt oder direkt in einen Cocktail mixt. Bermondsey Mixer Co. macht z. B. eine Version aus natürlichem Cinchona-Extrakt, die den Drink warm bernsteingelb einfärbt.

AROMATISIERT

Aromatisierte Tonic Waters sind ausgesprochen beliebt und bieten eine Vielfalt an geschmacklichen Optionen. So kann man gleich zu gleich geben, um das Geschmacksprofil des Drinks zu stärken, oder man betont seine Komplexität, z. B. indem man ein kräuteriges Tonic Water mit einem zitrustönigen Gin kombiniert. Beliebte Aromen sind Holunder, Grapefruit, Orange, Gurke und Rosmarin.

FEVER-TREE NATURALLY LIGHT TONIC WATER

Dieses Tonic Water hat eine gute Balance aus Chinin und Zitrusnoten und unterstreicht den Charakter des Gins. Es ist ein guter Allrounder, der in 200-ml-Flaschen und damit in der idealen Größe angeboten wird.

Ich habe dieses Tonic Water bei der Verkostung der Gins in diesem Buch verwendet (siehe S. 154–213). Ich habe alle Gins zunächst pur verkostet und dann mit Tonic Water mehr oder weniger im Verhältnis eins zu eins gemischt – ich habe es da nicht so genau genommen. Auf jeden Fall können Sie meine Verkostungen mit diesem Tonic Water nachstellen.

DIE IKONE: DER GIN & TONIC

Was kann wunderbarer sein als ein Gin & Tonic? Fröhlich klimpert das Eis im Glas, der frische Zitronen-Twist verströmt köstlichsten Zitrusduft, Kohlensäureperlen zerplatzen an der Oberfläche, sodass winzige Tröpfchen über dem Glasrand im Sonnenlicht tanzen. Einfach himmlisch!

DIE DETAILS

Besser als selbst gemachter G&T ist nur einer, den man gereicht bekommt – dann muss er aber auch wirklich gut gemixt sein.

Ein G&T ist ein so einfacher Drink, dass es sinnvoll ist, auf die kleinsten Details zu achten. Denn sie machen den Genuss vollkommen!

ALTERNATIVEN

Tonic Water ist zwar der beste Freund des Gins, es passt aber auch gut zu anderen Spirituosen. Wodka ist in Ordnung, wenn es neutral schmecken soll, ansonsten ist Cognac besser. Bei Tequila und Mezcal gibt es tolle Entdeckungen, aber wirklich unendliche Geschmackswelten mit Tonic Water bieten die Amari (Singular: Amaro), italienische Bitterliköre.

AMARO MIT TONIC WATER

WELCHE TEMPERATUR?

Ein G&T sollte knackig und erfrischend sein, er muss also kalt sein. Je kälter, desto besser. Dann haben wir länger Zeit, ihn zu genießen, bevor er warm und schal wird. Weder das Glas noch der Gin müssen gekühlt sein, obwohl sich das auf jeden Fall lohnt.

WELCHES GLAS?

Ein Highball-Glas, Punkt. Es hat genügend Platz für Eis, einen standfesten Boden und ist gut ausbalanciert. Es ist schlank, sodass das Tonic Water nicht so schnell schal wird, passt in die Spülmaschine und nimmt im Schrank wenig Raum ein.

WIE VIEL EIS?

Nehmen Sie reichlich Eis. Füllen Sie das Glas bis zum Rand. Schwimmt das Eis nach Eingießen des Gins ein oder zwei Zentimeter über dem Boden, machen Sie etwas falsch. Es gibt nichts Traurigeres als einen G&T, auf dem zwei schäbige, trübe Eiswürfel verloren treiben, und schmelzen, bevor man es sich versieht. Mehr Eis schmilzt langsamer und verdünnt deswegen auch weniger.

TONIC WATER

Der Gin bestimmt, welches Tonic Water Sie nehmen. Seien Sie nicht knauserig. Es ist der größte Bestandteil des Drinks, also sollte es gut schmecken. Suchen Sie nach einem Tonic mit möglichst wenig Zucker, das den Gin harmonisch ergänzt und ihn nicht überdeckt. Am besten sind kleine Flaschen. In den großen bleibt immer ein Rest, der herumsteht und Geschmack und Kohlensäure verliert.

DIE RICHTIGE MISCHUNG

Ich mische gern 1,5:1, aber das kann ein bisschen stark sein. Viele Hersteller sagen 3:1. Als guter Kompromiss kann man mit 2:1 anfangen. Ist das immer noch zu stark, können Sie ja Tonic nachgießen. Zu viel Tonic lässt sich nicht mehr ändern.

DIE GARNITUR

Eine Garnitur macht einen Drink immer attraktiver. Bei einem einfachen G&T kann sie einen riesigen Unterschied machen. Die Garnitur ist eine Wissenschaft für sich (siehe S. 150–153), aber eine einfache Zitronen- oder Gurkenscheibe passt zu jedem G&T.

PERFEKT SERVIERT

Mit verschiedenen Wahlmöglichkeiten verleihen Sie Ihrem G&T den letzten Schliff. Das macht für mich den perfekten G&T aus:

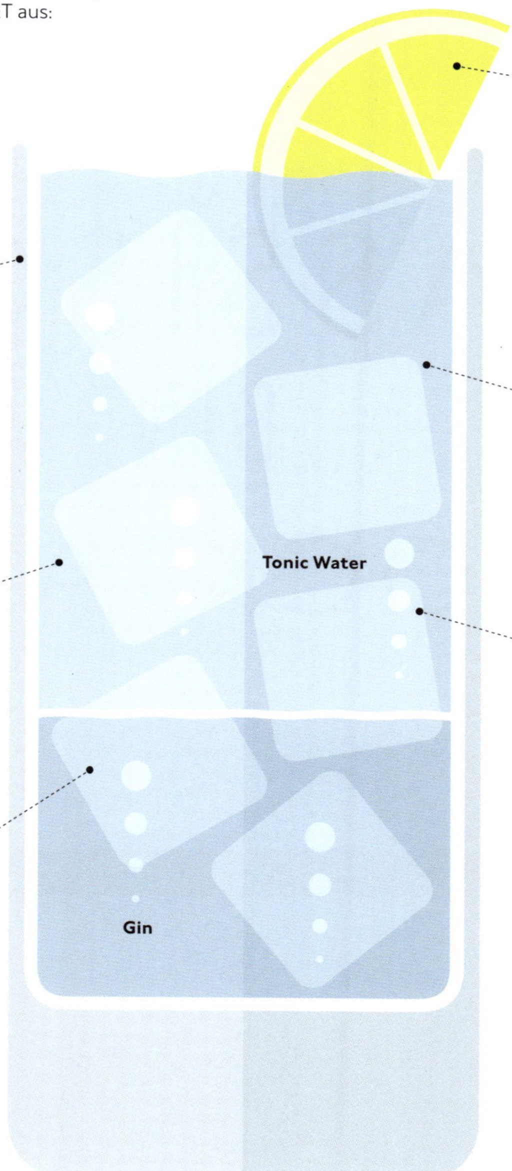

GARNITUR
Eine einfache Zitronenspalte ist fein.

GLAS
Ein Highball-Glas ist die einzig richtige Wahl.

TEMPERATUR
Je kälter der G&T, desto besser und desto länger kann man ihn genießen.

TONIC WATER
Ideal ist ein möglichst zuckerarmes Tonic Water, das den Gin nicht überdeckt (siehe S. 113).

MISCHVERHÄLTNIS
Beginnen Sie mit 2:1 Tonic Water zu Gin und tasten Sie sich heran.

EIS
Reichlich Eis! Das Glas sollte bis zum Rand gefüllt sein.

KLASSISCHE GIN COCKTAILS

ES GIBT UNZÄHLIGE BÜCHER zu dem Thema, daher will ich hier gar nicht sehr in die Tiefe gehen, sondern lieber ein paar Klassiker vorstellen, die mit verschiedensten Gins gut funktionieren. Alle Rezepte in diesem Buch nutzen 30 ml als einfaches Maß (1 Shot). Wenn man das weiß, lassen sie sich bei Bedarf leicht verdoppeln. Aber egal, welches Maß Sie nutzen, achten Sie nur darauf, dass das Verhältnis erhalten bleibt.

Bei Rezepten, die Zutaten in Teelöffeln angeben: **1 Teelöffel entspricht ⅛ Shot** (also 3,75 ml) und nicht dem üblichen Teelöffel von 5 ml.

UTENSILIEN FÜR DIE COCKTAIL-BAR

Um zu Hause Cocktails zu mixen, benötigen Sie kein besonderes Zubehör. Ein Eierbecher kann als Shot-Maß dienen, ein Maßbecher als Rührglas und ein fest verschließbares Schraubglas als Cocktail-Shaker. Auch die Trinkflaschen aus Glas, die viele für den Sommer haben, eignen sich prima.

SPEZIELLES BARBESTECK

Wenn Sie Ihre Cocktails aber mit etwas mehr Stil und gleichbleibender Qualität mixen möchten, können ein paar einfache Bar-Utensilien das Leben erleichtern. Außerdem sehen sie gut aus, ohne gleich das Portemonnaie zu sprengen. Hier ein paar nützliche Dinge, mehr oder weniger in der Reihenfolge, in der man sie sich zulegen sollte.

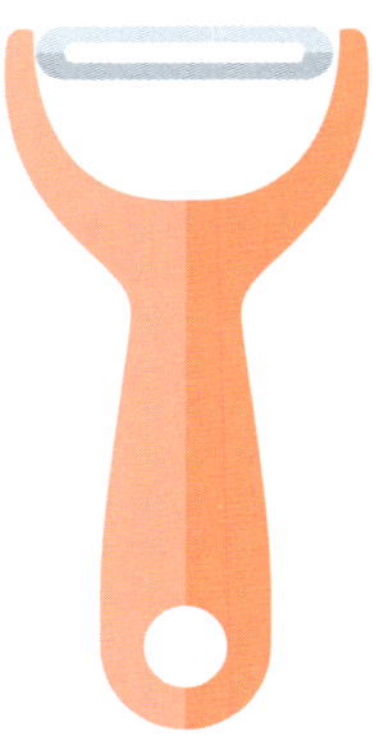

SPARSCHÄLER

Für Garnituren. Vermutlich haben Sie bereits einen, ich habe ihn hier nur für alle Fälle aufgenommen.

GEMÜSEMESSER

Für Garnituren. Ob Zitronenspalten schneiden oder Wachshaut von Zitrustwists entfernen. Wenn das Messer scharf ist, geht es am besten.

SAFTPRESSE

Frischer Fruchtsaft ist viel besser als fertig gekaufter. Investieren Sie in eine gute Presse.

FÜR COCKTAILS MIT GLEICHBLEIBENDER QUALITÄT LOHNT ES SICH, IN EINFACHE BAR-UTENSILIEN ZU INVESTIEREN.

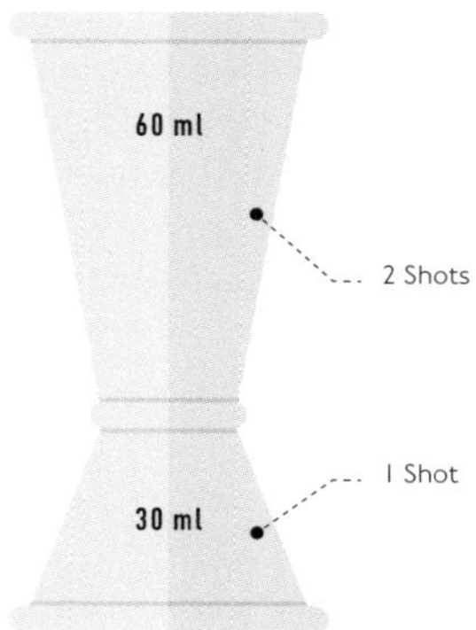

BARMASS (JIGGER)

Eine kurze Bemerkung zu Maßen: Verwenden Sie nur eines! Bei einem guten Cocktail kommt es auf das richtige Verhältnis der Zutaten an. Die meisten Barmaße haben zwei Seiten, eine für 1 Shot, die andere für 2 Shots. Die teureren haben zusätzlich Eichmarken für ¼, ½ und ¾ Shot. Manche erinnern eher an kleine Messbecher mit Milliliter-Markierungen an einer Seite und Flüssigunzen (FL. OZ) an der anderen. Es gibt sie in verschiedenen Größen, z. B. 20 ml/40 ml, 25 ml/50 ml oder 30 ml/60 ml.

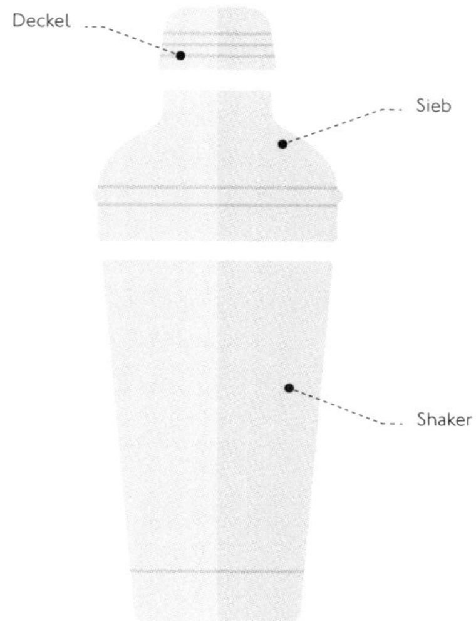

DREITEILIGER COCKTAILSHAKER

Hier sind wir nun beim echten Barbesteck. Dieser Shaker wird im Englischen auch *Cobbler* genannt. Praktischerweise erledigt er drei Aufgaben: Er dient natürlich zum Schütteln des Drinks, kann aber auch als Rührbecher für gerührte Drinks dienen und hat ein eingebautes Sieb zum Abgießen. Mehr braucht man nicht.

Beim Schütteln sollten Sie daran denken, den Deckel mit einem Finger zu sichern. Die kleine Kappe, die auf dem Sieb sitzt, kann nämlich wegfliegen. Und Sie möchten doch, dass Ihre Freunde den Cocktail trinken und nicht darin baden. Leider verkanten sich die Teile dieser Shaker gern und sind dann schwer zu öffnen. Daher bevorzuge ich persönlich einen zweiteiligen Shaker (siehe S. 121).

BARLÖFFEL

Ja, das ist einfach ein Löffel. Nein, er hat keine spezielle Funktion, außer dass man mit ihm rührt. Aber er ist preiswert und mit dem langen Stiel lässt sich richtig gut und schnell rühren, wenn es darum geht, den Martini unter Null Grad zu bekommen, damit er knackig schmeckt. Damit lässt sich außerdem auch die letzte Cocktailkirsche unten aus dem Glas fischen. Praktisch sind Löffel mit einer Scheibe am oberen Stielende. Sie wirkt als Gegengewicht und ist gut, um Zutaten zu zerdrücken.

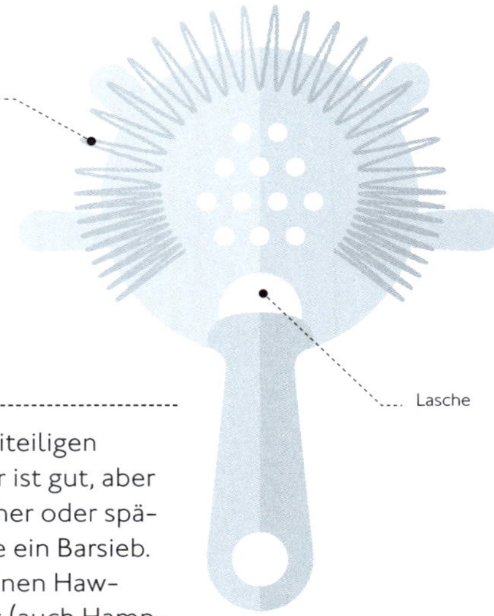

BARSIEB

Das Sieb im dreiteiligen Cocktail-Shaker ist gut, aber nicht ideal. Früher oder später möchten Sie ein Barsieb. Ich empfehle einen Hawthorne-Strainer (auch Hampton-Barsieb genannt). Achten Sie auf eine enge Spirale, die Eissplitter, Fruchtstücke und Kräuter auffängt, die nicht ins Glas gehören. Die umgeknickte Lasche in der Trägerplatte erlaubt es, das Sieb mit dem Finger auf dem Glas zu sichern und es beim Einschenken vor- oder zurückzuschieben, sodass ein flexibler Spalt entsteht.

EINFACHER ZUCKERSIRUP

Einige Cocktails verlangen nach einfachem Zuckersirup bzw. Läuterzucker (Verhältnis Zucker zu Wasser 1:1). Er hält sich im Kühlschrank mehrere Monate.

1

Zucker und Wasser zu gleichen Teilen in einen Topf geben.

2

Bei mittlerer Hitze rühren, bis der Zucker völlig gelöst ist.

3

Abkühlen lassen, in eine Flasche füllen, zuschrauben und kühl stellen.

ZWEITEILIGER COCKTAIL-SHAKER

Er wird auch Boston-Shaker genannt und ist sinnvoll, wenn Sie mehr schütteln als rühren, auch wenn Sie vielleicht schon einen dreiteiligen Shaker besitzen. Er ist nicht so schwer zu öffnen und lässt sich beherzter schütteln. Zudem kühlt er Drinks etwas schneller, verdünnt sie also etwas weniger. Manchmal möchten sich die beiden Teile nach kräftigem Schütteln nicht so gern voneinander trennen. Der Trick ist dann, den unteren Teil leicht zusammenzudrücken.

RÜHRGLAS

Wenn Sie mehr rühren als schütteln, ist es sicher die Anschaffung wert. Das schwere Glas sorgt für stabilen Stand, sodass Sie sich voll darauf konzentrieren können, Ihren Cocktail zu mixen – und nicht darauf, dass das Glas nicht umfällt und der schöne Drink verschüttet. Außerdem sieht es schick aus – und darum geht es ja bei Cocktails.

EIN RÜHRGLAS SIEHT SCHICK AUS – UND DARUM GEHT ES JA BEI COCKTAILS.

DOPPELTES ABSEIHEN

Zum doppelten Abseihen (engl. *Double Straining*) halten Sie ein Feinsieb direkt über das Cocktailglas und das Hampton-Barsieb direkt auf den Shaker. So wird auch das letzte Stückchen Eis, Obst oder Kräuterkrümel ausgesiebt.

ARMY & NAVY

Dies ist im Grunde ein Gin Sour, der statt Zuckersirup den Mandelsirup Orgeat enthält. Der Cocktail ist berüchtigt dafür, dass er schwer ausgewogen zu mixen ist, daher sorgfältig abmessen.

ANDERE GARNITUREN

COCKTAILKIRSCHE

ESSBARE BLÜTEN

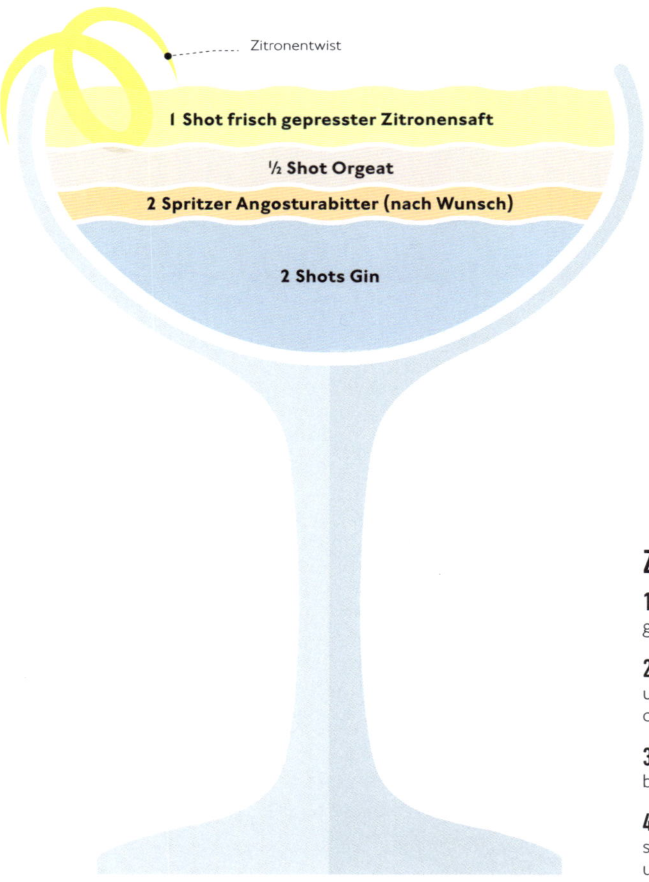

WELCHER GIN?

MELIFERA

NO. 3 LONDON DRY

HIGHCLERE CASTLE

ZUBEREITUNG

1. **Alle** Flüssigzutaten in den Shaker geben.

2. **Für etwas mehr** geschmackliche Tiefe und Kante ein paar Spritzer Angostura dazugeben.

3. **Mit Eis** auffüllen und kräftig schütteln, bis der Drink gut gekühlt ist.

4. **Doppelt** in eine gekühlte Cocktailschale abseihen (siehe Kasten S. 121) und mit einem Zitronentwist garnieren.

AVIATION

Der Aviation ist ein Klassiker aus der Zeit vor der Prohibition. Es gibt geteilte Meinungen, ob er geschüttelt oder gerührt besser schmeckt. Geschüttelt schmeckt er etwas leichter. Gerührt sind die Geschmacksnoten robuster und der Drink hält seine violette Farbe besser. Ich empfehle Rühren, aber es bleibt Geschmackssache.

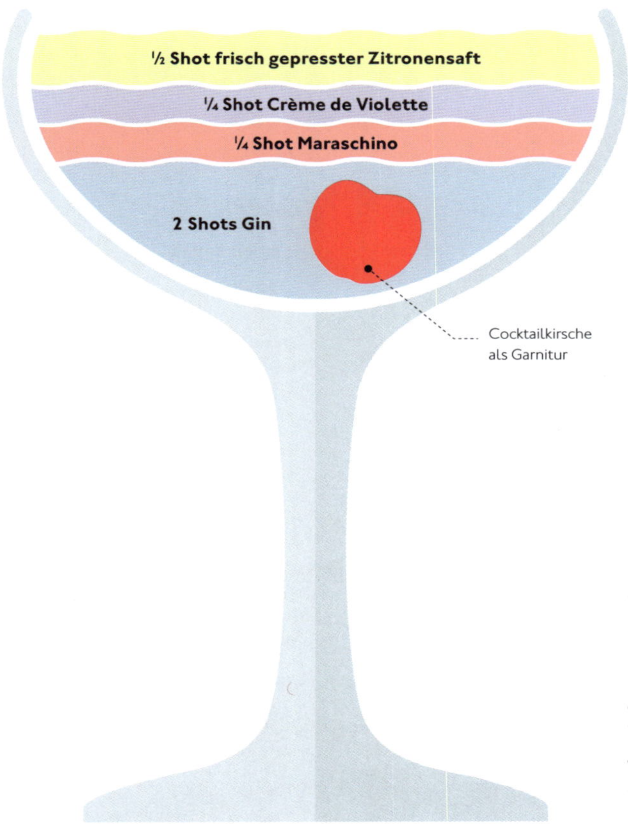

WELCHER GIN?

AVIATION
BROCKMANS
THE BOTANIST ISLAY DRY

ZUBEREITUNG

1. Eine Cocktailkirsche in eine Cocktailschale geben.

2. Alle Flüssigzutaten in ein Rührglas oder den Shaker geben.

3. Mit Eis auffüllen und rühren oder schütteln.

4. Den Drink ins Glas abseihen. Geschüttelt doppelt abseihen.

Tipp: Nach Geschmack einen Zitronentwist über dem Glas ausdrücken und vielleicht auch den Glasrand damit einreiben.

BEE'S KNEES

Dies ist ein heller, leichter Cocktail, der, so heißt es, zu Zeiten der Prohibition beliebt war, weil er den Geschmack der fürchterlichen Bathtub-Gins maskierte. Für eine edlere Version verwenden Sie statt Honig einfach Honigsirup (3 Teile Honig auf 1 Teil Wasser).

ANDERE GARNITUREN

WELCHER GIN?

HEIGHT OF ARROWS

TANQUERAY LONDON DRY

MERMAID GIN

ZUBEREITUNG

1. **Zitronensaft** und Honig (oder Honigsirup) in einen Shaker geben und rühren, bis der Honig gelöst ist (bei Verwendung des Sirups ist Rühren nicht nötig).

2. **Den Gin** und etwas Eis dazu geben.

3. **Schütteln,** bis der Drink schön kalt ist, dann in ein gekühltes Cocktailglas abseihen.

4. **Mit einem** Zitronentwist garnieren.

BIJOU

Bijou ist Französisch für »Juwel« und der Cocktail trägt diesen Namen, weil seine Bestandteile die Farben von Diamant, Smaragd und Rubin haben. Manche Rezepte reduzieren die Menge des Kräuterlikörs Chartreuse, teils sogar um die Hälfte. Dabei ist ja gerade das einfache Rezept mit gleichen Teilen von allem einer der Reize dieses Cocktails.

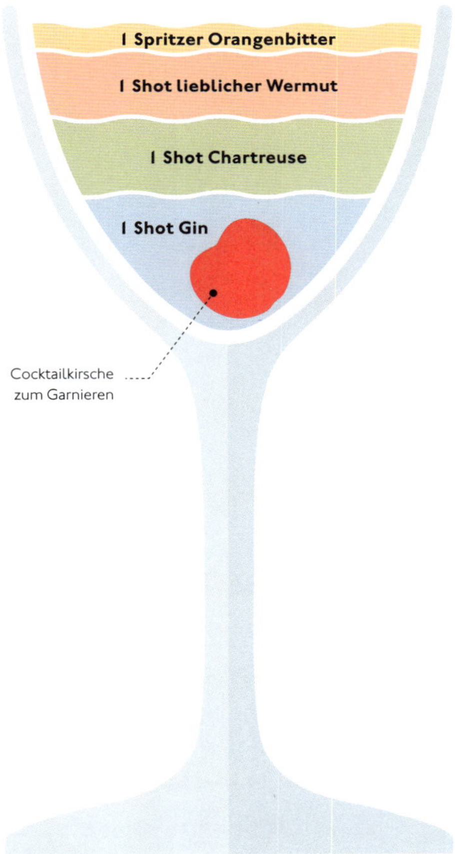

WELCHER GIN?

PLYMOUTH GIN

DEATH'S DOOR

PENRHOS LONDON DRY

ZUBEREITUNG

1. Alle Zutaten in ein Rührglas geben und mit Eis verrühren.

2. In ein Cocktailglas oder eine Cocktailschale abseihen.

3. Die Kirsche zum Garnieren auf ein Cocktailstäbchen spießen oder einfach vor dem Einschenken ins Glas fallen lassen.

BRAMBLE

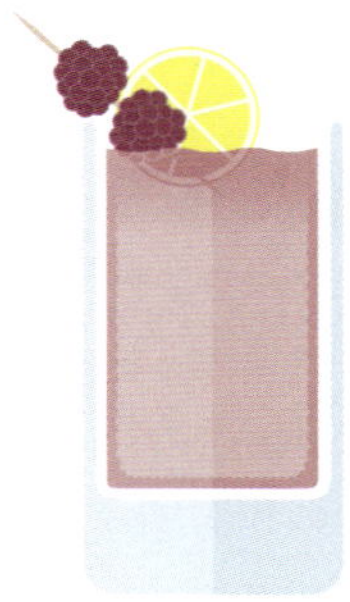

Der englische Barkeeper Dick Bradsell kreierte den Bramble in den 1980er-Jahren. Dafür ist der Brombeerlikör Crème de Mûre nötig, aber jeder andere Beerenlikör funktioniert genauso gut. Tauschen Sie dann nur die Beerengarnitur passend aus. Crushed Ice sollten Sie griffbereit fertig haben. Wählen Sie einen Gin mit kräftigen Botanicals, die sich gegen die süß-saure Basis des Cocktails durchsetzen können.

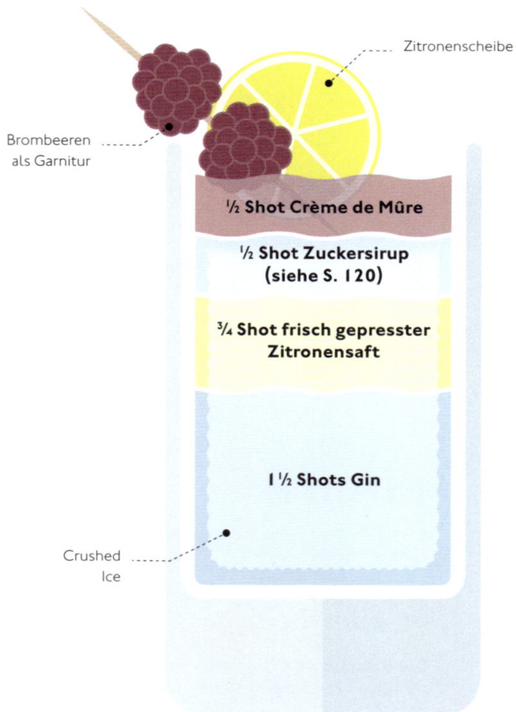

WELCHER GIN?

COTSWOLDS DRY

FORDS GIN LONDON DRY

CONKER SPIRIT NAVY STRENGTH

ZUBEREITUNG

1. **Einen Tumbler** mit Crushed Ice füllen.

2. **Gin,** Zitronensaft und Zuckersirup mit Eis schütteln und ins Glas abseihen. Kurz umrühren und mit etwas mehr Crushed Ice auffüllen.

3. **Den Beerenlikör** langsam darüber gießen und mit frischen Brombeeren auf einem Cocktailspieß garnieren. Eine Zitronenscheibe macht ihn noch schicker.

BRONX

Bronx-Rezepte variieren beim Mischverhältnis stark. Hier ist ein Grundrezept zum Einstieg. Passen Sie den Cocktail Ihrem Geschmack an. Mit lieblichem und trockenem Wermut zu gleichen Teilen wird er ausgewogen. Danach können Sie beispielsweise mit weniger trockenem Wermut, mehr Gin und der Orangensaftmenge experimentieren.

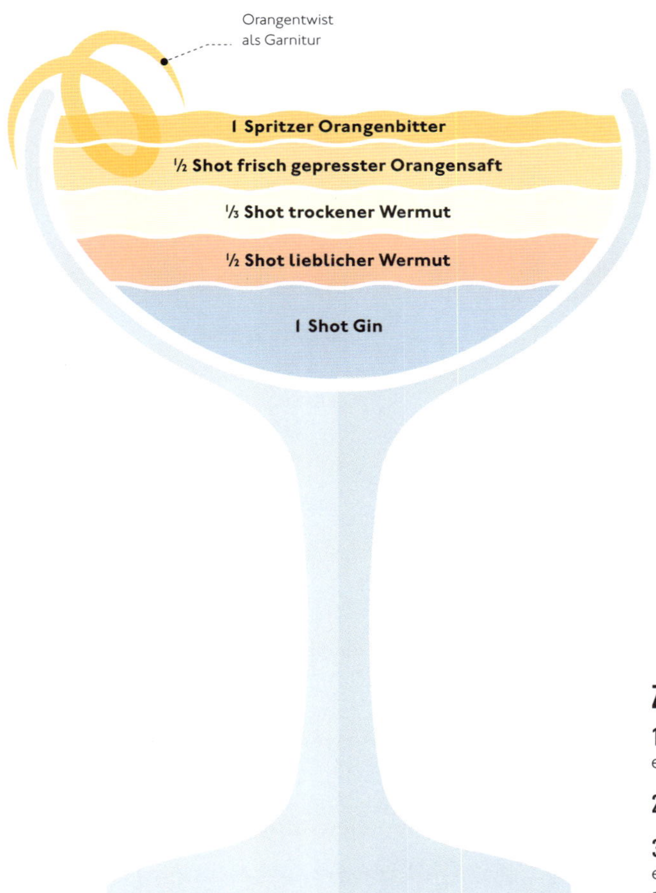

WELCHER GIN?

BROOKLYN GIN

HAYMAN'S EXOTIC CITRUS

ZUBEREITUNG

1. Alle Zutaten auf Eis schütteln und in eine Cocktailschale abseihen.

2. Mit einem Orangentwist garnieren.

3. Stimmt das Mischverhältnis? Mixen Sie eine zweite Variante und lassen Sie jemand anderen probieren.

CLOVER CLUB

Dieser leichte, fruchtige und geschmeidige Klassiker stammt aus der Zeit vor der Prohibition. Das Eiweiß verleiht ihm eine seidige Textur und seine dichte Schaumhaube wirkt sehr elegant.

ANDERE GARNITUREN

MINZEZWEIG

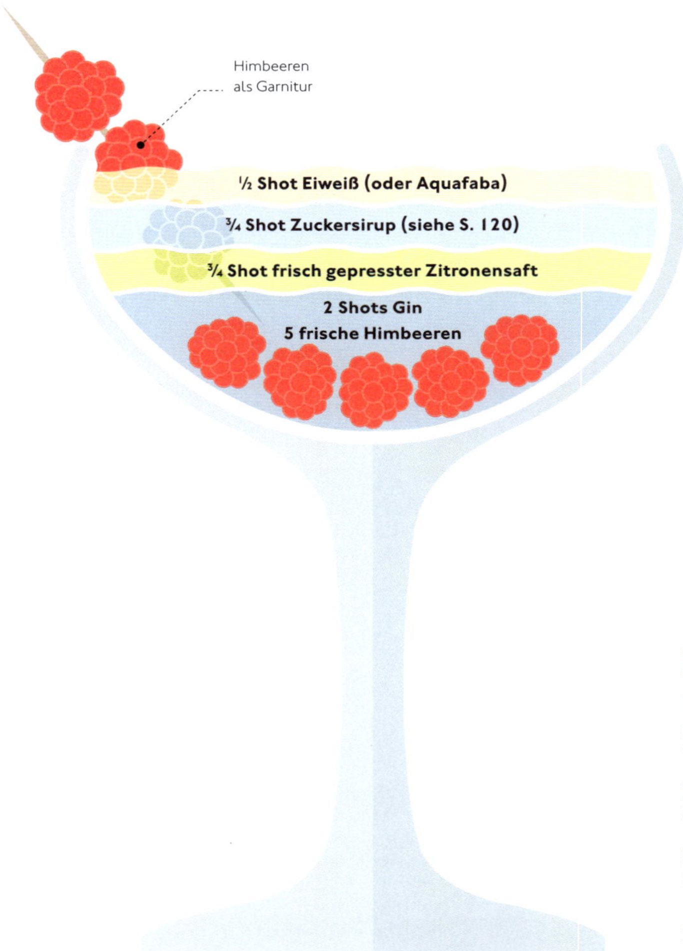

WELCHER GIN?

BEEFEATER LONDON DRY

LIND & LIME

PERRY'S TOT NAVY STRENGTH

ZUBEREITUNG

1. **Alle Zutaten** in den Shaker geben (dabei ein paar Himbeeren für die Garnitur aufheben) und ohne Eis schütteln. Bis 10 zählen.

2. **Eis** in den Shaker geben und erneut schütteln, bis der Drink gut gekühlt ist.

3. **In eine** geeiste Cocktailschale abseihen, noch besser ist doppelt abseihen (siehe Kasten S. 121).

4. **Mit den** aufbewahrten Himbeeren und nach Wunsch mit einem Zweig Minze garnieren.

CORPSE REVIVER NO. 2

Ursprünglich wurde der Drink als schnelles Katergetränk für den »Morgen danach« kreiert. Das Originalrezept sieht Kina Lillet vor, der nicht mehr hergestellt wird. Gute Alternativen sind Lillet Blanc, Cocchi Americano oder ein anderer trockener Wermut.

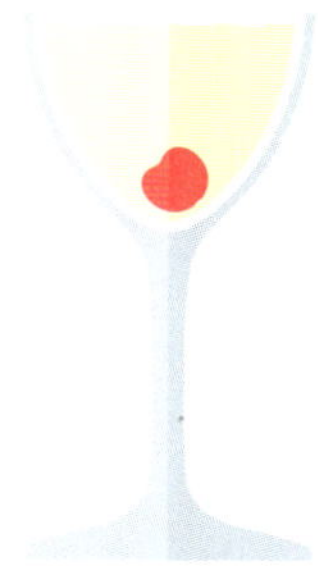

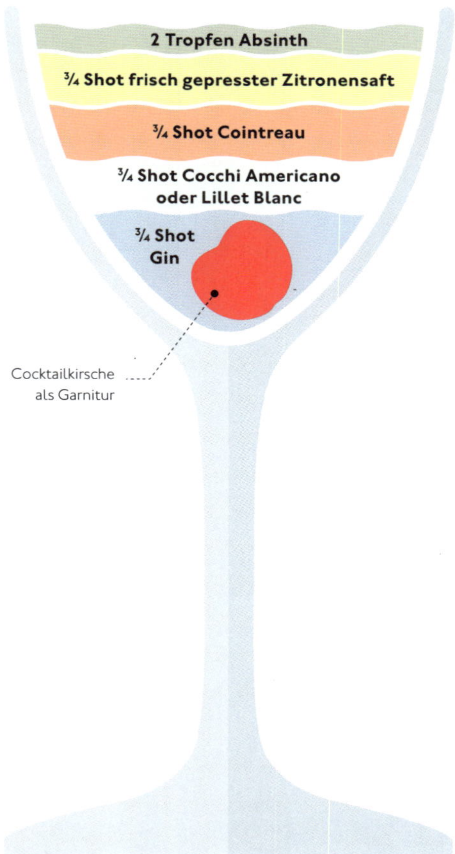

WELCHER GIN?

HENDRICK'S
MARTIN MILLER'S
BOBBY'S SCHIEDAM DRY

ZUBEREITUNG

1. **Alle Zutaten** bis auf den Absinth im Shaker mit Eis schütteln.

2. **Ein Cocktailglas** mit 2 Tropfen Absinth ausschwenken. Den überschüssigen Absinth ausschütten.

3. **Erst die** Cocktailkirsche als Garnitur ins Glas geben, dann den Cocktail darüber abseihen. Das verhindert Spritzer.

DIRTY MARTINI

Wie ein Martini, nur besser oder auch – je nachdem, wie gern man die salzige Lake aus dem Olivenglas trinkt – schlechter. Der Drink ist trocken, stark und eine durchaus erwachsene Angelegenheit. Servieren Sie ihn zu gutem Smooth Jazz.

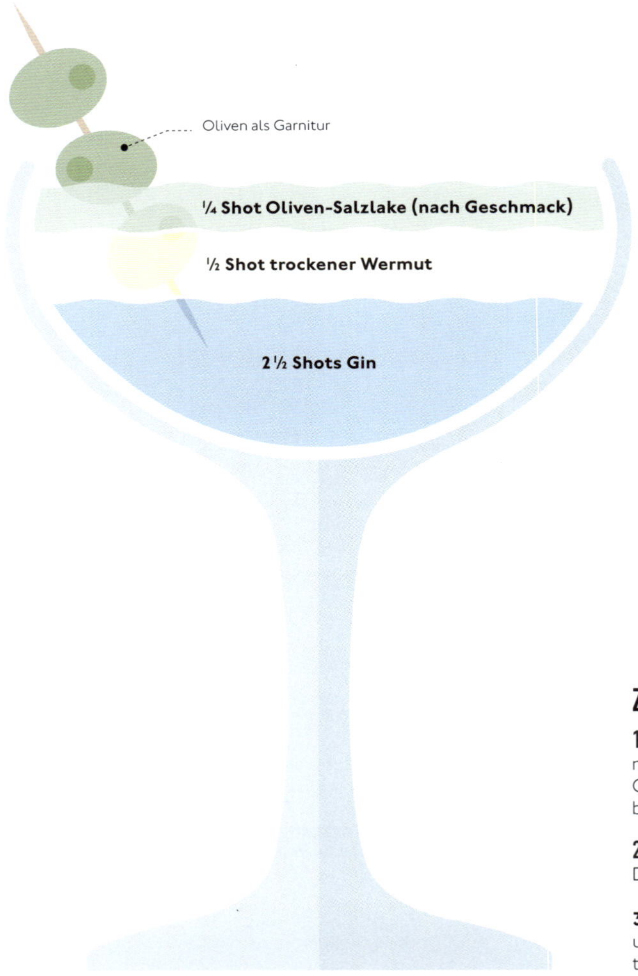

WELCHER GIN?

ISLE OF HARRIS

AN DÚLAMÁN IRISH MARITIME GIN

THE BOTANIST ISLAY DRY

ZUBEREITUNG

1. **Alle Zutaten** in einem Rührglas mischen. Den Anteil der Salzlake nach Geschmack anpassen. Grundsätzlich braucht das Rezept nur wenig davon.

2. **Eis** zugeben und umrühren, bis der Drink gut gekühlt ist.

3. **In eine** Cocktailschale abseihen und mit 1–3 Oliven auf einem Cocktailstäbchen garnieren.

DRY MARTINI

Geradliniger wird's nicht. Hier kann sich der Gin nirgends verstecken. Der Drink rückt die Qualität des Gins und sein Zusammenspiel mit dem Wermut in den Mittelpunkt. Idealerweise gleiten sie elegant ineinander über und heben sich gegenseitig hervor.

ANDERE GARNITUREN

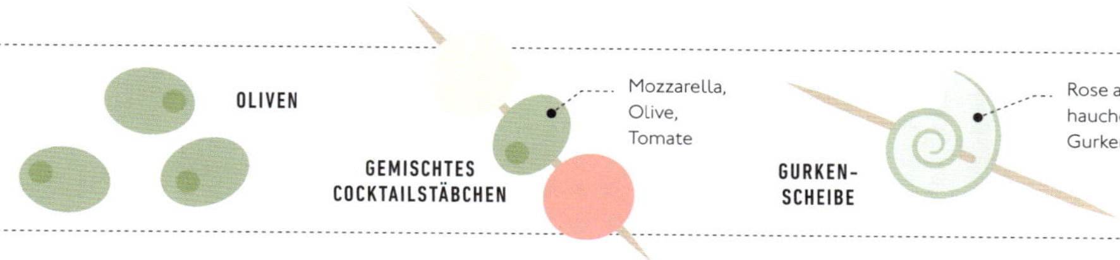

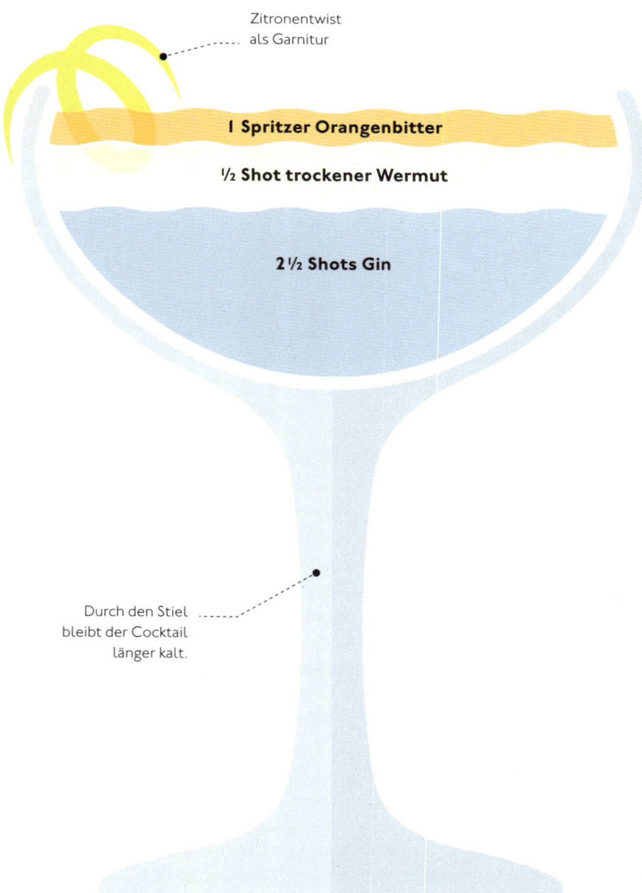

WELCHER GIN?

TANQUERAY NO. TEN
MANGUIN OLI'GIN
HEPPLE

ZUBEREITUNG

Es gibt unzählige Varianten des Martini. Dieses Rezept ist eher als Einstieg gedacht, nicht als finale Version.

1. Alle Zutaten mit Eis in einem Rührglas verrühren, bis das Glas so kalt ist, dass es beschlägt. Wenn es so kalt ist, dass man es nicht lange in der Hand halten kann, ist es perfekt.

2. In ein geeistes Glas abseihen und nach Lust und Laune garnieren.

ENGLISH GARDEN

Dieser erfrischende Drink erinnert an einen warmen Sommertag in einem Obsthain. Einige Rezepte verwenden statt des Sirups Holunderblütenlikör wie St. Germain oder Limettensaft statt Zitronensaft. Auch die Mischverhältnisse variieren stark. Hier ist eine gute Version für den Einstieg.

WELCHER GIN?

KI NO TEA

LE GIN DE CHRISTIAN DROUIN

BOMBAY SAPPHIRE

ZUBEREITUNG

1. **Ein** Highball-Glas mit Eis füllen.

2. **Alles** bis auf die Garnitur im Shaker auf Eis schütteln und in das Glas abseihen.

3. **Mit Zitronen-** oder Gurkenscheibe garnieren. Mit Sodawasser (nach dem Schütteln!) wird es auch ein guter Fizz.

FRENCH 75

Ein Klassiker vom Anfang des 20. Jahrhunderts aus Harry's New York Bar in Paris. Dieser hier ähnelt stark einem Tom Collins, ist aber wegen des Champagners edler. Natürlich können Sie den Champagner durch alle möglichen sprudelnden Getränke ersetzen: Prosecco, Crèmant, Perry, trockenen Cider oder Kombucha.

WELCHER GIN?

SILENT POOL

BARRA ATLANTIC GIN

SANTA ANA

ZUBEREITUNG

1. Gin, Zitronensaft und Zuckersirup im Shaker auf Eis gründlich schütteln.

2. Sobald der Shaker in der Hand unangenehm kalt wird, in eine geeiste Sektflöte abseihen.

3. Mit Champagner nach Wunsch auffüllen und mit einem Zitronentwist garnieren.

GIBSON

Der Gibson ist eine Variation des Dry Martini. Sein Erkennungszeichen ist die aufgespießte Silberzwiebel als Garnitur, die eine angenehme Umami-Note und Säure mitbringt. Zu einer Zeit, als fast alle Martinis mit Bitters gemixt wurden, verzichtete man beim Gibson darauf. Die Mischungsverhältnisse sind nicht in Stein gemeißelt. Experimentieren Sie ruhig.

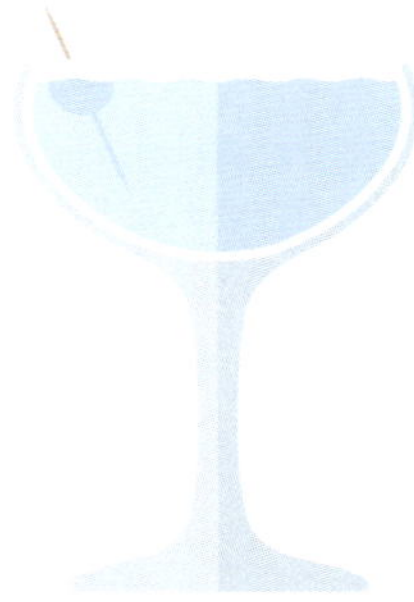

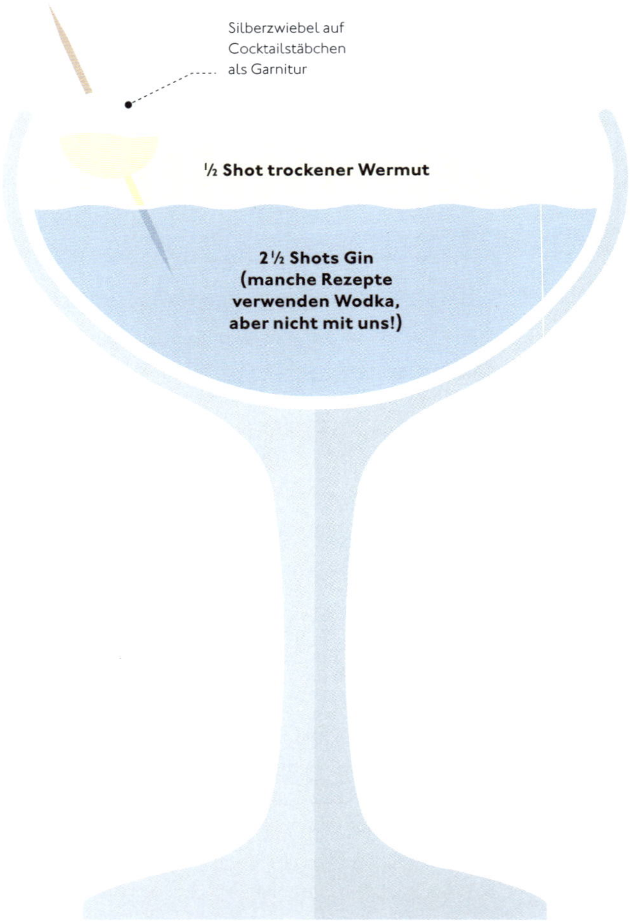

WELCHER GIN?

LUSSA

FOUR PILLARS OLIVE LEAF

HEIGHT OF ARROWS

ZUBEREITUNG

1. **Gin** und Wermut im Rührglas auf Eis verrühren.

2. **In eine** gekühlte Cocktailschale abseihen.

3. **Die Silberzwiebel** als Garnitur auf ein Cocktailstäbchen spießen.

GIMLET

Dies ist ein alter Seemanns-Cocktail aus Zutaten, die die Seeleute zur Hand hatten: Navy Strength Gin und Limettensirup. Der Limettensirup ist ein Muss. Hören Sie nicht auf diejenigen, die behaupten, frisch gepresster Limettensaft und einfacher Zuckersirup täten es auch. Das ist nicht dasselbe!

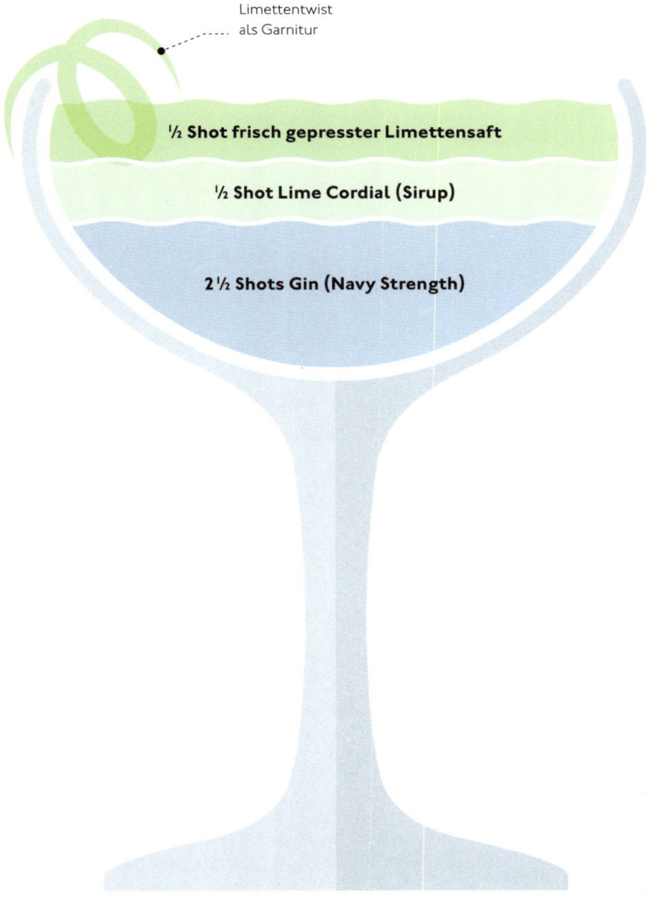

WELCHER GIN?

PLYMOUTH NAVY STRENGTH

OXLEY

PROCERA GREEN DOT

ZUBEREITUNG

1. Alles im Shaker auf Eis gut schütteln.

2. In eine gekühlte Cocktailschale abseihen und mit einem Limettentwist garnieren.

GIN BASIL SMASH

Dieser fruchtige und kräuterige Drink sagt laut »Sommer«. Er passt wunderbar zu einem gemütlichen lauen Abend im Garten mit Freunden. Ein großartiger Cocktail, da man nur eine Sorte Alkohol braucht und die restlichen Zutaten einfach zu finden sind.

WELCHER GIN?

GIN MARE

HENDRICK'S

KNUT HANSEN DRY

ZUBEREITUNG

1. **Ein paar** Basilikumblätter im Shaker mit dem Stößel andrücken, dann mit den restlichen Zutaten und Eis kräftig schütteln.

2. **Den Drink** in einen mit Eis gefüllten Tumbler doppelt abseihen (siehe Kasten S. 121) und mit ein paar Basilikumblättern garnieren.

GIN FIZZ

Dieser Cocktail wird zu oft zu Unrecht übersehen, weil er so simpel ist. Dank seiner ausgewogenen Süße und Säure und seiner leichten und luftigen Textur passt er zu vielen Gins. Auch Sloe Gins machen sich wunderbar als Fizz.

WELCHER GIN?

ROKU

SACRED PINK GRAPEFRUIT

MEDITERRANEAN GIN BY LÉOUBE

ZUBEREITUNG

1. Alle Zutaten bis auf das Sodawasser ein paar Sekunden im Shaker trocken (ohne Eis) schütteln.

2. Eis zugeben und nochmals kräftig schütteln.

3. In ein gekühltes Highball-Glas abseihen und mit Sodawasser auffüllen. Dieser Cocktail wird nicht auf Eis serviert und auch nicht garniert. Man genießt ihn, wie er ist.

HANKY PANKY

Zu Beginn des 20. Jahrhunderts im Londoner Savoy Hotel kreiert, ist dies im Prinzip eine Abwandlung des Martinez (siehe S. 141). Die kleine Menge des intensiv bitteren italienischen Kräuterlikörs Fernet-Branca balanciert die Süße des Wermuts aus.

ANDERE GARNITUREN

MINZEZWEIG

WELCHER GIN?

TARQUIN'S CORNISH DRY

GREATER THAN LONDON DRY

EAST LONDON KEW GIN

ZUBEREITUNG

1. Die Zutaten in einem Rührglas auf Eis verrühren.

2. In ein gekühltes Cocktailglas abseihen.

3. Mit einem kleinen Spritzer Orangensaft schmeckt der Cocktail frischer.

Tipp: Manche Rezepte mischen 2 Teile Gin mit 1 Teil Wermut, andere mischen sie 1:1. Probieren Sie einfach, was Ihnen besser schmeckt.

JULIET & ROMEO

Der Cocktail wurde 2007 von Toby Maloney zur Eröffnung der Violet Harbour Bar in Chicago kreiert. Er beschreibt ihn als Drink für Menschen, die glauben, dass sie Gin-Cocktails nicht mögen …

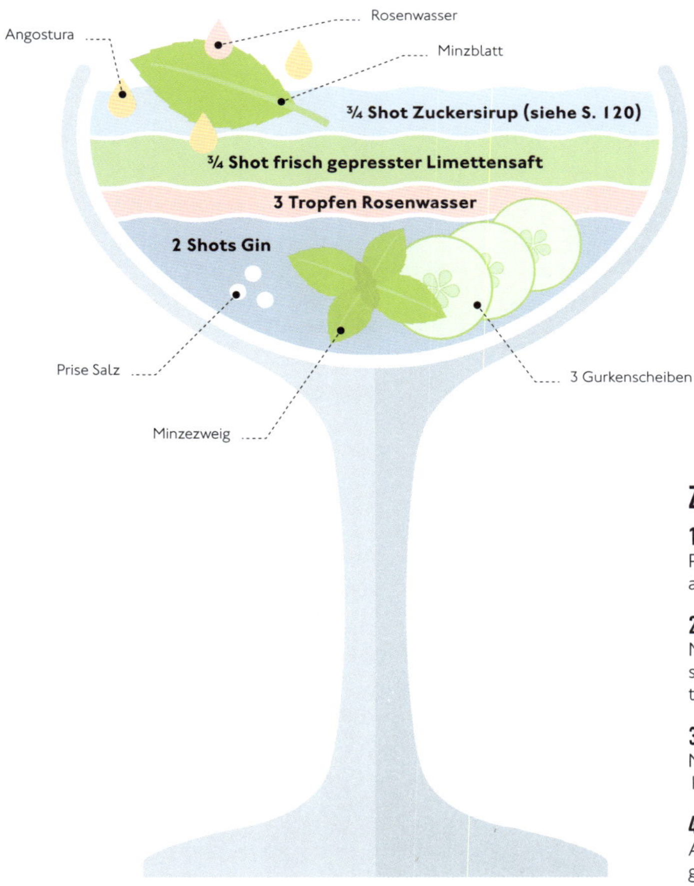

WELCHER GIN?

WA BI

ARC ARCHIPELAGO BOTANICAL

FOUR PILLARS RARE DRY

ZUBEREITUNG

1. Die Gurkenscheiben mit 1 kleinen Prise Salz im Shaker mit dem Stößel leicht anstoßen.

2. Gin, Sirup, Limettensaft, Rosenwasser, Minzezweig und Eis dazugeben und gut schütteln. Doppelt in eine gekühlte Cocktailschale abseihen (siehe Kasten S. 121).

3. Nun kommt der edle Teil: Ein einzelnes Minzblättchen auf den Cocktail legen und 1 Tropfen Rosenwasser darauf geben.

4. Um das Blättchen herum 3 Tropfen Angostura in den Cocktail geben. Fotografieren, posten und Likes kassieren.

LAST WORD

Ich hätte diesen Cocktail wegen seiner ausgefallenen Zutaten fast weggelassen, aber er ist einfach zu gut. Herb und dennoch ausgewogen. Statt Chartreuse können Sie auch St. Germain verwenden.

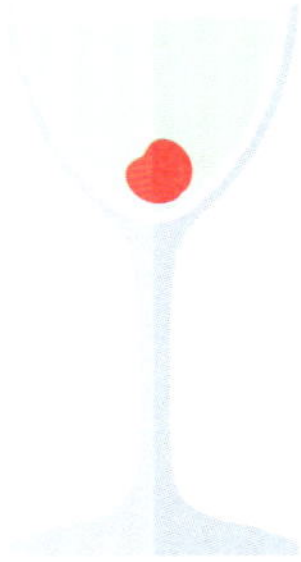

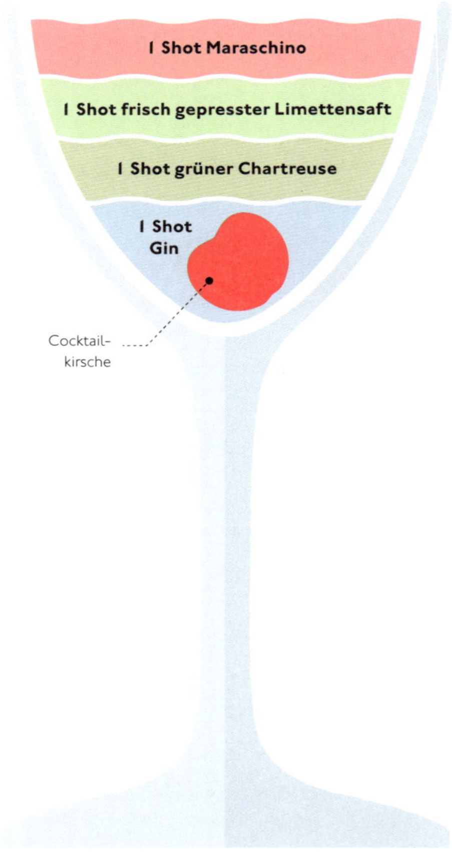

WELCHER GIN?

NO. 3 LONDON DRY
SILENT POOL
XORIGUER MAHÓN

ZUBEREITUNG

1. **Alles** im Shaker auf Eis schütteln und in ein gekühltes Cocktailglas abseihen.

2. **Eine** Cocktailkirsche als Garnitur ins Glas geben. Hier zahlt sich Qualität aus: Besser echte Maraska-Maraschino-Kirschen als hellrote Billigkirschen.

MARTINEZ

Er gilt als ein Vorläufer des Martini, ist komplexer und ein wenig süßer, aber mindestens genauso köstlich. Den besonderen Kick bekommt er durch einen Old Tom Gin.

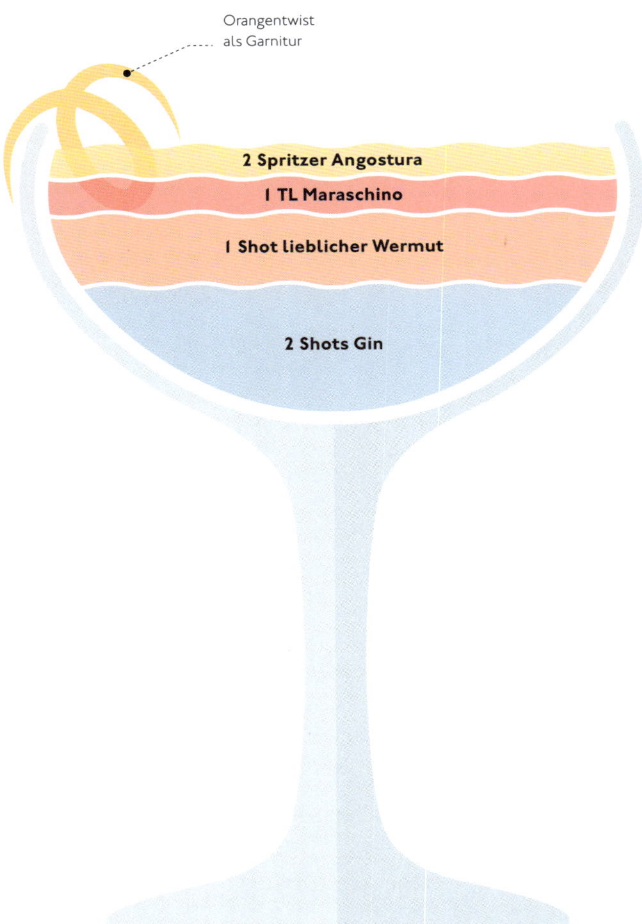

WELCHER GIN?

HERNÖ NAVY STRENGTH
ROCK ROSE
PINK GRAPEFRUIT
OLD TOM

ZUBEREITUNG

1. **Die Zutaten** im Shaker oder Rührglas auf Eis verrühren, bis der Drink klirrend kalt ist. In eine gekühlte Cocktailschale abseihen.

2. **Mit** einem Orangentwist garnieren.

NEGRONI

Bei diesem Cocktail wird das Zusammenspiel von Gin und Wermut durch den bitteren Kick des Campari ordentlich angeheizt. Er kommt mit köstlicher Wucht daher, aber wenn man nicht aufpasst, verliert sich der Gin schnell. Für einen Gin mit robusten Wacholder- und Orangennoten sollte es dennoch kein Problem sein. Es lohnt sich, auch mit anderen Geschmacksnoten zu experimentieren.

WELCHER GIN?

SIPSMITH VJOP
O'NDINA

ZUBEREITUNG

Sie können den Cocktail, wie hier beschrieben, in zwei Schritten oder direkt im Glas mixen.

1. **Die Zutaten** im Rührglas auf Eis rühren, kühlen und leicht verdünnen.

2. **In ein** gekühltes, mit Eis gefülltes Glas abseihen und mit einer Orangenspalte oder einem Twist garnieren.

OLD FRIEND

Gerade wenn der Cocktail mit Gin und dem Holunderblütenlikör St. Germain zu kopflastig zu werden droht, spendet der Campari die nötige Bitterkeit und Erdung. Die Säure der Pink Grapefruit schenkt die Komplexität, die diesen Drink zum puren Genuss macht.

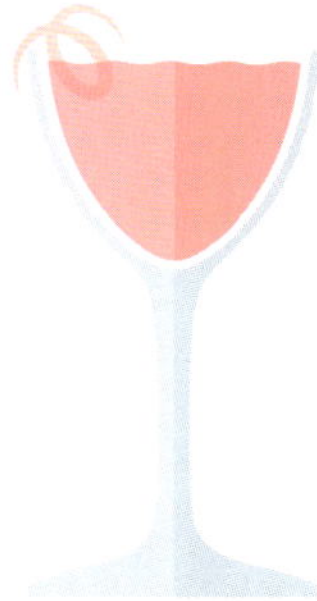

ANDERE GARNITUREN

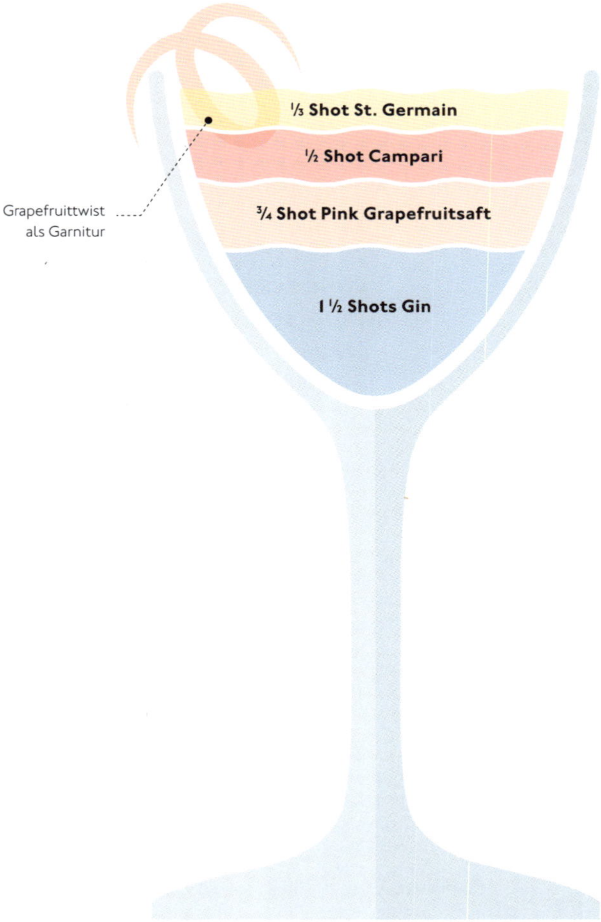

WELCHER GIN?

ROCK ROSE PINK GRAPEFRUIT OLD TOM

HAPUSĀ HIMALAYAN DRY

JENSEN'S BERMONDSEY DRY

ZUBEREITUNG

1. Alle Zutaten im Shaker auf Eis schütteln.

2. Doppelt in ein gekühltes Cocktailglas abseihen (siehe Kasten S. 121).

3. Mit einem Grapefruittwist garnieren.

RED SNAPPER

Es ist Wochenende? Sie sind noch etwas verkatert? Möchten Sie ein paar Botanicals in Ihrem Katerdrink schmecken? Dann braucht es jetzt einen Red Snapper! Aber Achtung: Er ist nicht ganz unkompliziert. Vielleicht überlassen Sie jemand anderem das Mixen.

ANDERE GARNITUREN

OLIVEN

SILBERZWIEBEL

ROSMARIN

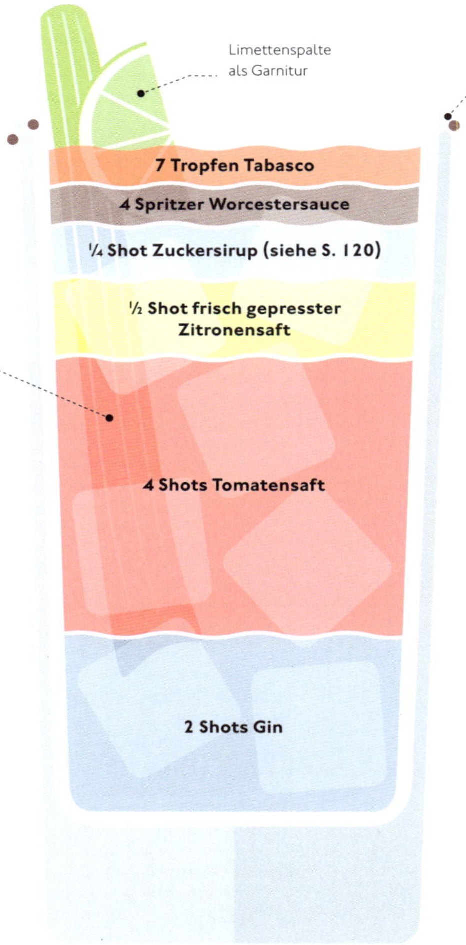

Limettenspalte als Garnitur

2 Mühlenumdrehungen schwarzer Pfeffer und 2 Prisen Selleriesalz für den Glasrand

Selleriestange als Garnitur

WELCHER GIN?

AUDEMUS UMAMI

BARRA ATLANTIC GIN

SEVEN HILLS VII ITALIAN DRY

ZUBEREITUNG

1. **Das Glas** vorbereiten: Pfeffer und Selleriesalz auf einem kleinen Teller mischen. Den Rand eines Pint-Glases mit einer Limettenspalte abreiben.

2. **Den Glasrand** in die Pfeffer-Salz-Mischung drücken, sodass sie kleben bleibt. Das Glas mit Eis füllen.

3. **Gin,** Tomatensaft, Zitronensaft, Sirup, Worcestersauce und Tabasco in den Shaker geben und auf Eis schütteln, bis der Drink gut gekühlt ist. Ins Glas abseihen. (Manche empfehlen hier sanftes Schütteln.)

4. **Mit einer** Selleriestange und der Limettenspalte garnieren.

SATAN'S WHISKERS

Dies ist ein alter Klassiker aus Harry Craddocks *The Savoy Cocktail Book*. Es gibt zwei Versionen. Die Straight-Whiskers-Variante verwendet Grand Marnier und ist sehr orangig. Die Curled-Whiskers-Variante verlangt nach Curaçao und unterstreicht den Wermut etwas mehr.

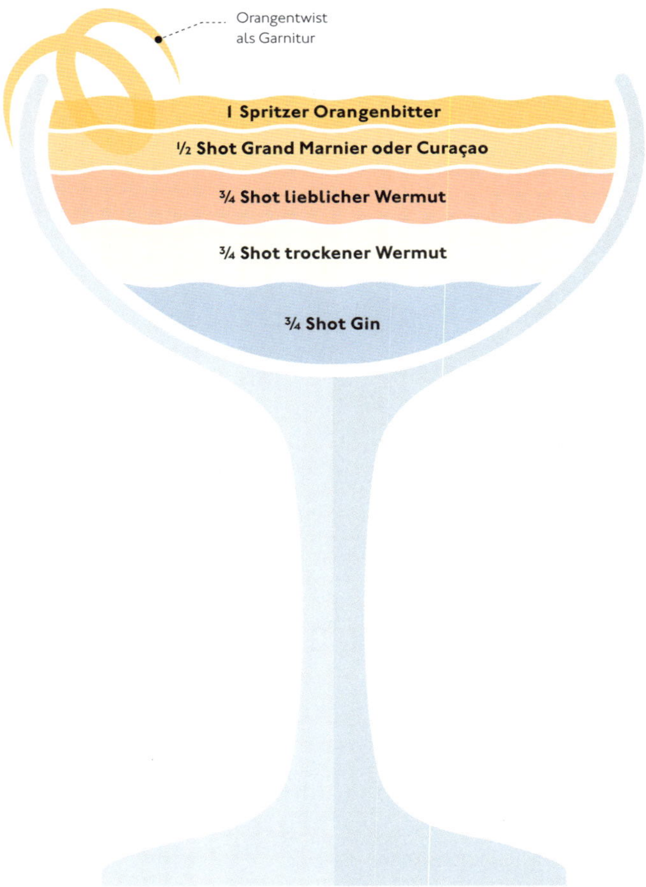

WELCHER GIN?

CITADELLE

BROOKIE'S BYRON DRY

ZUBEREITUNG

1. Alles mit Eis in einen Shaker geben und das tun, was man dann halt so tut.

2. Wenn Sie genug geschüttelt haben, den Drink in eine geeiste Cocktailschale abseihen und mit Orangentwist garnieren.

SOUTHSIDE RICKEY

Mojito-Liebhabern wird dieser Cocktail vertraut vorkommen. Er ist leicht, erfrischend und großartig für lange, heiße Sommerabende. Ohne das zerstoßene Eis wird aus dem Rickey ein Fizz. Das ist Cocktail-Magie.

WELCHER GIN?

G'VINE FLORAISON

INVERROCHE CLASSIC

MANLY SPIRITS COASTAL CITRUS

ZUBEREITUNG

1. Ein Highball-Glas mit zerstoßenem Eis füllen.

2. Gin, Limettensaft, Zuckersirup und die Minzeblätter mit Eis in den Shaker geben und schütteln.

3. In ein Glas abseihen. Mit Sodawasser aufgießen und mit Limettenspalte und Minzezweig garnieren.

20TH CENTURY

Er ähnelt dem Corpse Reviver No. 2, setzt aber auf die Paarung Zitrone und Schokolade. Das Rezept verwendet weiße Crème de Cacao. Wer zusätzlich die braune hat, kann einen Teelöffel davon unten im Glas gefrieren, bevor der Cocktail darübergegeben wird, und dem Drink so einen besonderen Pfiff verleihen.

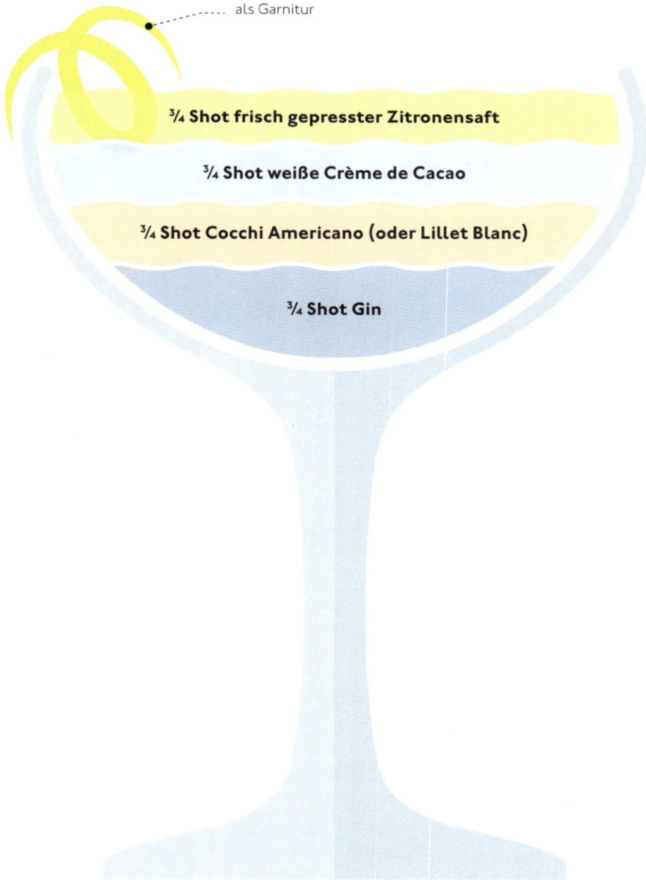

WELCHER GIN?

HEPPLE

PALMA

NIKKA COFFEY

ZUBEREITUNG

1. Die Zutaten im Shaker auf Eis gut schütteln. Der Inhalt sollte zwischen Deckel und Boden hin- und herschwappen und nicht nur am Boden verwirbeln.

2. In ein gekühltes Glas abseihen und mit einem Zitronentwist garnieren.

WHITE LADY

Dieses Rezept hat so einige Wandlungen durchlaufen, bevor es zu dem Cocktail wurde, den wir heute kennen. Anfangs enthielt es überhaupt keinen Gin, sondern baute sich um einen Crème de Menthe herum auf.

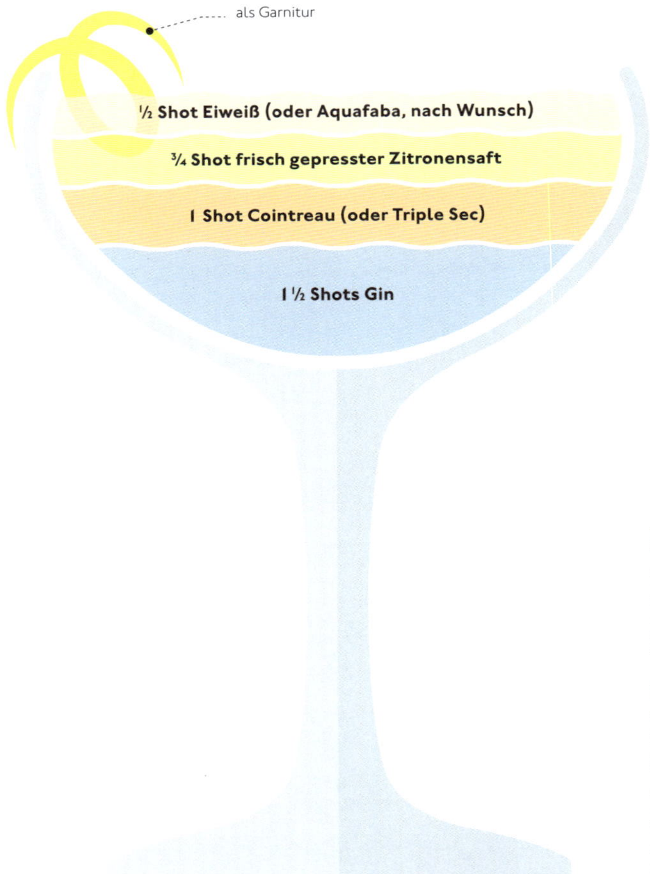

WELCHER GIN?

MARTIN MILLER'S

DRUMSHANBO GUNPOWDER IRISH GIN

LONDON TO LIMA

ZUBEREITUNG

1. **Alle Zutaten** in den Shaker geben. Bei Verwendung von Eiweiß zunächst trocken (ohne Eis) schütteln, dann das Eis zugeben. Ohne Eiweiß direkt mit Schritt 2 beginnen.

2. **Eis zugeben,** schütteln und doppelt in eine geeiste Cocktailschale abseihen (siehe Kasten S. 121). Mit einem Zitronentwist garnieren.

Tipp: Ist Ihnen der Cocktail zu stark, verwenden Sie nur einen ¾ Shot Cointreau und geben ¼ Shot einfachen Zuckersirup (siehe S. 120) dazu.

WHITE NEGRONI

Als durch und durch französische Interpretation des italienischen Klassikers ersetzt der White Negroni den Campari durch Suze, der wegen des Enzians bitterer schmeckt. Mit seinem angenehm trockener werdenden Nachklang ist er ein großartiger Aperitif. Wie der Negroni wird er zu gleichen Teilen gemixt; ausgewogener schmeckt er mit 1 ½ Shots Gin und je einem ¾ Shot Suze und Lillet Blanc.

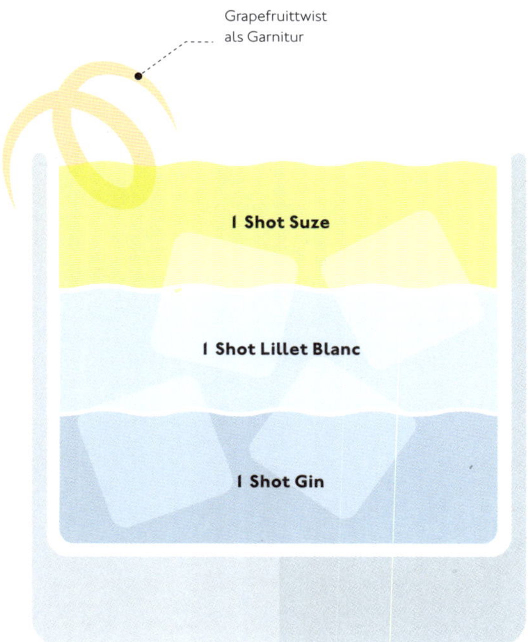

WELCHER GIN?

HAPUSĀ
HIMALAYAN DRY
ACHROOUS
GEOMETRIC

ZUBEREITUNG

1. **Alle Zutaten** mit Eis in ein Rührglas geben und verrühren.

2. **In einen** mit Eis gefüllten großen Tumbler abseihen.

3. **Den Glasrand** für den besonderen Kick mit dem Grapefruittwist abreiben und ihn dann als Garnitur verwenden.

Tipp: Sie können den Cocktail auch gleich im Glas mixen.

DIE GARNITUREN

Ein Drink ohne Garnitur ist wie ein Witz ohne Pointe. Sie mag wie überflüssige Deko wirken, wenn man den Abend doch einfach nur bei einem gepflegten Getränk ausklingen lassen möchte. Aber der kleine Aufwand lohnt sich.

MEHR GESCHMACK

Einen guten Drink genießt man und kippt ihn nicht einfach herunter. Genuss beginnt mit den Augen. Bevor ein Drink unseren Mund erreicht, beeinflussen Erwartung und Vorfreude den Geschmack, mehr als uns bewusst ist.

WELCHE GARNITUR?

Es gibt drei Hauptaspekte bei der Kombination von Garnitur und Gin: Ergänzung, Kontrast und Harmonie. Grundsätzlich lässt sich sagen, dass mehr Komplexität einen Drink interessanter macht. Ist der Gin also sehr wacholder- und zitruslastig mit feineren Kräuternoten im Hintergrund, kann eine Kräutergarnitur bzw. etwas Krautiges wie Rosmarin oder eine Gurkenscheibe diese hintergründigen Noten stärker nach vorn bringen.

Dominiert eine Geschmacksnote den Gin, kann die Garnitur einen schönen Kontrast bilden. So kann eine Fruchtgarnitur einem blumigen Gin mehr Tiefe verleihen und Zitrus einem erdigen, aromatischen Gin Leichtigkeit geben.

Überlegen Sie auch, wie die grundlegenden Geschmackskategorien zusammenwirken (siehe S. 94–95).

Die dritte Möglichkeit ist, die Geschmacksnoten des Gins aufzugreifen. Eine harmonierende Garnitur betont die Hauptgeschmacksnote des Gins und trägt zu seiner Komplexität bei. Ein Zitronentwist steuert einem Sloe Gin eine andere säuerliche Note bei.

ZITRUSGARNITUREN

Zitronen, Limetten, Orangen und andere Zitrusfrüchte sind bei Cocktails viel gefragt. Ihre Schalen enthalten pflanzliche Komponenten wie Limonen (das auch in vielen Gin-Zutaten vorkommt), die den Geschmack beeinflussen.

Für einen Twist schneidet man ein Stück Schale ab, denn die weiße

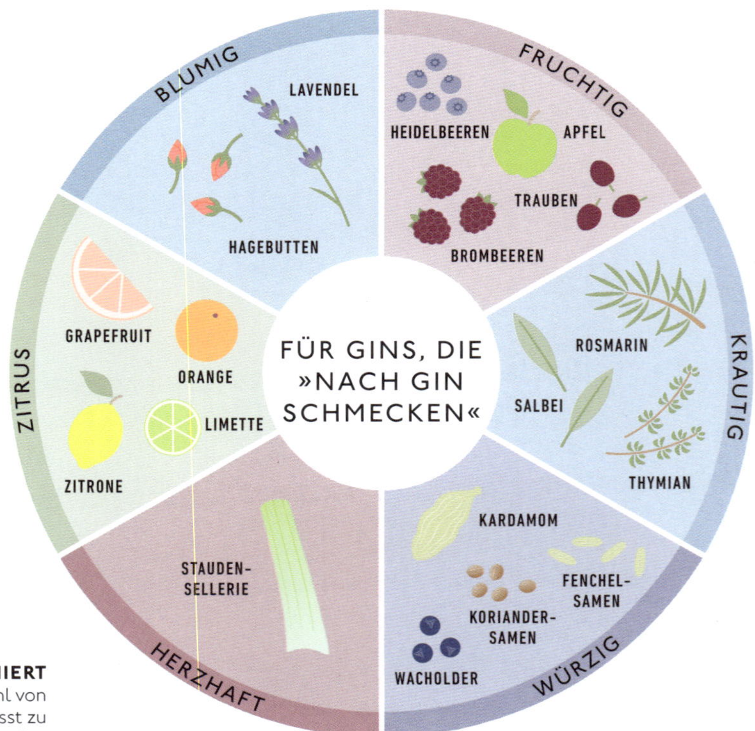

GUT KOMBINIERT
Eine Vielzahl von Garnituren passt zu allen Arten von Gin.

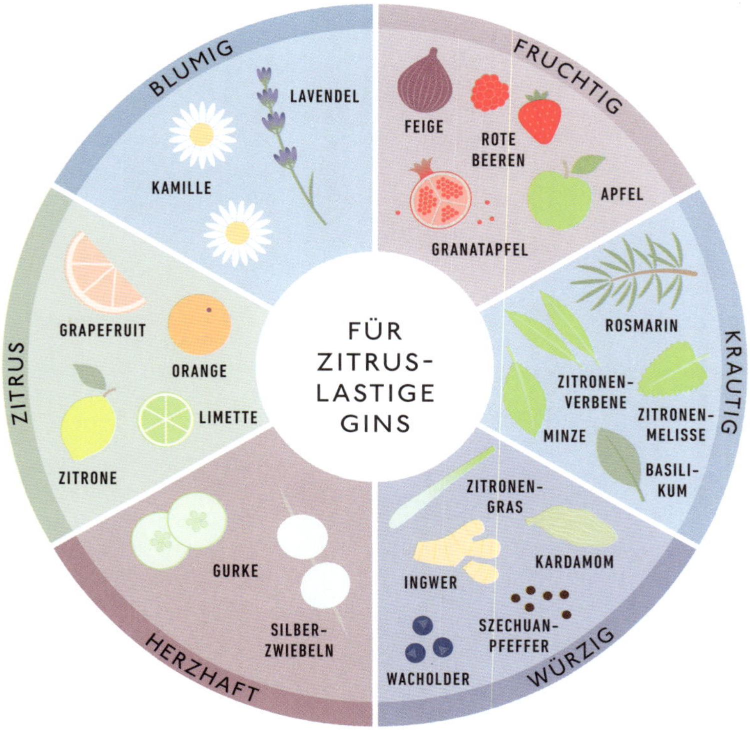

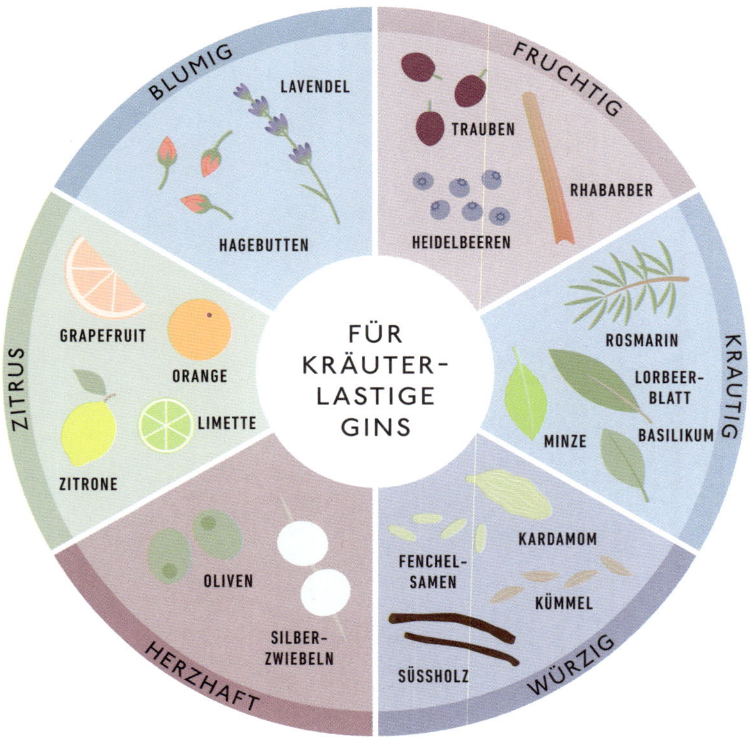

Wachshaut möchte man nicht im Glas haben. Sie können aus der umgestülpten Schale einen feinen Dunst ätherischer Öle über den Drink pressen oder für zartes Zitrusaroma den Glasrand damit abreiben. Natürlich kann die (unbehandelte) Schale auch mit ins Glas, nach Wunsch zum Twist gedreht.

Oder Sie schneiden die Früchte in Scheiben oder Spalten und geben sie in den Drink. Auch ein paar frisch ausgedrückte Tropfen der Garnitur können dem Drink ganz neue Geschmacksdimensionen verleihen.

KRÄUTERGARNITUREN

Minze ist der Klassiker unter den Kräutergarnituren. Ein frischer Zweig mit leuchtend grünen Blättern sieht nicht nur gut aus, sondern eröffnet eine neue geschmackliche Dimension, z. B. im Clover Club (siehe S. 128).

Ein Zweig Rosmarin passt ebenfalls gut zu den Wacholdernoten des Gins. Thymian und Zitronenthymian funktionieren auch gut, trennen sich aber leichter von ihren Blättchen als Rosmarin.

Ich bin ein großer Fan der Gurkenscheibe im G&T. Trotz ihrer krautigen Note ist sie zurückhaltender als Rosmarin und Minze. Die Beliebtheit von Gurken-Tonic Water zeigt, dass ich damit nicht allein bin.

HOLZIGE UND WÜRZIGE GARNITUREN

Die offensichtliche Wahl, um das »G« im G&T zu betonen, sind ein paar Wacholderbeeren im Glas. Sie sehen gut aus und natürlich passt ihr Aroma perfekt, aber nicht jeder mag sie. Die Beeren treiben beim Trinken unablässig zu den Lippen und kommen einem in die Quere. Sie stören nur nicht, wenn Sie einen Strohhalm verwenden, worauf viele gern verzichten.

Sternanis ist ebenfalls ein »Schwimmer«, aber nicht ganz so aufdringlich. Er kann Drinks eine tiefe erdig-aromatische Note verleihen. Zimt, schwarze Pfefferkörner und Kaffeebohnen eignen sich auch als Garnituren.

SAURE, SALZIGE UND UMAMI GARNITUREN

Hier treffen wir auf einige der ewigen Klassiker unter den Gin-Garnituren, wie etwa die schlichte Olive. Da dümpelt sie im Dry Martini (siehe S. 131) und man denkt bei sich: »Was im Himmel hat sie in meinem Glas verloren?«, bis man sie zum ersten Mal probiert.

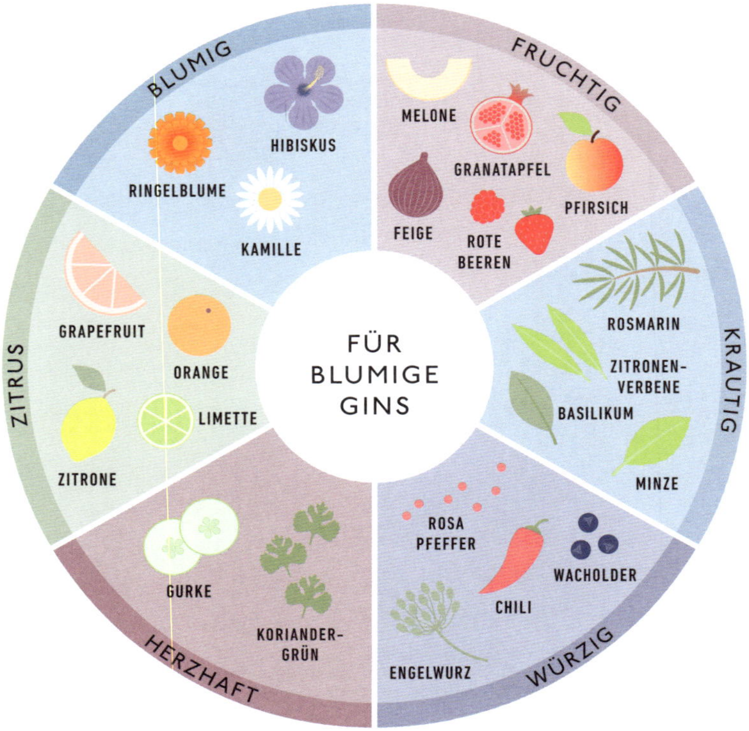

GESCHMACKSBEREICHERUNG
Eine Garnitur kann den Geschmack des Gins ergänzen, mit ihm kontrastieren oder zu seiner Komplexität beitragen.

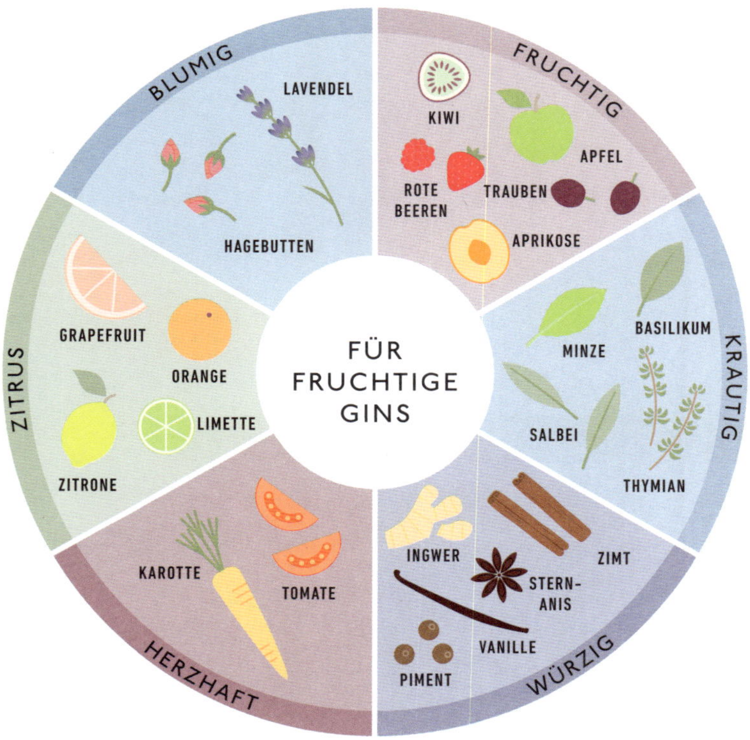

Danach stellt man sie nie wieder infrage.

Tauscht man die Olive gegen eine Silberzwiebel, tauscht man salzig-umami gegen säuerlich-pikant mit vielleicht einem Anflug von umami. Der Martini wird zum Gibson (siehe S. 134). Das Prinzip bleibt: Sieht zwar seltsam aus, schmeckt aber köstlich. Salzrand, Pickle-Scheiben, Sellerie und Tomatenscheiben passen auch.

FRUCHTIGE GARNITUREN

Ein Hoch auf die mächtige Cocktailkirsche, sie ist ein kleines Stück Himmel auf Erden. Ich meine natürlich die »echten« Cocktailkirschen, also Maraska-Maraschino-Kirschen: dunkle, glänzende, in Sirup schwimmende Juwelen, die süchtig machen. Vergessen Sie den Cocktail, her mit dem Glas Kirschen!

Beeren wie Himbeeren, Erdbeeren etc. sind mit dem passenden Gin oder Cocktail gepaart ebenfalls köstlich. Eine Brombeere im G&T z. B. passt zu Hepple Gin (siehe S. 160), der mit schwarzen Johannisbeeren gebrannt wird, da die Aromen dieser Beeren sich gut ergänzen. Nur sind Brombeeren einfacher erhältlich. Eine Apfel- oder Birnenscheibe oder eine Traube passen ebenso gut.

GINS NACH GESCHMACK

IN DIESEM KAPITEL lassen wir uns vom Geschmack leiten und erkunden aktuell erhältliche Gins. In über 100 Verkostungsnotizen entdecken Sie nicht nur Gins, die »nach Gin schmecken«, also viel Wacholder und klassische Botanicals bieten, sondern auch zitrusstarke, kräuterige, blumige, fruchtige, erdige, aromatische, maritime und umami Gins. Sie lernen die typischen Botanicals der jeweiligen Geschmackskategorien kennen, erfahren, welche geschmacklichen Eigenheiten sie prägen, und bekommen Tipps, welche Garnituren, Mixer und Cocktails diese Gins so richtig zum Leben erwecken. Nehmen Sie sich ein Glas, ein gutes Tonic Water oder einen anderen Mixer und tauchen Sie ein in die wunderbare Welt des Gins.

GINS, DIE »NACH GIN SCHMECKEN«

Dies sind die Klassiker und ihre modernen Nachfahren. Sie alle haben eine starke Wacholdernote und sind darüber hinaus oft gut abgerundet.

DIE BOTANICALS

Hier gibt es keine Überraschungen: Wacholder, Koriander, Engelwurz, Veilchenwurzel, Zitrone und Süßholz. Dazu kommen oft Kubebenpfeffer und Paradieskörner für den kleinen Kick. Brenner experimentieren heute neben dem Gemeinen Wacholder auch mit anderen Arten (siehe S. 21).

KORIANDER

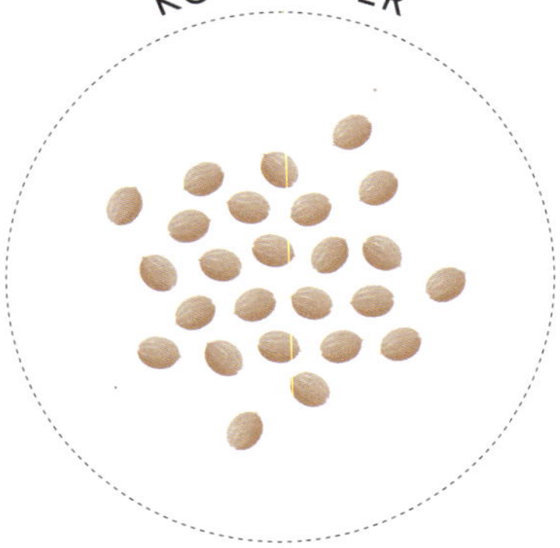

ENGELWURZ

VEILCHENWURZEL

ZITRONE

SÜSSHOLZ

MIXER

FEVER-TREE Premium Indian Tonic Water

Q SPECTACULAR Tonic Water

STRANGELOVE No. 8 Indian Tonic Water

GARNITUREN

ZITRONE

LAVENDEL

ROSMARIN

COCKTAILS

GIN & IT siehe S. 111

DRY MARTINI siehe S. 131

NEGRONI siehe S. 142

MEHR GINS

HAYMAN'S OLD TOM

JAWBOX CLASSIC DRY

WILDJUNE WESTERN STYLE

BLUECOAT AMERICAN DRY

YORK GIN OLD TOM

BEEFEATER LONDON DRY

40 VOL.-% (47 % IM EXPORT)

LONDON, ENGLAND

GESCHMACK

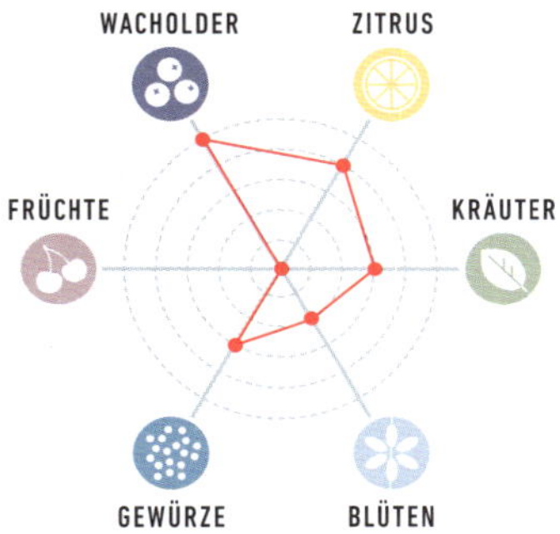

Das ist wohl DER archetypische London Dry Gin, mit starken Wurzeln in der Stadt und einem seit 1876 unveränderten Rezept. Er ist eine Mischung aus neun klassischen Botanicals, darunter Engelwurzsamen und -wurzeln. In der Nase sauber, mit Wacholder und öliger Orangenschale und einem subtilen floralen Unterton. Am Gaumen dominiert wenig überraschend der Wacholder, aber mit einer wärmenden Balance aus Zitrus und Gewürz.

Es gibt auch Varianten wie den Beefeater 24 (mit Tee gemacht) und den Beefeater Crown Jewel (stark, viel Grapefruit). Der klassische London Dry ist und bleibt ein verlässlicher Alltags-Gin.

BOMBAY SAPPHIRE LONDON DRY

40 VOL.-%

LAVERSTOKE, ENGLAND

GESCHMACK

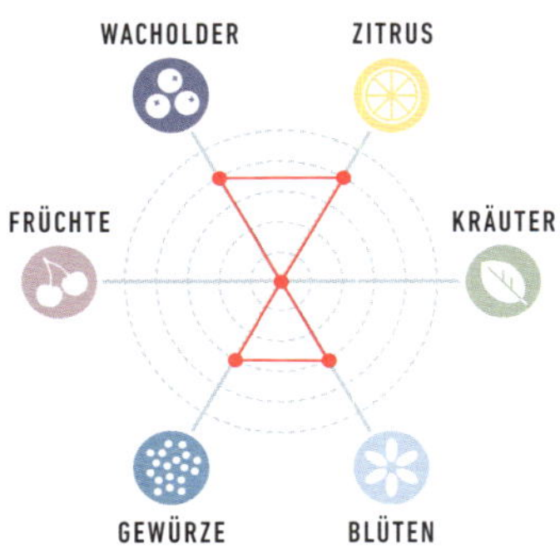

Ohne den Bombay Sapphire hätte es möglicherweise kein Comeback des Gins gegeben. Er war einst stilprägend und ist heute ein Klassiker. Wäre Gin eine Stadt, würde sein Aroma uns mitten auf den Marktplatz stellen – und bestimmt nicht in eine dunkle Nebengasse entführen.

Die Zitrone steht im Vordergrund, aber da sind auch Wacholder und sanftes Gewürz. Dieser eher leichte Gaumen hat die Konsumenten vom Wodka zurückgeholt, aber wenn man aufmerksam ist, entdeckt man auch Wacholder und Veilchenwurzel. Da ist eine leicht pflanzliche Note, möglicherweise von der Engelwurz, dann leiten Pfeffer und Gewürze über zu einem holzigen Nachklang mit zitrusartigen Obertönen.

FERDINAND'S SAAR DRY GIN

44 VOL.-%

SAARBRÜCKEN, DEUTSCHLAND

GESCHMACK

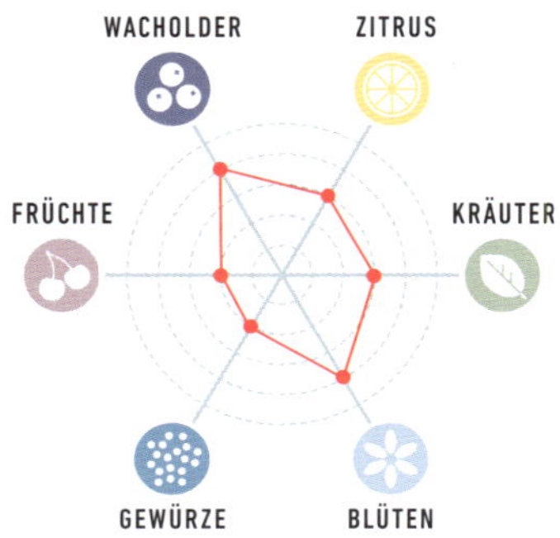

Im Dreiländereck zwischen Deutschland, Luxemburg und Frankreich, dort, wo die Saar auf die Mosel trifft, liegt eines der faszinierendsten Weinanbaugebiete Deutschlands. In der Saarregion beginnt 2013 die Geschichte von Ferdinand's Saar Dry Gin: Infundiert mit Riesling aus einem lokalen Prädikatsweingut, ist er ein geschmackliches Ebenbild der fruchtbaren Landschaft der Saarregion. Über 30 fein aufeinander abgestimmte Botanicals, vorwiegend aus eigenem Anbau und der Region, in Kombination mit feinsten Rieslingtrauben der Weinlage Saarburger Rausch stehen nun bereits seit zehn Jahren für höchsten Trinkgenuss.

FORDS GIN LONDON DRY

45 VOL.-%

LONDON, ENGLAND

GESCHMACK

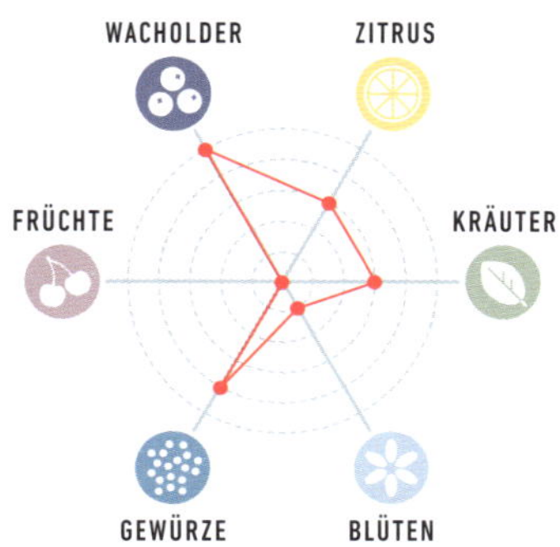

Dies ist ein echter Liebhaber-Gin, geschaffen von zwei Legenden: Simon Ford, ehemals US-Markenbotschafter für Beefeater und Plymouth Dry, und Brennmeister Charles Maxwell (dessen Familie seit den 1680er-Jahren Gin brennt).

Wacholder führt mit kampfertönigen, floralen Noten statt mit den üblichen kieferartigen. Das ist vermutlich der 15-stündigen Mazeration zu verdanken, möglicherweise aber auch dem fünfstündigen Brennvorgang. Das ausgewogene und komplexe Aromenprofil bietet Wacholder und Zitrus, die über holzigen Zimt zu einem langen und wärmenden Nachklang mit vollen, tiefen Grapefruitnoten führen. Tonic Water mildert den Wacholder zum Waldspaziergang im Aprilregen mit Strahlen von Zitrussonne ab.

GREATER THAN LONDON DRY

40 VOL.-%

NEU-DELHI, INDIEN

GESCHMACK

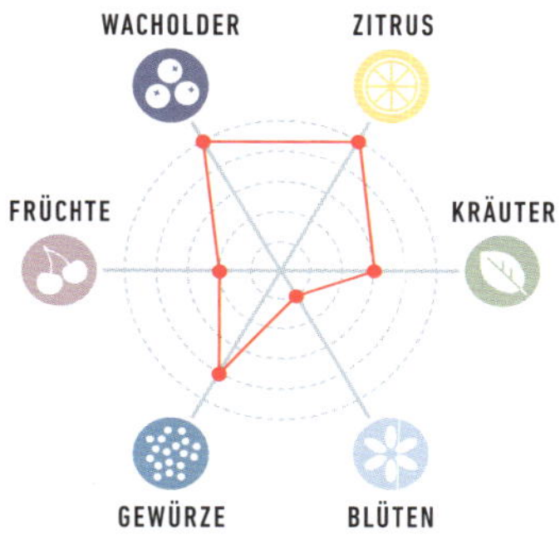

Als Barkeeper im indischen Neu-Delhi ärgerten sich die Gründer von NAO Spirits, Anand Virmani und Viabhav Singh, über den Mangel an einheimischen Gins. Sie wollten einen echten London Dry, der vor Ort gebrannt war. Daraus wurde der Greater Than.

Er hat genügend Ingwer, Fenchel, Zitronengras und Kamille, um interessant zu sein, aber der Gin ist auch klassisch genug, dass er sich für den heimischen Markt auf seine indischen Wurzeln berufen kann. Dieser Markt ist potenziell gigantisch und dennoch offen für Neues. Der Gin ist köstlich, ausgewogen und klassisch, ohne langweilig zu sein – eine großartige Wahl für einen G&T oder einen Dry Martini (siehe S. 131).

HEIGHT OF ARROWS

43 VOL.-%

EDINBURGH, SCHOTTLAND

GESCHMACK

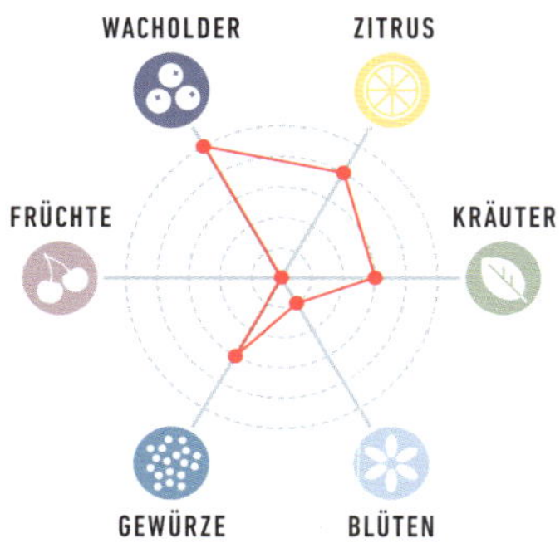

Der Height of Arrows ist einer dieser Gins, die zeigen, mit wie wenig man auskommen kann. Wir finden hier Wacholder, modifiziert mit Bienenwachs und Meersalz, was eine Fülle weiterer Noten hervorlockt. In der Nase ist er harzig mit einer sanften Zitronennote und nur einem Hauch von Wärme und Süße. Auch am Gaumen findet sich Wacholder, der sich aber über Rosmarin, Lavendel und Anis in einen weichen und krautigen Nachklang wandelt.

Ich weiß wirklich nicht, wie sie das geschafft haben, aber wenn jemand von sich behaupten kann, die alchemistischen Wurzeln der Brennerei weiterzuentwickeln, dann ist es diese Destillerie. Versuchen Sie den Gin in einem Gibson (siehe S. 134).

HEPPLE

45 VOL.-%

HEPPLE, ENGLAND

GESCHMACK

Einer der Besten. Erdiger Wacholder mit grasigen, moosigen Düften der Moore von Northumberland steht vorn. Herzhaft-süßer Gagel weicht schwarzen Johannisbeeren. Am Gaumen bauen sich Fenchel, Tanne, Koriander und Liebstöckel zu einem Nachklang auf, der vor Zedern- und Sandelholznoten der frischen, unreifen Wacholderbeeren von eigenen Sträuchern geradezu platzt.

Brenner Chris Garden nutzt Brennblasen, Vakuumdestillation und überkritische Extraktion (siehe S. 64–65) um das Beste aus seinen zwölf Botanicals herauszukitzeln und das Moor direkt in unsere Seele zu tragen. Fantastisch! Gleichzeitig klassisch und modern, unaufdringlich komplex und immer durch und durch köstlich – am besten aber schmeckt er in einem Martini (S. 130–131).

HERNÖ NAVY STRENGTH

57 VOL.-%

DALA, SCHWEDEN

GESCHMACK

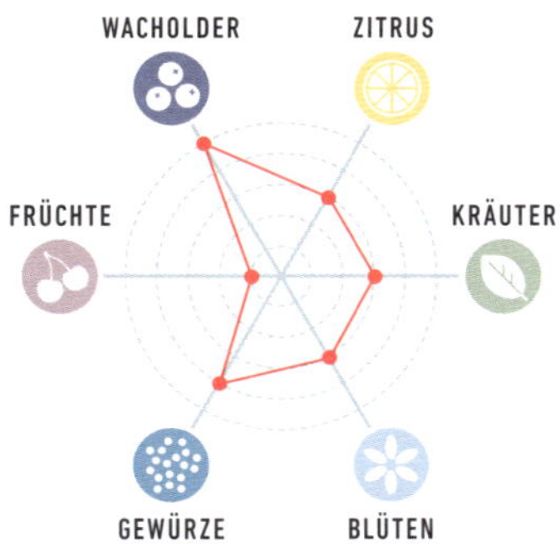

Dieser starke Gin aus der ersten Gin-Destillerie Schwedens ist eine schöne Mixtur aus kraftvollem Wacholder, erdigem Pfeffer und frischem Mädesüß. Dazu kommen Vanille mit sanfter Süße und Preiselbeeren. Zitronen dominieren die Kopfnoten und heben das Ganze mit einer schönen Säure, sodass dies im Vergleich zu anderen Vertretern seiner Art ein eher zeitgenössischer Navy Strength ist.

Er hat einen guten Kick, wie bei dieser Stärke auch zu erwarten ist, mildert sich aber dann zu einem schönen, warmen Glühen. Tonic Water zähmt ihn zur Perfektion.

HIGHCLERE CASTLE LONDON DRY

43,5 VOL.-%

HIGHCLERE, ENGLAND

GESCHMACK

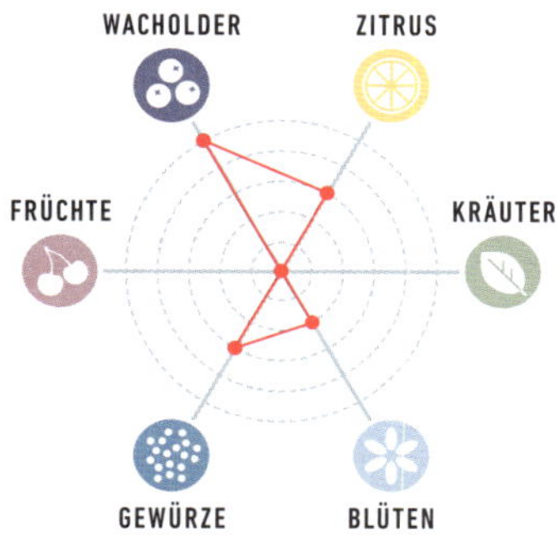

Dieser Gin ist weit vom früheren Betäubungsmittel der Straßen Londons entfernt und passt in die gehobene englische Gesellschaft (zuzüglich des amerikanischen Spirituosenherstellers Adam von Gootkin). Er stammt aus dem »echten Downton Abbey«, dem Anwesen des Earls und der Countess von Carnarvon, und genießt einen hervorragenden Ruf für seine Qualität.

Pur ist er ein bisschen scharf, aber mit Tonic Water klingen die erdigen, aromatischen Grundtöne mit Engelwurz und sanftem Kardamom im Alt und Zitrusfrucht und Wacholder brillieren im Diskant.

JENSEN'S BERMONDSEY DRY

43 VOL.-%

LONDON, ENGLAND

GESCHMACK

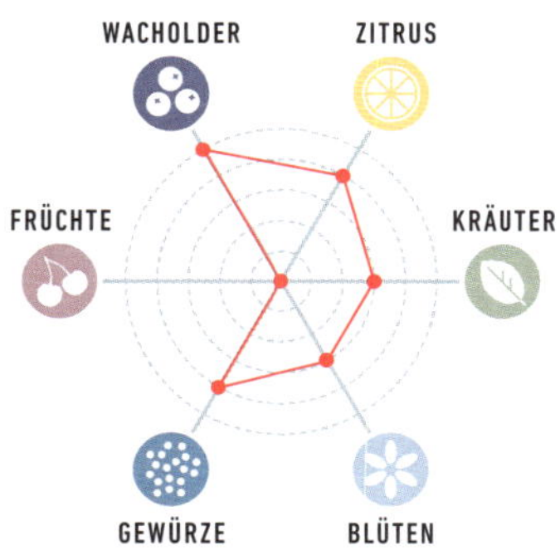

Bermondsey liegt südöstlich der London Bridge und des Borough Market. Christian Jensons Gin ist seine Antwort auf die uninspirierten Gins der 1980er- und 1990er-Jahre. Er nutzt ein Rezept aus den 1920ern mit Zutaten, die damals in Bermondsey zu bekommen waren, und entwickelte es mit Charles Maxwell von Thames Distillers weiter.

Der Gin eröffnet in der Nase mit einer klassisch erdigen Balance, getrieben von sanft drängendem Wacholder. Am Gaumen findet sich eine florale, erdige Note, die sich wurzelig-süß entwickelt, bevor Wacholder und Zitrus das Profil heben. Dies ist wahrlich ein Gin, der »nach Gin schmeckt«.

JUNIPERO

49,3 VOL.-%

SAN FRANCISCO, CA, USA

GESCHMACK

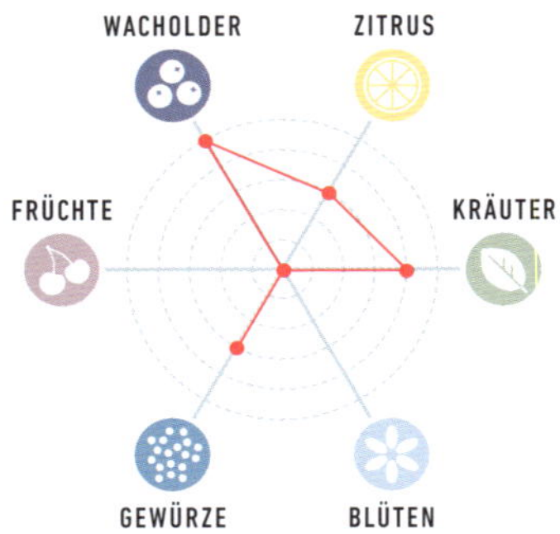

Dieser Gin von einem der Pioniere der amerikanischen Craft-Szene nähert sich dem Ende seiner dritten Dekade. Seit seinem Erscheinen 1996 hat sich in der Gin-Welt viel getan und heute schmeckt er im Vergleich zur aktuellen Konkurrenz ziemlich klassisch, ist aber längst kein normaler London Dry – der holzige Wacholder hat mehr Kick und auch die Kräuternoten sind stärker.

Koriander und Kardamom tanzen durch dieses Profil und beschwören Noten von Zitronengras herauf, das sich aber gar nicht im Rezept wiederfindet. Der Gaumen ist komplex und angesichts der Stärke selbst unverdünnt überraschend weich.

MARTIN MILLER'S

40 VOL.-%

LONDON, ENGLAND

GESCHMACK

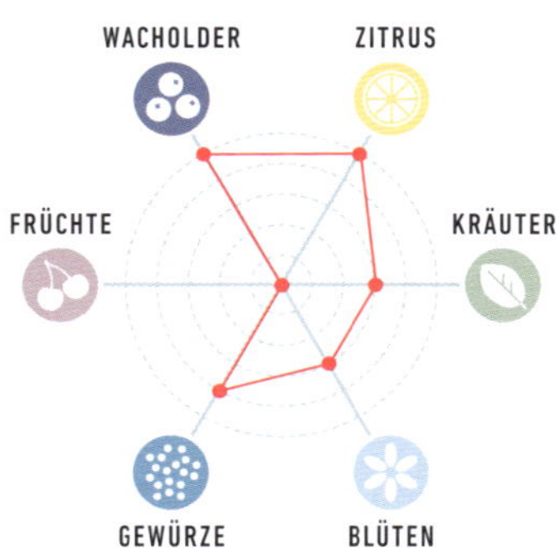

Ich gebe jedem Gin, den ich verkoste, eine Note. Wenn er, wie dieser hier, gut abschneidet, frage ich mich, wie er noch besser werden könnte. Fällt mir nichts ein, gibt es Spitzennoten. Dieser Gin ist so ein Exemplar.

Er ist leicht und ausgewogen, aber auch wunderbar komplex, mit Süßholz und Zitrone, die Muskat und Lilie umtanzen, und über allem strahlt Gurke. Der Gaumen ist zunächst weich, süß und kräuterig, dann baut sich wärmend-wurzelige Würze zu blumiger Veilchenwurzel auf, gefolgt von einem langen, komplexen Nachklang mit holzig trocknender Würze, Kiefer, Engelwurz, Süßholz und mehr Zitrone. Ein moderner Klassiker.

PLYMOUTH GIN

41,2 VOL.-%

PLYMOUTH, ENGLAND

GESCHMACK

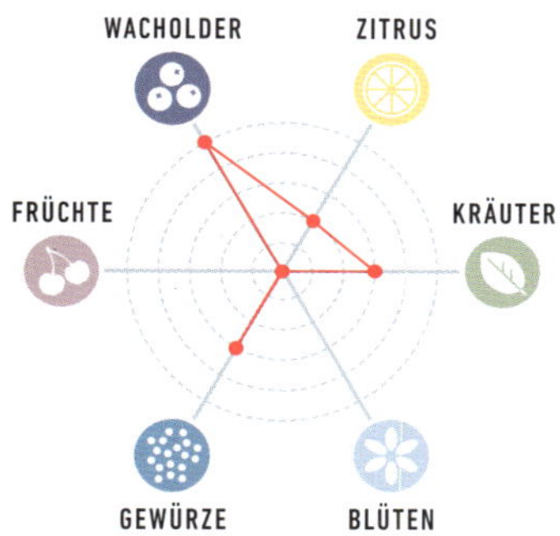

Etwas weicher als ein London Dry, mit einer angenehmen Balance von straffem, kieferartigem Wacholder und erdigem, aromatischem Kardamom in der Nase. Der Gaumen ist weich und cremig. Ein kurzes Aufblitzen von Orange vor einer weichen Welle aus wurzelig-kräuterigen Noten und erneut aufkommendem Wacholder. Ein wenig süß, aber nicht wirklich süß, oder eher halbtrocken, weil auch nicht ganz trocken.

Der Nachklang ist lang und trocknend, holzig und kieferartig dank Engelwurz und Wacholder, aber mit Tonic Water kommen Koriander, Zitrone und Orange zum Vorschein. Ein immens vielseitiger Klassiker und Muss für jeden Cocktail-Fan.

PROCERA GREEN DOT

47 VOL.-%

NAIROBI, KENIA

GESCHMACK

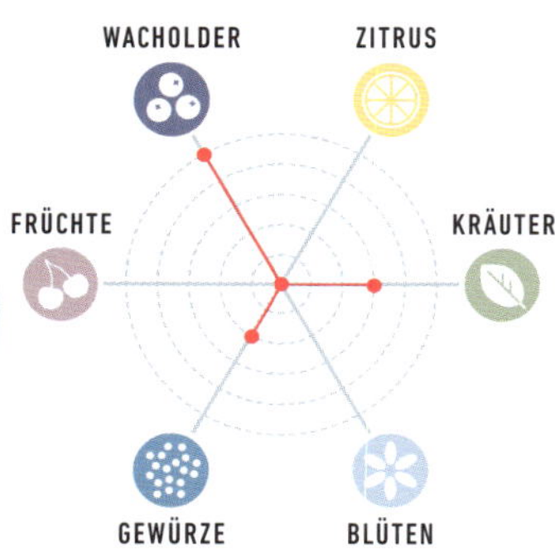

Dies ist eine Liebeserklärung an den Wacholder, die alle seine Facetten erkundet. Da ist auch Gemeiner Wacholder, aber der Star ist der heimische *Juniperus procera* (Ostafrikanischer Wacholder), die einzige Art, die von der Südhalbkugel stammt. Umweltbewussten Genießern gefällt, dass die Destillerie den ganzen Strauch nutzt, von den jungen Blattspitzen und Beeren (frisch und getrocknet) bis hin zum gerösteten Kernholz.

In der Nase liefert der 2022er-Jahrgang weichen, erdigen Wacholder, nussige Noten, ein teeartiges, tief krautiges Aroma und einige holzige Basisnoten. Am Gaumen ist er kieferartig und grasig mit einem holzigharzigen und öligen Nachklang.

SIPSMITH VJOP

57,7 VOL.-%

LONDON, ENGLAND

GESCHMACK

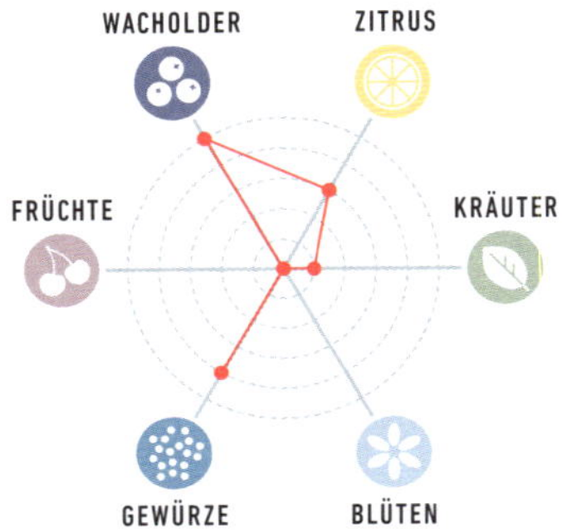

Das VJOP steht für »Very Junipery Over Proof« (sehr wacholderiger Hochprozentiger) und das liefert er auch. Sipsmith verwenden in diesem Gin doppelt so viel Wacholder wie in ihrem London Dry Gin. Das Resultat ist eine große, laute Wacholderparty im Mund, unterfüttert mit einer schönen Komplexität.

Wacholder und holzige Noten dominieren in der Nase Orangenschale und Koriander. Am Gaumen kommen Engelwurz und warme Gewürze dazu und Tonic Water lockt einen Zitronenbaiser-Charakter hervor. Der Nachklang ist lang, trocken und holzig mit sanft in den Sonnenuntergang treibendem Wacholder. Das gibt einen Monster-Negroni (siehe S. 142).

TANQUERAY LONDON DRY

43,1 VOL.-% EUROPA; 47,3 % USA

CAMERON BRIDGE, SCHOTTLAND

GESCHMACK

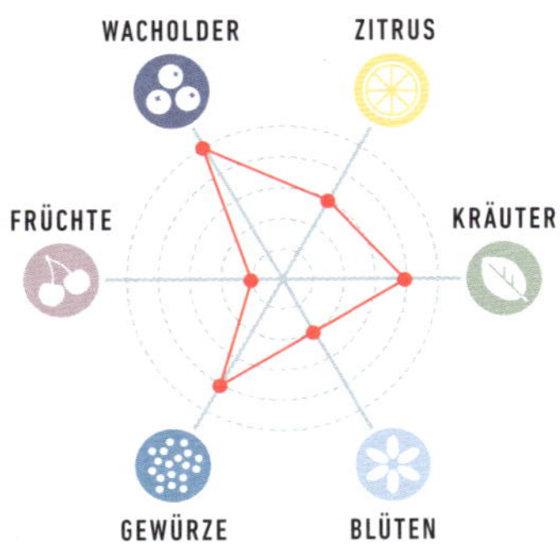

Dies ist der Fels, der im Meer der Gins stets klassisch, rund, ausgewogen und lecker bleibt. Er ist der Beweis, dass ein Gin nicht teuer sein muss und einen Platz in jeder Küche und in jeder Bar verdient.

In der Nase grüßt der wacholderigste Wacholder zusammen mit zitrustönigem Koriander. Am Gaumen verschmilzt Engelwurz damit fast nahtlos und steuert holziges, parfümiges Element bei. Süßholz liefert Tiefe und einen Hauch Süße. Der Nachklang ist lang und trocken mit Koriander und Kiefer und schön prickelnder Alkoholwärme. Großartig in einem G&T, aber für Cocktails nimmt man besser den Tanqueray No. Ten (siehe S. 131).

TARQUIN'S CORNISH DRY

42 VOL.-%

ST ERVAN, ENGLAND

GESCHMACK

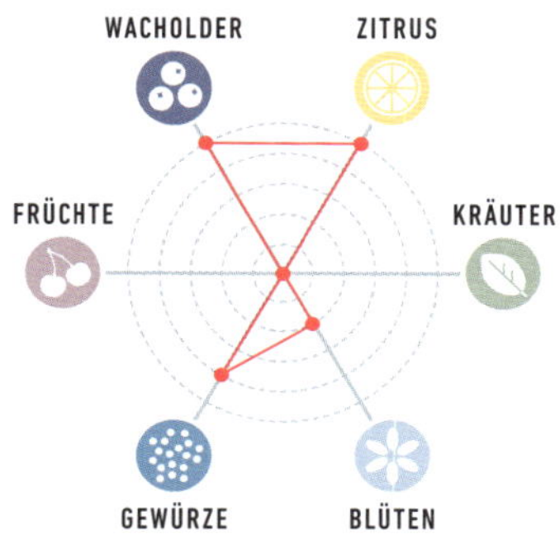

Ein Gin mit einem klassischen London Dry-Profil, das durch eine Spur Grapefruit und Veilchen gehoben wird, vor allem wenn T auf G trifft. Er wird aus neutralem Weizenbrand und zwölf Botanicals gebrannt, unter denen Grapefruit und Veilchen die bemerkenswertesten sind.

Zumindest in unserer heutigen Zeit ist es etwas ungewöhnlich, dass die Brenner ihre drei kupfernen 250-Liter-Brennblasen über offener Flamme beheizen und mit Brotteig abdichten. Was das zum Geschmack beiträgt, weiß ich nicht, aber es kann nichts Schlechtes sein, denn dieser Gin ist köstlich.

THE DUKE MUNICH DRY

45 VOL-%

MÜNCHEN, DEUTSCHLAND

GESCHMACK

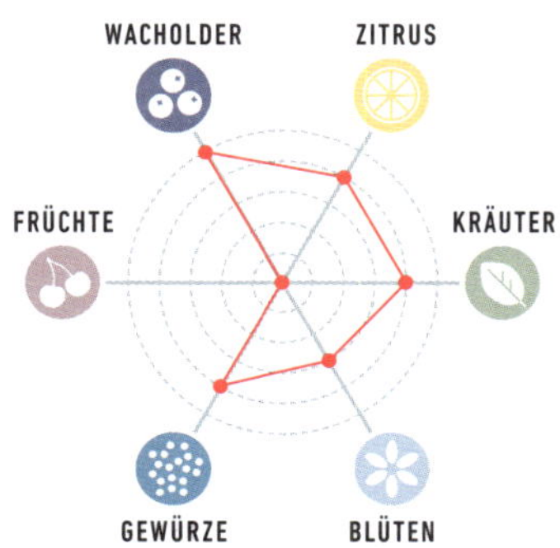

Seine Anfänge hatte der THE DUKE Gin 2008 in einem beschaulichen Münchner Hinterhof. Mittlerweile darf er sich als moderner deutscher Klassiker zählen.

Nach wie vor wird er in Handarbeit und mit rein biologischen Zutaten gefertigt. Im Zentrum steht das vollmundige Aroma unbehandelter Wacholderbeeren. Am Gaumen treten komplexe süß-blumige Nuancen in Erscheinung, zusammen mit den genuin bayerischen Noten Hopfen und Malz. Für einen mild-würzigen Abgang sorgen Ingwerwurzel und Kubebenpfeffer. Der Duft des THE DUKE Gin ist herrlich ausbalanciert: Würzige, blumige und frische Aromen sowie, natürlich, Wacholder halten sich angenehm die Waage.

ZITRUSLASTIGE GINS

In fast allen Gins hebt eine Zitrusnote die übrigen Botanicals. Hier geht es um Gins mit einem intensiveren Zitruscharakter, der das Geschmacksprofil deutlich anschiebt. Einige sind herb-säuerlich, andere eher voller und fruchtiger.

BOTANICALS

Hier finden wir reichlich Orange, Zitrone, Limette und Grapefruit, aber auch exotischere Zitrusfrüchte wie Buddhas Hand, Bitterorange, Calamansi oder Kumquat. Aus Japan kommt die Yuzu, die sich im Westen immer mehr verbreitet, sowie Hirado Buntan, Kabosu, Komikan und Amanatsu.

BUDDHAS HAND

DALANDAN

CALAMANSI

KUMQUAT

YUZU

MIXER	GARNITUREN	COCKTAILS	MEHR GINS
FRANKLIN & SONS Rosemary and Olives Tonic Water	**THYMIAN**	**BRONX** siehe S. 127	**BEEFEATER CROWN JEWEL**
LONG RAYS Premium Australian Pacific Tonic	**MINZE**	**JULIET & ROMEO** siehe S. 139	**BOMBAY SAPPHIRE PREMIER CRU**
LONDON ESSENCE Grapefruit and Rosemary Tonic Water	**GURKE**	**20TH CENTURY** siehe S. 147	**KOMASA GIN SAKURAJIMA KOMIKAN**
			ARC ARCHIPELAGO BOTANICAL

REISETBAUER BLUE GIN

43 VOL.-%

AXBERG, ÖSTERREICH

GESCHMACK

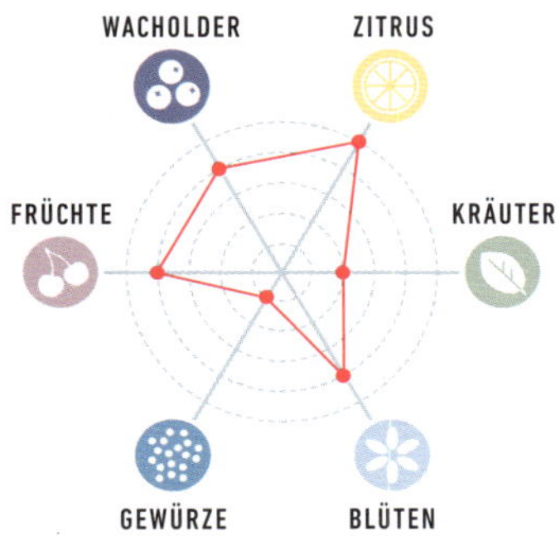

Der Qualitäts-Gin aus Oberösterreich wird nur einmal im Jahr gebrannt. Frische Wacholderbeeren mit mediterran-würzigem Geschmack, Weizen von den Feldern direkt neben der Brennerei sowie eine geheime Kombination aus 27 Botanicals, darunter Zitronenzeste, Angelikawurz, Koriandersamen, Kurkuma und Süßholz, verbinden sich zu einer facettenreichen und eleganten Spirituose. Zitrus, Wacholder und Koriander dominieren den Duft, ohne aufdringlich zu wirken. Am Gaumen treten besonders lebendige Zitrusnoten auf, begleitet von trockener Würze und ätherischen Nuancen.

Der Blue Gin ist im Abgang kompakt und anhaltend.

BRIGHTON GIN PAVILION STRENGTH

40 VOL.-%

BRIGHTON, ENGLAND

GESCHMACK

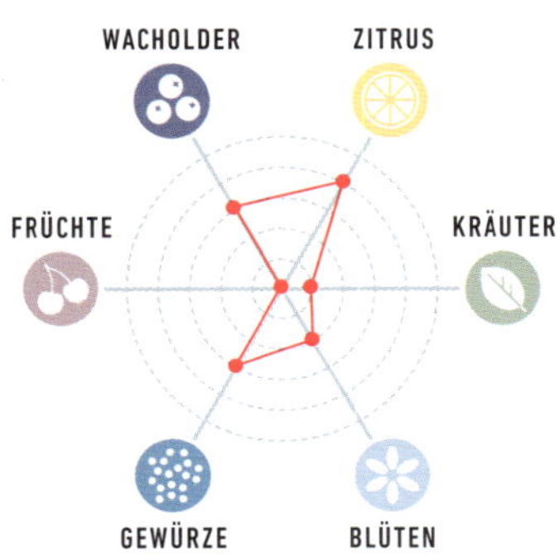

In diesem sanften, ausgewogenen Gin führen Zitrusnoten und eine Spur von süßer, floraler Bitterdistel. Dazu kommt eine Prise Gewürze und gerade genug Wacholder. In der Nase habe ich zuerst Limettenschale gefunden, aber mit Tonic Water wurde daraus Orange. Beide sind Bestandteil der Zutatenliste.

Für Kathy Caton, die Gründerin von Brighton Gin, passt dieser Gin gut in einen G&T mit einer Orangenscheibe. Ich stimme ihr zu, solange das Tonic Water gut gewählt ist. Es wäre eine Schande, diesen sanften Gin mit zu viel Süße oder sonstigen Aromen wegzuspülen (siehe S. 112–113 und 214–215).

BROOKLYN GIN

40 VOL.-%

NEW YORK, NY, USA

GESCHMACK

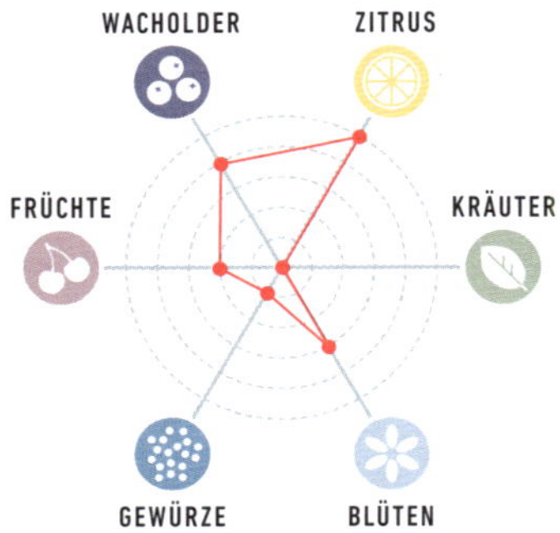

Die Macher dieses Gins zerdrücken frische Wacholderbeeren von Hand, statt getrocknete zu verwenden, schneiden vier Arten von Zitrusfrucht klein, statt getrocknete Schalen oder Extrakte zu nehmen, und so weiter. Das gibt einen säuerlich-frischen, lebendigen und komplexen Gin mit Schichten von Früchten über holzigen und kampfertönig blumigen Noten von Wacholder und Lavendel. Kakao-Nibs balancieren die Säure der Zitrusfrüchte aus.

Der Mais im Basisalkohol machte sich in der Nase bemerkbar, als ich den Gin pur verkostete, verschwand aber, sobald etwas Tonic Water hinzukam. Versuchen Sie ihn in einem Bee's Knee (siehe S. 124) oder Martini (siehe S. 130–131).

DRUMSHANBO GUNPOWDER IRISH GIN

43 VOL.-%

DRUMSHANBO, IRLAND

GESCHMACK

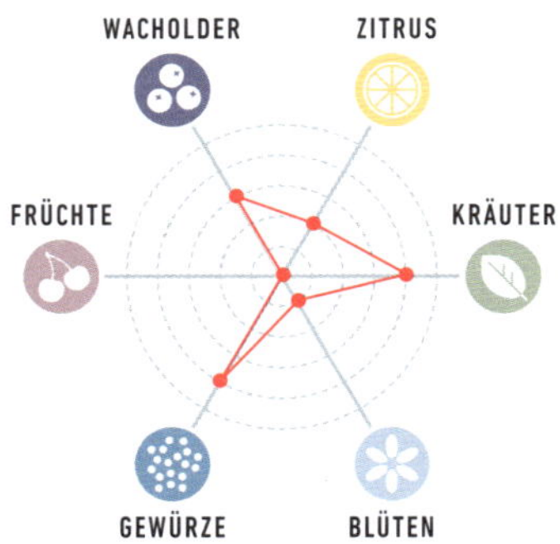

Dieser Gin ist zu Recht beliebt. Eine schöne Balance der Botanicals erzeugt einen abgerundeten und aromatischen Gin, der sich fantastisch zu Tonic Water und in Cocktails macht.

Das Aroma ist klar und leicht, aber zugleich komplex. Zunächst sind da Zitrus und Kiefer, dann erdig-krautige Grünteenoten vom Gunpowder-Tee, dessen zu kleinen Kugeln gerollte Blätter an Schießpulver erinnern. Danach kommen Kümmel und Grapefruit und ein pfeffriger Kick. Der Gaumen komplementiert das mit aromatischem Gewürz und wärmendem Kardamom und Engelwurz.

HAYMAN'S EXOTIC CITRUS

41,1 VOL.-%

LONDON, ENGLAND

GESCHMACK

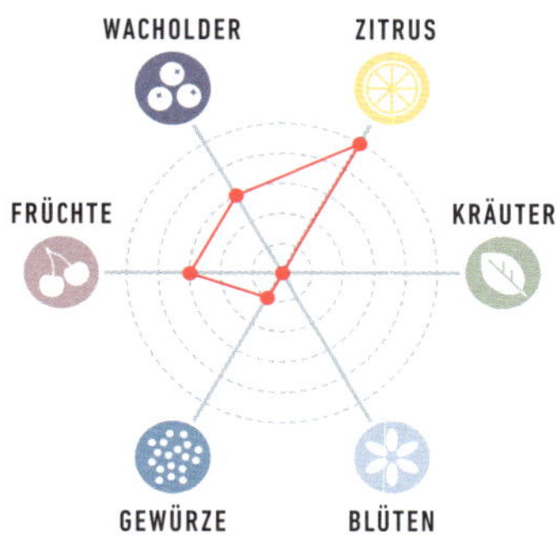

Es kann hier nicht mit rechten Dingen zugehen. Wie sollte Hayman's sonst eine solche Tiefe bei einer gleichzeitig pikanten Lebendigkeit erreichen? Der Gin beginnt fruchtig und üppig, dann streben Kumquat, Mandarine, Pomelo und Persische Limette gleichzeitig in zwei Richtungen – die eine voller Schalen und Öle nach oben, die andere mit reduzierter, sirupartiger, puddinggleicher Üppigkeit nach unten.

Der Nachklang ist weich und frisch mit langen, herben Noten, die nach mehr verlangen. Der Star ist die Zitrusfrucht, aber die Basis ist verlässlich Gin-typisch. Ein echter Sieger.

LIND & LIME

40 VOL.-%

EDINBURGH, SCHOTTLAND

GESCHMACK

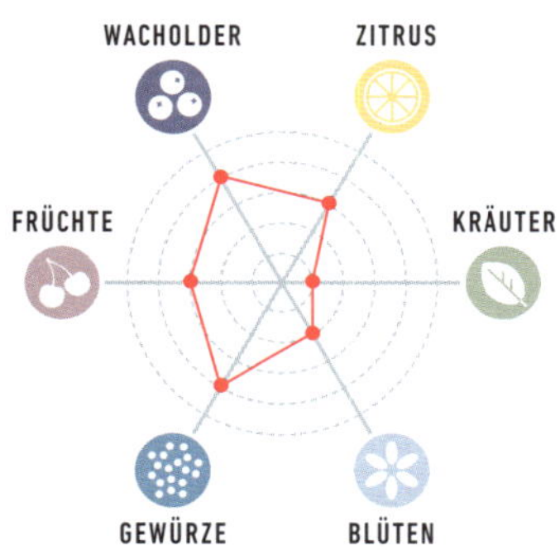

Dieser strahlend frische, moderne Gin hat etwas wundervoll Unkompliziertes. Er enthält sieben Botanicals – nach heutigen Maßstäben nicht viel, aber sie arbeiten alle zusammen und machen sich klar und definiert am Gaumen bemerkbar. Wacholder, rosa Pfeffer und Limette liefern die Hauptnoten, während Koriander, Engelwurz, Süßholz und Veilchenwurzel im Hintergrund wirken. Vor allem Pfeffer und Limette sind von Anfang bis Ende präsent und bilden ein wirklich harmonisches Paar.

Manche Gins gehen in Kombination mit Tonic Water ein wenig verloren, aber dieser hier blüht dann erst richtig auf. Ich habe keine Ahnung, wie die Brenner das machen, aber es ist großartig.

NIKKA COFFEY

47 VOL.-%

MIYAGIKYO, JAPAN

GESCHMACK

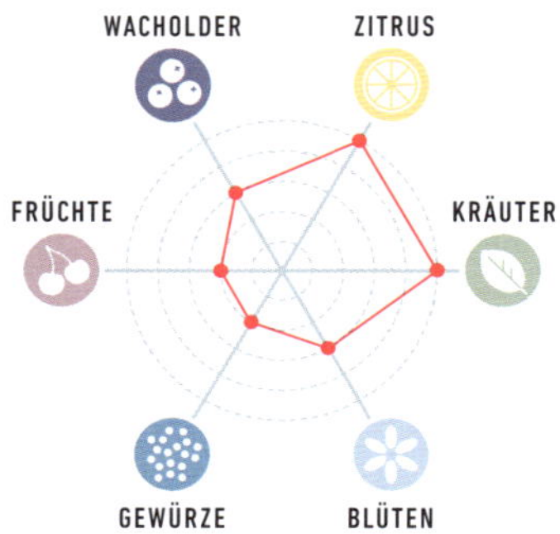

Das Geschmacksdiagramm zeigt einen recht robusten Gin, dabei ist er eher gut definiert, mit Bestnoten für Klarheit statt für Stärke. Dieser Gin ist einzigartig, zart und köstlich und besitzt eine Mischung aus traditionellen Botanicals und japanischen Zutaten, wie Amanatsu, Kabosu und Yuzu (alles Zitrusfrüchte) sowie Shiikwaasa (*Citrus depressa*) und Sansho-Pfeffer.

Das Aroma beginnt mit Zitrus- und Kräuternoten, dann folgt ein leichter Pfefferkick und eine fast florale Note vom Apfel. Das alles ist in eine seidige Textur eingebettet, die von der Destillation in einer originalen Coffey-Destille (siehe S. 52) kommt, in den 1960er-Jahren nach Japan importiert.

OXLEY LONDON DRY

47 VOL.-%

LONDON, ENGLAND

GESCHMACK

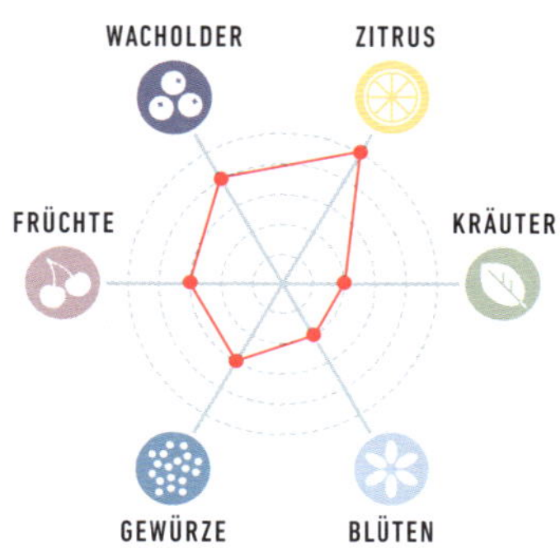

Meines Wissens der erste Gin, der ohne Hitzezufuhr destilliert wird. Er durchläuft stattdessen bei Minusgraden eine Vakuumdestille, was recht aufwendig klingt, aber verhindert, dass die Botanicals wie Kakao, Muskat, Vanille und Mädesüß »ausgekocht« werden. Die Stars sind hier die frisch gefrorenen Orangen-, Zitronen- und Grapefruitschalen, die das Aroma von Anfang an vorantreiben.

Der Gin ist komplex. Wenn man sich die Zeit nimmt, entdeckt man einen cremigen Vanille-und-Heu-Ton zwischen dem Koriander und Wacholder. Am Gaumen ist er erdig und wurzelig, mit aufkommenden wärmenden Pfeffernoten, bevor die Zitrusöle wieder das Kommando übernehmen.

PALMA

46,6 VOL.-%

PALMA, MALLORCA, SPANIEN

GESCHMACK

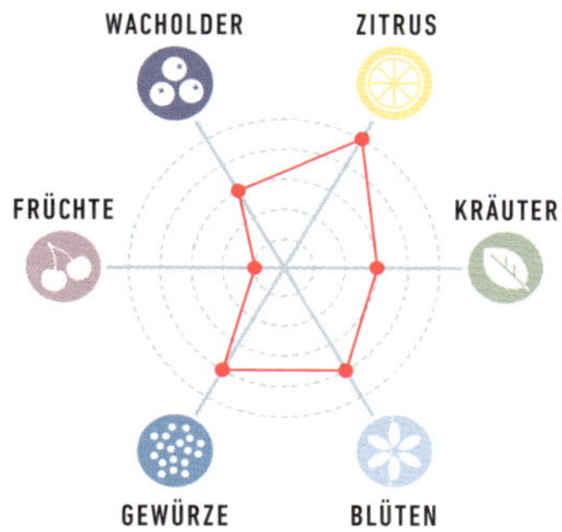

Dieser Gin passt in diverse Geschmacksgruppen, seine tiefe, herbe Zitrusölnote war für mich in diesem Fall bestimmend. Mallorquinische Orangen, Zitronen und Limetten spielen eine Rolle, was jetzt nicht wirklich überrascht. Dazu kommen Rhabarberwurzel, Mandelblüten, Lavendel und genialerweise Tomatenranken.

Das frische, lebhafte Aroma entführt mit Limette, Wacholder und erdig-holzigem Lavendel in sonnengewärmte Gassen. Entspannen Sie sich in der mediterranen Wärme, nehmen Sie einen Schluck und entdecken Sie süße, sanfte Gewürze, honigtönige Blütennoten und ein langes Finish mit Wacholder und erdiger Würze. Die Zitrusöle wirken wie die Sonne auf Ihrem Gesicht. Wunderbar.

ROCK ROSE PINK GRAPEFRUIT OLD TOM

41,5 VOL.-%

DUNNET, SCHOTTLAND

GESCHMACK

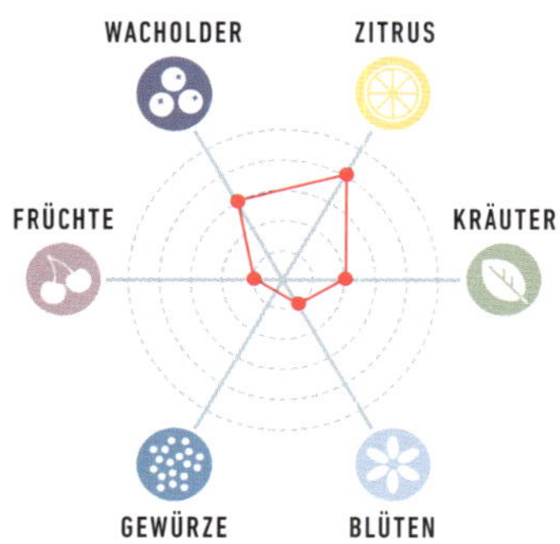

Der in zwei John-Dore-Destillen namens Elizabeth und Margaret gebrannte Gin ist ein Vorbild an Ausgewogenheit: ein Old Tom, aber nicht zu süß, voller Zitrus, aber nicht zu sauer, voller Beeren und Wurzeln, aber der Wacholder scheint immer noch durch. Jede Charge ist nur 500 Liter groß und die Flaschen werden von Hand befüllt, versiegelt und signiert. Das Etikett nennt zudem den Jahrgang und die Chargennummer. Ich habe Charge 9 verkostet.

Das herbe Aroma balanciert Pink Grapefruit und Wacholder fein aus. Am Gaumen kommen zusätzliche Tiefe und Süße dazu, dann folgt der wärmende Nachklang mit Wacholder und bitterer Zitrusschale. Tonic Water vertieft und mildert die Grapefruitnoten.

SACRED PINK GRAPEFRUIT

43,8 VOL.-%

LONDON, ENGLAND

GESCHMACK

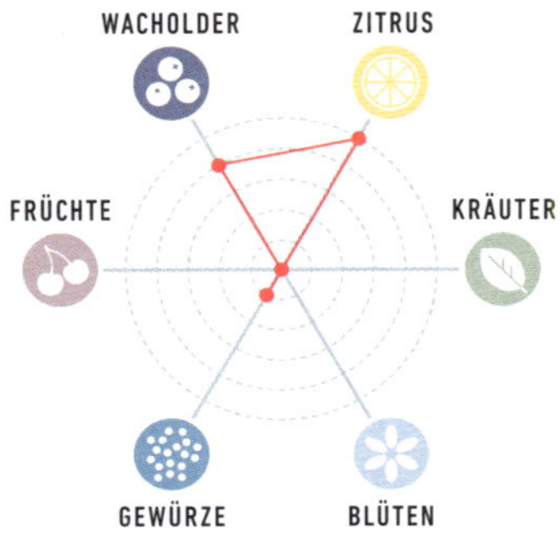

Ich empfehle, die Pur-Verkostung zu überspringen und den Gin direkt in einem Cocktail wie einem Gin Fizz (siehe S. 137) oder einem Tom Collins zu verkosten – oder ihn mit einem Spritzer Tonic zu wecken. Dieser Gin ist dafür gemacht.

Verdünnt (er wird sich trüben, siehe S. 62–63) platzt er vor herber, öliger, lebhafter Pink Grapefruit in der Nase und am Gaumen. Die Aromen führen von der Schale über das Mark und tief hinein in das glänzende rosa Fruchtfleisch, mit nur einem Hauch von Kardamom und kieferartigem Wacholder im Hintergrund. Da sind auch noch weitere Botanicals wie Weihrauch, aber sie sind nur die Helfer für den Star: die Grapefruit.

SILENT POOL RARE CITRUS

43 VOL.-%

ALBURY, ENGLAND

GESCHMACK

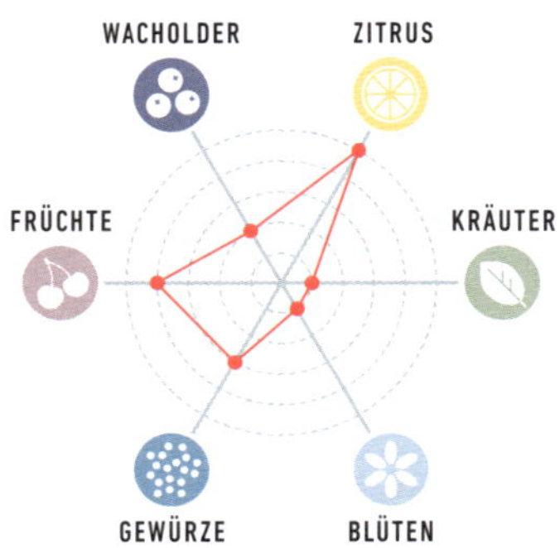

In diesem Gin ist wirklich eine Menge los – wortwörtlich. Es gibt 21 Botanicals, einige liegen im Kessel, andere hängen im Korb im Dampf. Vier weitere werden separat destilliert und später hinzugefügt: Natsudaidai, Hirado Buntan und Buddhas Hand sind die seltenen Zitrusfrüchte, denen der Gin seinen Namen verdankt, Nummer vier ist die Bitterorange.

Die Zitrusnoten werden vom pfeffrigen Geschmacksprofil aus Sansho-Pfeffer, Szechuan-Pfeffer und Voatsiperifery-Pfeffer ausbalanciert. In Kombination ist das einfach köstlich: süße und säuerliche Zitrusfrucht, warmer Pfeffer, eine Spur Wacholder und ein Hauch Lavendel, der alles zusammenhält.

TANQUERAY NO. TEN

47,3 VOL.-%

CAMERON BRIDGE, SCHOTTLAND

GESCHMACK

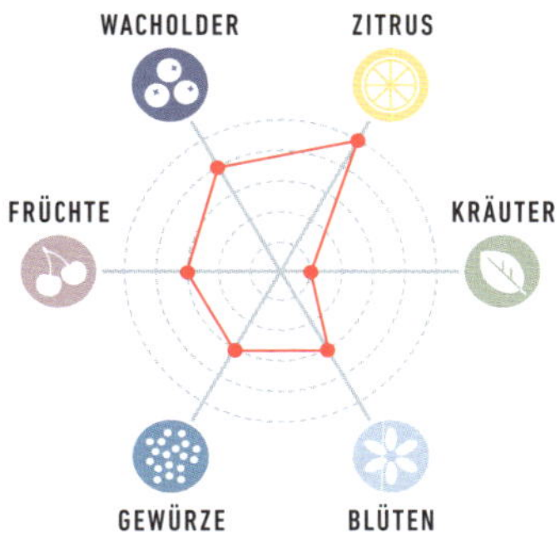

Wenn der Tanqueray London Dry beweist, dass ein großartiger Gin nicht teuer sein muss, zeigt der No. Ten, was geht, wenn er etwas mehr kosten darf: Es ist ein wahrhaft fantastischer Gin.

Das Zitrusherz ist aus frischen Orangen, Limetten und Grapefruits gebrannt und dann mit Kamille, geviertelten frischen Limetten und dem klassischen Tanqueray-Mix aus Wacholder, Engelwurz, Süßholz und Koriander erneut destilliert. Die Brenner trennen den Nachlauf frühzeitig ab, um die Zitrusnoten stärker zu betonen. Das merkt man unmittelbar in der Nase: Limette und Grapefruit hüpfen über erdig-blumige Kamille und holzigen Wacholder. Dieser Gin ist komplex, abgerundet, herb-säuerlich und lebhaft. Und er passt perfekt zu nahezu jedem Cocktail.

WA BI

47 VOL.-%

MINAMISATSUMA, JAPAN

GESCHMACK

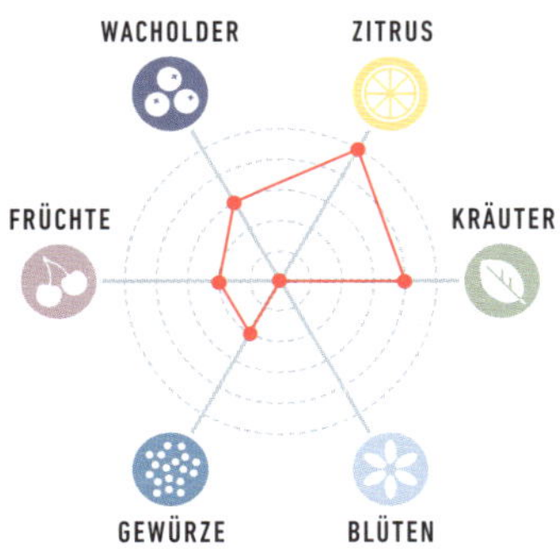

Dieser Gin kommt aus Minamisatsuma nahe Kagoshima an der südwestlichen Spitze der japanischen Insel Kyushu. Mit Ausnahme des Wacholders (importiert aus Albanien und Nordmazedonien) sind alle Botanicals heimisch: Hetsuka Daidai (eine Art Bitterorange), Yuzu und Kumquat, Zimtblatt, Muschelingwer, Grüntee und Shiso (auch Perilla genannt).

Der Gin liefert florale und parfümierte Zitrusnoten in der Nase, mit sanftem Wacholder im Hintergrund und einer leichten, kräuterigen, minzig-grasigen Note vom Shiso. Am Gaumen kommt mehr Würze mit einem Kick von Bitterorange und Kumquat, bevor sich Wacholder und Shiso wieder in den Vordergrund schieben.

KRÄUTERLASTIGE GINS

Diese Gins nehmen uns mit – in die Macchia am Mittelmeer mit seinen summenden Insekten, in ein japanisches Teehaus mit seinem beruhigenden, leicht rauchigen Duft nach grünem Tee oder an die windumtosten Küsten der Hebriden. Die Kräuternoten dieser Gins sind immer gegenwärtig.

BOTANICALS

Den Brennern steht eine Vielzahl von Kräutern zur Verfügung: Basilikum, Lorbeerblatt, Zitronenmyrte, Majoran, Rosmarin, Shiso (eine japanische Minzeart) und Thymian. Dazu kommen verschiedene Grüntees. Auch wenn Gurke und Fenchel keine Kräuter sind, schmecken sie doch so, als sollten sie welche sein.

BASILIKUM

LORBEERBLATT

SHISO

ZITRONENMYRTE

ROSMARIN

MIXER	GARNITUREN	COCKTAILS	MEHR GINS
FEVER-TREE Aromatic Tonic Water	**APFEL**	**BIJOU** siehe S. 125	**KYRÖ**
FRANKLIN & SONS Rosemary and Black Olive	**LORBEERBLATT**	**ENGLISH GARDEN** siehe S. 132	**VARA HIGH DESERT**
STRANGELOVE Dirty Tonic Water	**ROSMARIN**	**GIN FIZZ** siehe S. 137	**WYE VALLEY**
			CONNIPTION AMERICAN DRY

THORALM GIN

44 VOL.-%

STROBL, ÖSTERREICH

GESCHMACK

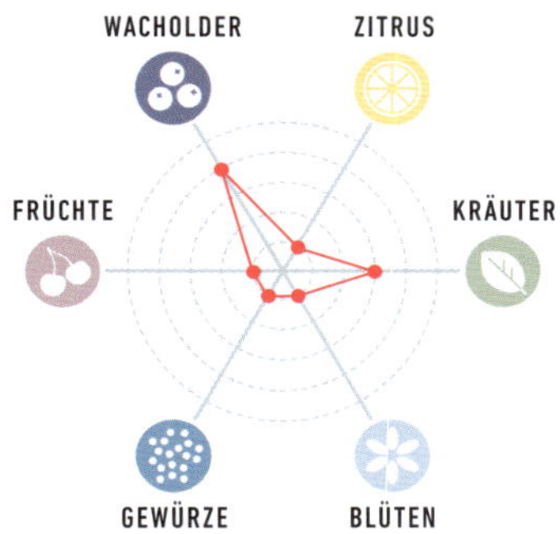

Namensgeber und Heimat dieses Gins ist die Thoralm, gelegen auf 1400 m Höhe im österreichischen Salzkammergut. Sieben heimische Kräuter (Bergwacholder, Blutwurz, Schafgarbe, Spitzwegerich, Brennnessel, Zitronenmelisse und Rotklee) direkt von den Almwiesen und reinstes Bergquellwasser aus der eigenen Quelle: Das sind die Zutaten, aus denen in der Thoralm-Manufaktur im traditionellen Verfahren ein Gin gebrannt wird. Er passt perfekt in die idyllische Landschaft: unaufgeregt, naturverbunden und aufs Wesentliche reduziert, schnörkellos schlicht und genau dadurch besonders.

2023 wurde er in London zum Gin des Jahres gekürt.

135° EAST HYOGO DRY

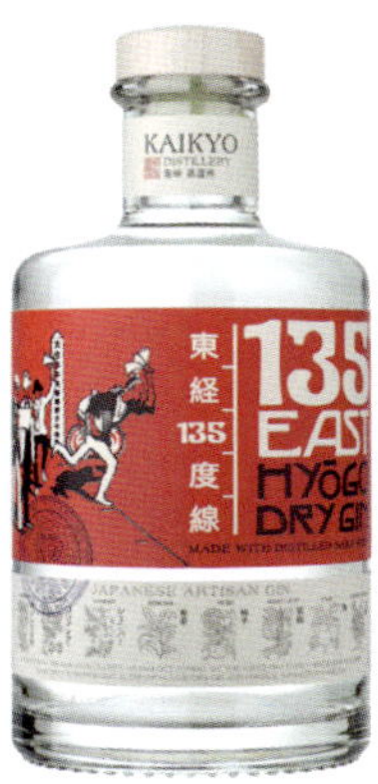

42 VOL.-%

AKASHI, JAPAN

GESCHMACK

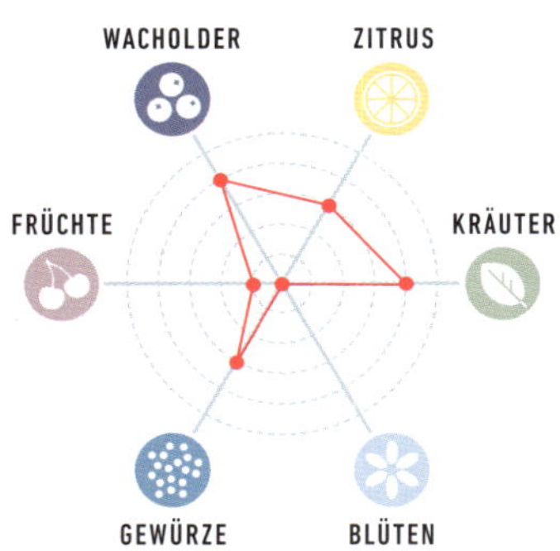

Dieser Gin verbindet traditionelle Botanicals mit typisch japanischen Zutaten wie Ume, Yuzu, Shiso, Sansho-Pfeffer und Sencha und einem Schuss Sake-Destillat. Einige oder alle (das ist nicht ganz klar) sind vakuumdestilliert, was den Gin klar, leicht, laubig und frisch macht.

Am Anfang steht ein Mix aus Zitrus und Gewürz, dann folgt eine krautige Grünteenote, die sich zur Klimax steigert und bis zum zarten Finish anhält. Verdünnt kommen sanfte, aromatische Gewürznoten und ein pfeffriger Biss auf, der den Nachklang belebt. Es gibt exotische Noten, die geschickt eingebunden sind. Der Gin ist angesichts seiner Stärke recht weich.

COTSWOLDS DRY

46 VOL.-%

STOURTON, ENGLAND

GESCHMACK

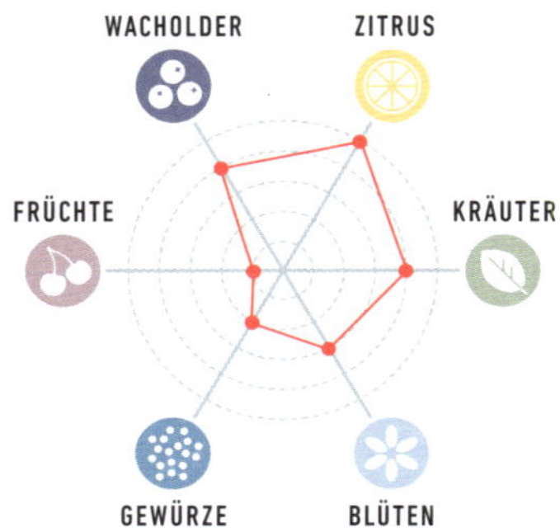

Dieser Gin steckt so voller Botanicals, dass er sich trüben kann (siehe S. 62–63), wenn man ihn verdünnt. Das ist nichts Schlechtes, spricht es doch nur für reichlich ätherische Öle und Geschmack. Verkosten Sie ihn und Sie werden sehen, wovon ich rede.

In der Nase führt Wacholder vor schwarzem Pfeffer, Kardamom und Grapefruit. Am Gaumen ist er weich mit Grapefruit und Lavendel, dann folgen wurzelige Wärme, Lorbeerblatt und Kardamom. Am Ende stehen ausdauernder Wacholder, Lavendel und Limette. Insgesamt eine schöne Ausgewogenheit und Komplexität an der Schwelle zu kräuterig-erdig aromatisch. Perfekt mit Tonic Water. Gönnen Sie ihm ein Lorbeerblatt und eine Grapefruitspalte als Garnitur.

DEATH'S DOOR

47 VOL.-%

CAMBRIDGE, WI, USA

GESCHMACK

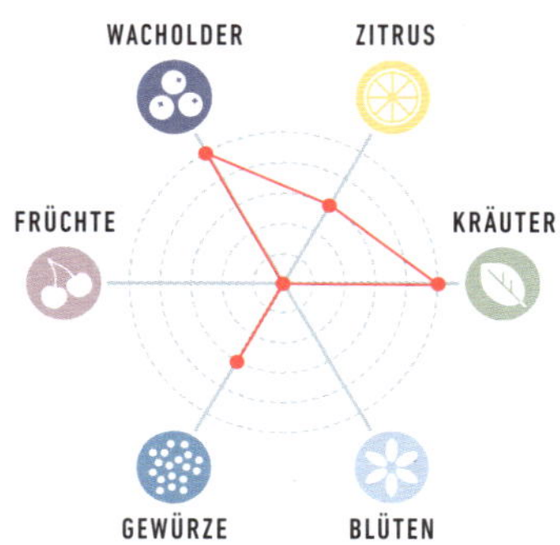

Death's Door ist ein Mix aus nur drei Botanicals: Wacholder, Koriander und Fenchel, die zum Teil in den Kessel kommen und zum Teil im Dampfkorb landen. Das Aroma ist insgesamt kräuterig, aber auch breit mit Zitrus vom Koriander, Anis vom Fenchel und holzigem Wacholder als Unterfütterung.

Die alkoholische Wärme ist da, wie man es bei der Stärke auch erwarten darf. Er ist am Gaumen feurig, als könnte keine der Noten es abwarten, Ihr bester Freund zu werden: kieferartiger Wacholder, duftig kräuterwürziger Fenchel, zitrustöniger Koriander und erdiges Gewürz. Dieser Gin ist schon pur eine reine Freude, in Cocktails blüht er dann so richtig auf.

FOUR PILLARS OLIVE LEAF

43,8 VOL.-%

HEALESVILLE, AUSTRALIEN

GESCHMACK

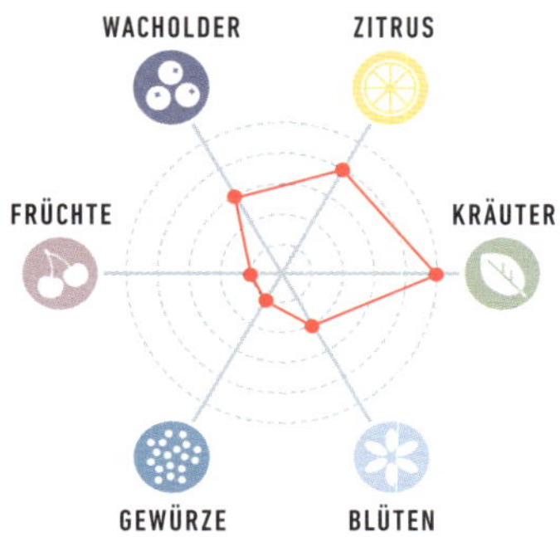

Wenn auf dem Etikett Olivenblätter und Australien erwähnt werden, will ich einen klaren, frischen, modernen und herzhaften Gin. All das und mehr bekomme ich hier. Die prominenten Olivenblätter werden als Tee aufgegossen und geben dem Gin krautig grüne Noten und leichte Tannine. Darüber liegt natives Olivenöl von den drei Sorten Picual, Hojiblanca und Coratina.

In der Nase entdeckt man zuerst Oliven, dicht gefolgt von Kräuter- und Zitrusnoten vom Zitronenstrauch und Untertönen von nussiger Süße und Lorbeerblatt. Grapefruit und Lavendel beleben den Gaumen und bewahren ihn vor zu viel Wuchtigkeit.

GIN MARE

42,7 VOL.-%

VILANOVA I LA GELTRÚ, SPANIEN

GESCHMACK

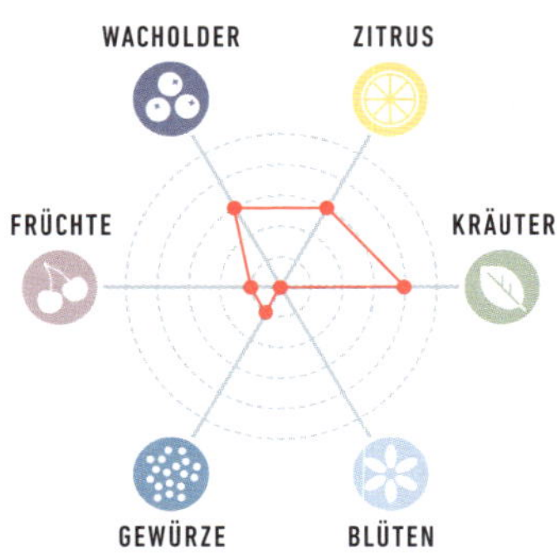

Offenbar weichen die Brenner Bitter- und Süßorangenschalen mit Zitronen aus dem regionalen Anbau ein Jahr lang in neutralem Alkohol ein, bevor sie diesen Gin brennen. Man könnte also denken, dass hier die Zitrusnoten dominieren, aber stattdessen stehen die Kräuter im Rampenlicht.

Basilikum, Rosmarin und Thymian umtanzen einander von Anfang bis Ende und übernehmen umsichtig die Führung. Tonic Water sorgt für Ordnung und lässt das Basilikum glänzen, während sich die Kräuternoten bis zum Ende halten. Der Wacholder hält sich dabei eher im Hintergrund.

KI NO TEA KYOTO DRY

45,1 VOL.-%

KYOTO, JAPAN

GESCHMACK

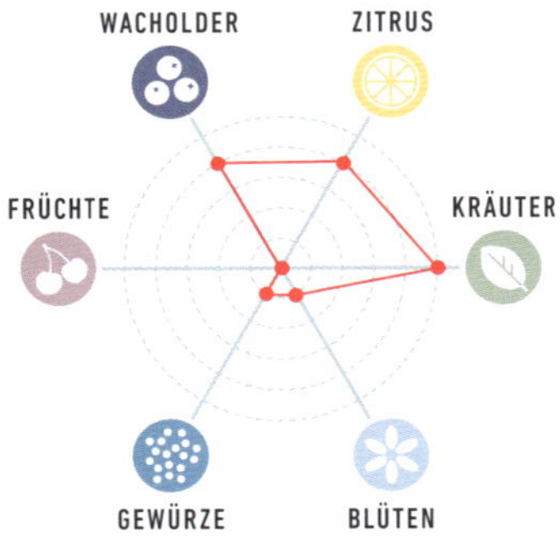

Die Kyoto Distillery produziert diesen Gin gemeinsam mit dem Teeanbauer Horii Shichimeien. Er besteht aus zwei Teesorten aus dem Teegarten Okunoyama aus dem 14. Jahrhundert: Tencha liefert strahlend grüne Matchanoten, während Gyokuro tiefere, vollere Noten mit herzhafter Kante beiträgt. Zusammen mit Yuzu und Japanischer Rotkiefer ergibt das einen überragenden Gin.

Das Aroma ist unverkennbar kräuterig, offenbart aber mit der Zeit eine tiefere Komplexität mit Noten vom Shōchū-Basisalkohol (siehe S. 67) und Yuzu. Der Gaumen entwickelt sich von sanftem, fast süßem Matcha über duftige, herbe Yuzu und Kiefer hin zu Wacholder. Der Nachklang ist lang und ausdauernd mit Noten von geröstetem Grüntee. Ein reines Vergnügen.

KOMASA GIN HOJICHA

45 VOL.-%

HIOKI, JAPAN

GESCHMACK

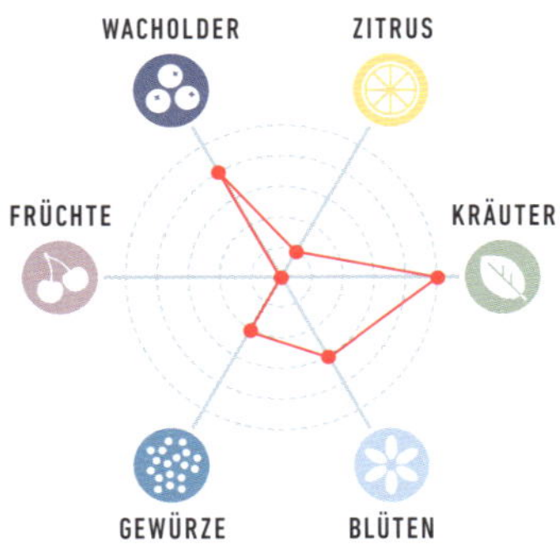

Das ist mal etwas anderes – komplex, sogar ein bisschen schwierig, aber ich liebe es. Hochija, grüner Tee, dem durch Rösten die Bitterkeit genommen wurde, dominiert das pflanzliche, rauchige und beinahe jodhaltige Aroma. Es besteht außerdem aus Nori-Seetang (der auch für Sushi verwendet wird), gefolgt von holziger Kiefer und Wacholder.

Die rauchige Fülle des Grüntees ist am Gaumen deutlich spürbar, dazu kommen Koriander- und Kräuternoten. Der Nachklang dauert an und entwickelt eine Spur von Süßholz. Die Brenner verwenden lokal gebrannten Shōchū (siehe S. 67) als Basisalkohol und infundieren die Botanicals einzeln für den optimalen Geschmack.

MEDITERRANEAN GIN BY LÉOUBE

41,5 VOL.-%

BORMES-LES-MIMOSAS, FRANKREICH

GESCHMACK

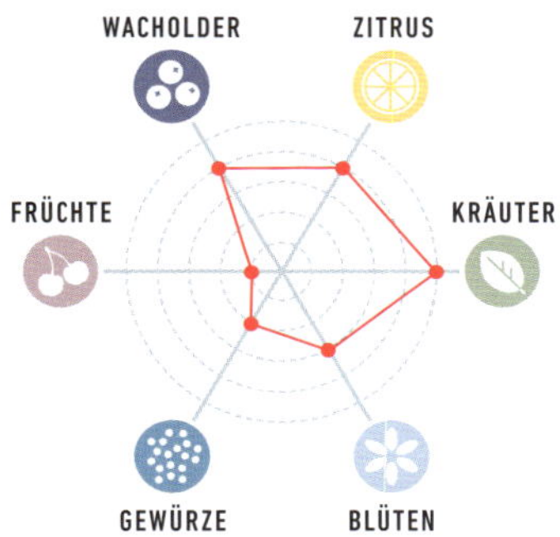

Wenn dies das Ergebnis separater Destillation ist, bin ich voll und ganz dafür. Die tiefen Noten sprechen auf einer ganz instinktiven Ebene an und sind jede für sich klar erkennbar. Das Aroma sprüht vor Rosmarin, Oliven und Orange und versetzt einen sofort in die sonnige Heidelandschaft der südfranzösischen Garrigue. Der Geschmack ist einfach wunderbar. Da sind Rosmarin und Orange, aber auch blumige Noten und eine breite Fülle sanfter, kräuteriger Wärme, die sich zu Wacholdernoten auflöst.

Der Nachklang ist lang mit Fenchel und einem Rosmarin-Menthol-Kick. Tonic Water besänftigt alles und gibt leichteren Zitrus- und floralen Noten mehr Raum. Hinreißend.

O'NDINA

45 VOL.-%

ITALIEN

GESCHMACK

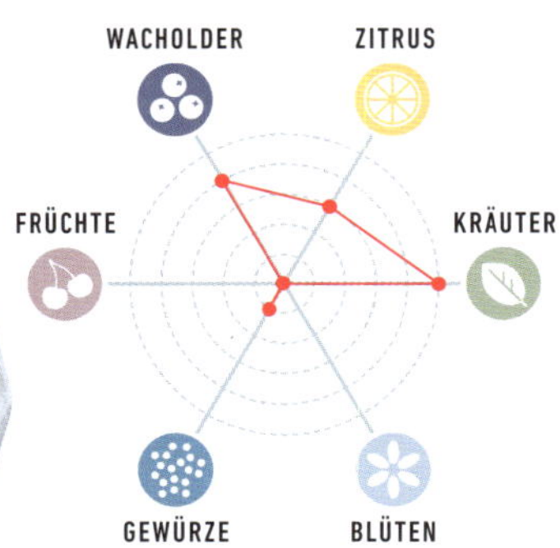

Dies ist ein italienischer Premium-Gin der Campari-Gruppe, die sich über Herstellung und Produktionsort ausschweigt. Wir wissen aber, dass er 19 Botanicals enthält, darunter Wacholder, Basilikum, Fenchelsamen, Majoran, Muskat, Orange und Zitrone.

Er ist leicht und erfrischend mit starken Noten von Basilikum, Fenchel und möglicherweise Thymian. Ein kräftiger Funken von Orangensäure macht die Sache interessant, während erdige, aromatische Wärme das Fundament bildet. Tonic Water öffnet das Profil und bringt die Kräuter nach vorn. Das Ganze ist insgesamt ausgewogen. Die Kräuter sind nicht dominant, sondern insistieren nur leise. Angesichts des Produzenten ist ein Negroni (siehe S. 142) eine gute Idee.

ROKU

47 VOL.-%

OSAKA, JAPAN

GESCHMACK

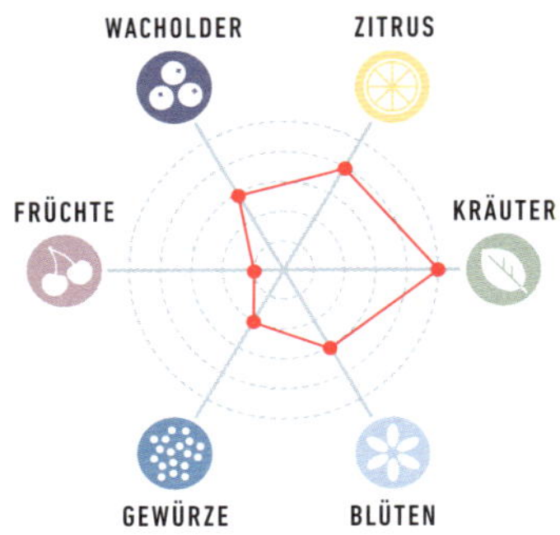

Roku bedeutet auf Japanisch »Sechs« und so steht der Name für seine sechs japanischen Botanicals: Sansho-Pfeffer, Yuzu-Schale, Kirschblüte, Kirschblatt und zwei Sorten Grüntee (Sencha und Gyokuro).

Kräuteriger Tee und Zitrusfrucht liegen in der Nase. Darunter entdeckt man rauchigen Pfeffer und einen leicht floralen Charakter. Das alles ist wunderbar ausgewogen. Am Gaumen brandet eine Welle von Yuzu, Wacholder und Grüntee an, die in einer leichten Kräuterbitterkeit und einer Note gipfelt, die an Grapefruitschale erinnert (die hier gar nicht vorkommt – vermutlich ist es die Kombination aus Yuzu und Bitterorange). Kieferntöniger Wacholder und duftige Kirschblüte bilden einen schönen Abschluss.

SEVEN HILLS (VII) ITALIAN DRY

43 VOL.-%

MONCALIERI, ITALIEN

GESCHMACK

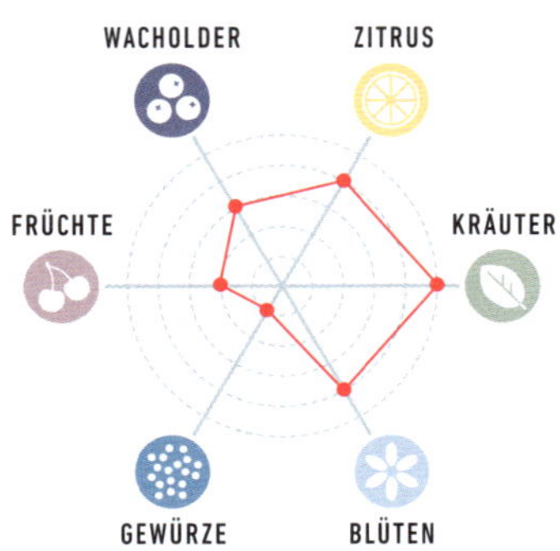

Mit den »sieben Hügeln» ist offenbar nicht Rom gemeint. Denn dieser Gin wird nahe Turin im Piemont gebrannt. Zumindest die Kamille ist römisch. Es gibt insgesamt sieben (!) Botanicals, die übrigen sechs sind Wacholder, Staudensellerie, Hagebutte, Granatapfel, Blutorange und Artischocke – alle bei 65 °C vakuumdestilliert.

Das Geschmacksprofil ist einzigartig, voll und elegant. In der Nase ist der Gin leicht kräuterig mit Zitrusnoten und sanftem Wacholder und einer faszinierenden Tiefe von Kamille und Hagebutte. Früher brannte man mit Zuckerrohrdestillat, das wurde mittlerweile durch neutralen Getreidebrand ersetzt.

THE BOTANIST ISLAY DRY

46 VOL.-%

BRUICHLADDICH, ISLAY, SCHOTTLAND

GESCHMACK

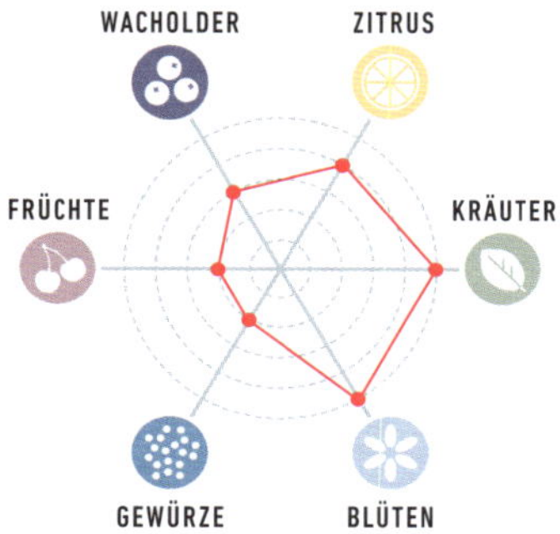

Die Herstellung dieses Gins ist »unglaublich langwierig«, was an den unfassbaren 31 Botanicals liegen mag. Neun alte Bekannte landen im Kessel, andere werden im Dampf destilliert: drei Arten Minze, Ginster, Labkraut, Rainfarn, Süßdolde … Was ich damit sagen will: Nehmen Sie sich Zeit für die Verkostung. Dies ist angesichts der vielen Botanicals ein überraschend feiner Gin, er lohnt eine geduldige Erkundung.

Den Anfang bilden honigtönige und kräuterige Noten von weichem Zitrus und Wacholder. Mädesüß und Labkraut bauen sich am Gaumen zu einer Kräutersymphonie auf, während der Gagelstrauch ein Solo hat. Den Nachklang bilden Kamille und weicher Wacholder, gefolgt von mehr sanften Zitrus- und Kräuternoten. Wundervoll.

XORIGUER MAHÓN

38 VOL.-%

MAHÓN, MENORCA, SPANIEN

GESCHMACK

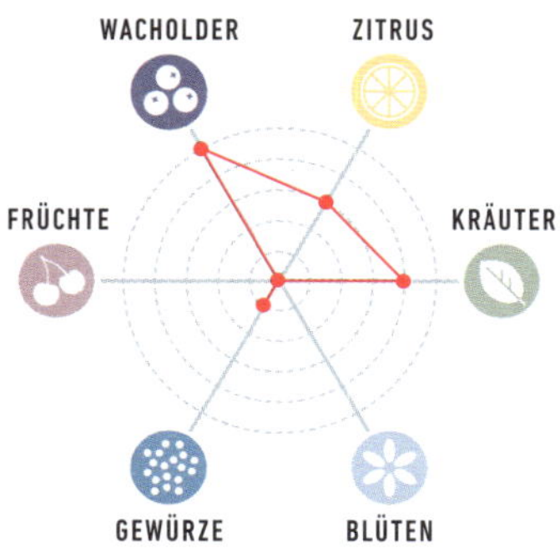

Dieser Gin ist ein Kracher. Kieferartiger Wacholder hat das Kommando, darunter wirken alle Arten von köstlichen Kräuter- und Zitrusnoten. Aus den Dokumenten zur EU-Registrierung als geografisch geschützte Angabe geht hervor, dass der Gin in holzbefeuerten Kupferbrennblasen destilliert wird und Wacholderbeeren in den Kessel kommen.

Die rechtlichen Bestimmungen verbieten weitere Aromastoffe oder Extrakte, aber die Website des Herstellers verkündet, dass »weitere Aromaten« in den Dampfkorb kommen, die aber »ein gut gehütetes Geheimnis« sind. Wenn es sich dabei also nicht schlicht um mehr Wacholder handelt, weiß ich nicht, was hier abgeht … mit Ausnahme von sehr viel großartigem Geschmack.

BLUMIGE GINS

Bei dem Wort »blumig« taucht die Vorstellung eines englischen Bauerngartens im Frühsommer auf. Folgend finden sich einige Gins, die genau das einfangen. Aber »blumig« kann hier auch sonniges Südfrankreich oder südafrikanischer Fynbos bedeuten.

BOTANICALS

Die vielleicht häufigste Quelle für blumige oder florale Aromen ist die Veilchenwurzel. In kleinen Mengen ist sie in vielen Gins vorhanden, aber sie kann auch deutliche Veilchennoten geben. Weitere blumige Botanicals sind unter anderem Kamille, Holunderblüte, Hibiskus, Strohblume, Jasmin, Lavendel, Mimose, Rose und Schafgarbe.

VEILCHENWURZEL

MIMOSE

HOLUNDERBLÜTE

HIBISKUS

LAVENDEL

MIXER	GARNITUREN	COCKTAILS	MEHR GINS
LONG RAYS Premium Australian Pacific Tonic	**GRAPEFRUIT**	**AVIATION** siehe S. 123	**ADNAM'S COPPER HOUSE**
LUSCOMBE Light Tonic Water	**KAMILLE**	**BEE'S KNEES** siehe S. 124	**BLUECOAT ELDERFLOWER**
TOP NOTE Bitter Lemon Tonic Water	**STERNANIS**	**FRENCH 75** siehe S. 133	**RIVER TEST LONDON DRY**
			DOROTHY PARKER

44°N

44 VOL.-%

ROURE, FRANKREICH

GESCHMACK

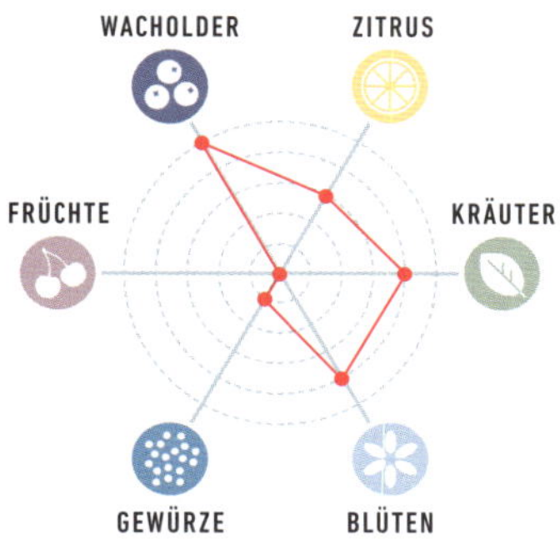

Ich bin mir ziemlich sicher, dass man Sonnenschein nicht destillieren kann, aber irgendwie schaffen Comte de Grasse genau das. Das Aroma des 44°N ist ein duftiger Gruß von der Côte d'Azur, ein komplexer und intensiver Batzen Blüten, getrockneter Gräser und Zitrusfrucht. Die Blüten dominieren auch am Gaumen, gestützt von einem kräuterigen, kiefertönigen Rückgrat. Der Wacholder ist leicht, frisch und sonnengeküsst.

Der Gin wird in einer Parfüm-Destillerie aus dem Jahr 1820 mit allen möglichen Tricks der Parfümeure hergestellt: Ultraschallmazeration, Vakuumdestillation und überkritische Extraktion. Neben den üblichen Botanicals findet man hier Küstenschätze wie Stechwacholder, Italienische Immortelle, Zentifolie und Queller.

AVIATION

42 VOL.-%

PORTLAND, OR, USA

GESCHMACK

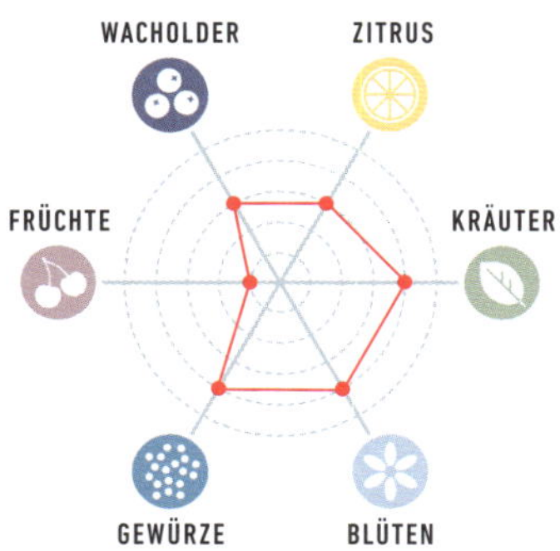

Dieser Gin war einer der ersten New Western Gins (siehe S. 74), die ihren Wacholder zugunsten der übrigen Botanicals zurückfuhren. Er bietet eine subtile, interessante Komplexität. In der gut abgerundeten Nase führen Zitrus und erdige Würze, gefolgt von einer holzig-floralen Note, die sich zu einem leichten Mentholaroma wie von Wintergrün aufbaut – das kommt vermutlich von der Sarsaparilla. Wenig überraschend findet man hier nur einen Hauch von Wacholder und daran ändert sich auch am Gaumen nichts.

Tonic Water belebt den Gin und bringt Bitterorange und Lavendel hervor, darf aber nicht überdosiert werden. Ein guter Drink ist der gleichnamige Cocktail (siehe S. 123).

COTSWOLDS NO. 1 WILDFLOWER

41,7 VOL.-%

STOURTON, ENGLAND

GESCHMACK

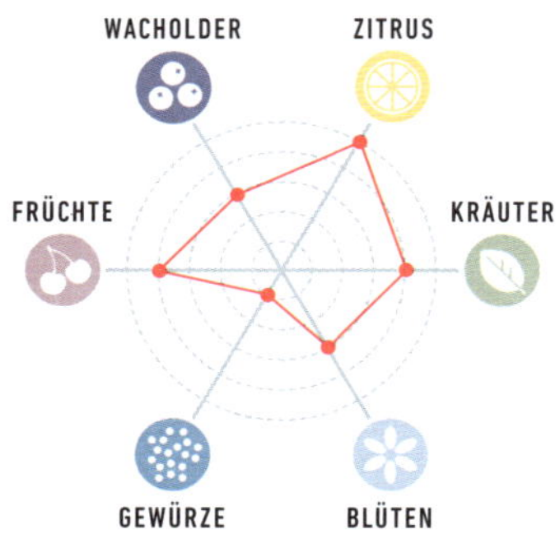

Dies ist ein mutiger und origineller Gin, der Blumigkeit mal anders zeigt. Hier gibt es keine lieblichen englischen Gärten, sondern eher eine Fusion aus Wildblumenwiese und sonnendurchflutetem Zitrushain. Die Basis ist der Cotswold Dry Gin (siehe S. 176), dazu kommen Kornblumen, Lavendel, Orange und Rhabarber, die alle einzeln verarbeitet und erst zum Schluss vermählt werden.

Da ist ein leicht dunkles blumiges Aroma von Orange und Wacholder. Am Gaumen ist der Gin weich und ölig, ein wenig stark, mit fruchtigen Orangennoten, die sich zu einem bittersüßen Orangen- und erdigen Rhabarber-Finish mit floralen Obertönen steigern. Tonic Water passt ebenso gut dazu wie Limonade.

EAST LONDON KEW GIN

42 VOL.-%

LONDON, ENGLAND

GESCHMACK

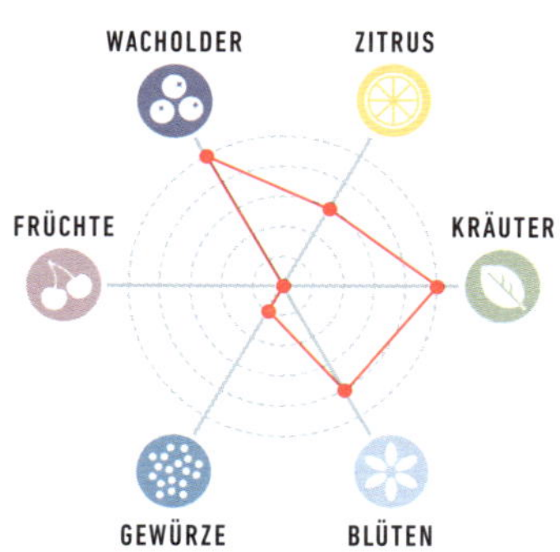

Dieser Gin ist von der East London Liquor Co. als freundschaftlicher Gruß an West London auf der anderen Seite der Stadt gedacht. Er wird mit Douglas-Fichte und Lavendel gemacht, den der Chefbotaniker der Königlichen Botanischen Gärten von Kew von Hand pflückt. Der Gin enthält insgesamt acht Botanicals – die übrigen sechs sind Wacholder, Koriander, Süßorange, Engelwurz, Fenchelsamen und Süßholz.

Das Aroma startet kräuterig mit Korianderwürze, dann entfalten sich allmählich Orange und blumiger Lavendel. Die Zitrusnote ist am Gaumen stärker, der trotz des leicht höheren Alkoholgehalts weich bleibt. Insgesamt eine schöne Balance von Kräuter- und Blumennoten und strahlender Zitrusfrucht.

GIN SUL

43 VOL.-%

HAMBURG, DEUTSCHLAND

GESCHMACK

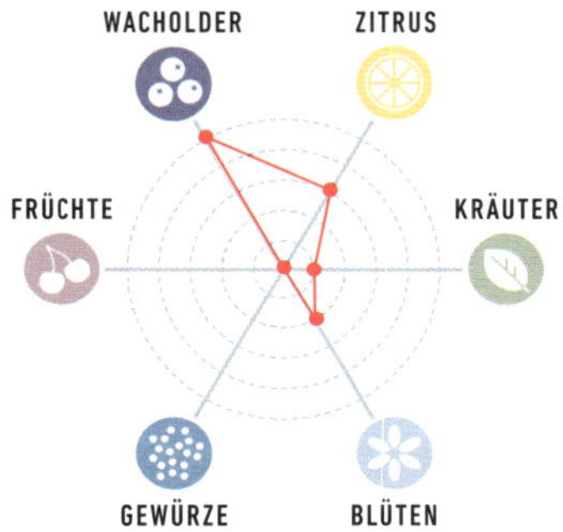

Destilliert wird Gin Sul in der Altonaer Spirituosen Manufaktur. Wie der Name verrät (*sul* ist portugiesisch für »Süden«), hat er seine Wurzeln aber fast 3000 km weiter südlich, an der Costa Vincentina im Südwesten Portugals. Und das schmeckt man: Feiner Wacholder, Koriandersaat, frische Zitronen, Zimt, Piment, Lavendel, Rosenblüten und weitere handverlesene Botanicals laden zu einem Spaziergang der Sinne an der Steilküste der Algarve ein. Das Ziel: Die Saudade, das portugiesische Lebensgefühl im Gin Sul zu konservieren.

Das Hamburger Original wird zum Schutz der zarten Aromen des Gins in die typisch weißen Tonflaschen abgefüllt.

G'VINE FLORAISON

40 VOL.-%

MERPINS, FRANKREICH

GESCHMACK

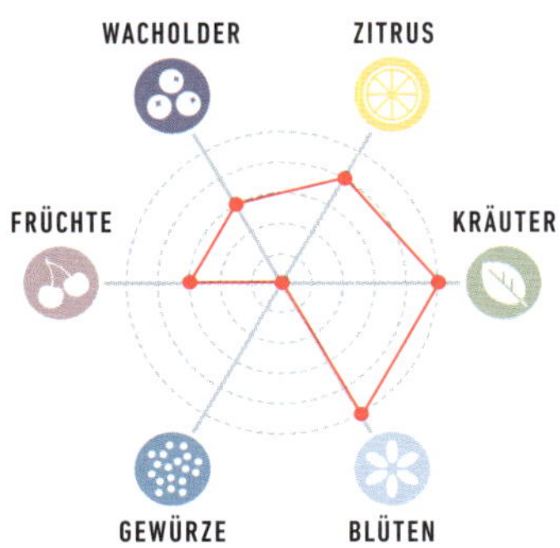

Dieser Gin ist nach der kurzen Blütesaison der Weinrebe benannt – in diesem Fall der Ugni Blanc. Sowohl Blüten als auch Trauben finden ihren Weg in den Gin, dazu kommen noch Ingwer, Kubebenpfeffer, Muskat, Süßholz und einige der üblichen Verdächtigen. Auch der Basisalkohol stammt von Weintrauben.

Der Gin ist in der Nase leicht, kräuterig und blumig mit grasigen Zitrusnoten und Weißweincharakter. Am Gaumen wird er etwas schwerer, erst ölig, dann cremig mit deutlich durchscheinender Weintraube. Der Nachklang ist relativ zart.

HENDRICK'S

41,4 VOL.-%

GIRVAN, SCHOTTLAND

GESCHMACK

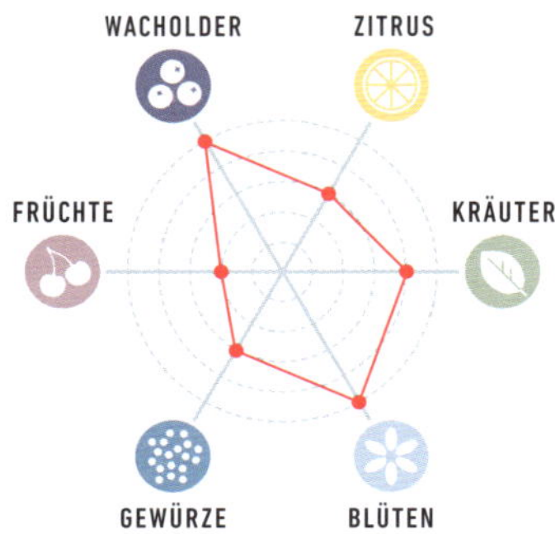

Viele Kritiker sprechen davon, wie blumig und krautig dieser Gin ist. Das ist er auch, aber für mich kommt der Wacholder an erster Stelle, gefolgt vom Kubebenpfeffer. Erst dann entdecke ich Rose und Kamille. Am Gaumen ist die Reihenfolge umgekehrt: eine große Welle Rose, dann ein süßer Nebel von Schafgarbe und Holunder, schließlich Gewürze und Wacholder.

Der Nachklang ist lang mit Gurkenschwaden über sanfter alkoholischer Wärme und anhaltender Komplexität. 1999 war er wegweisend. Und er ist bis heute ein sehr guter Gin, auch wenn sein Geschmacksprofil nicht mehr so ungewöhnlich erscheint.

INVERROCHE CLASSIC

43 VOL.-%

STILL BAY, SÜDAFRIKA

GESCHMACK

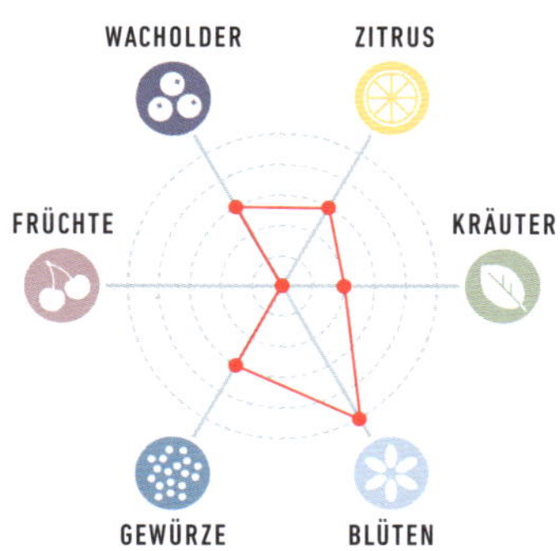

Dieser Gin stammt aus dem südafrikanischen Fynbos an den Kalksteinhügeln des Westkaps. Fynbos ist keine Pflanze, sondern ein Biom mit über 9500 Arten, von denen 70 % nirgendwo sonst auf der Welt vorkommen.

Inverroches Gründerin Lorna Scott entschied sich für zitrustönigen Adenandra als Hauptgeschmack, der in der Nase Wacholder und sanfte Blüten beschwört. Dazu kommen Rose und eine sanfte Anisnote. Der Gaumen ist erdig und blumig mit holzigen Noten und einem würzigen, floralen Finish. Es gibt insgesamt 15 Botanicals, von denen acht geheim sind. Sie werden alle mit Zuckerrohrbrand dampfinfundiert.

LBD

43 VOL.-%

EDINBURGH, SCHOTTLAND

GESCHMACK

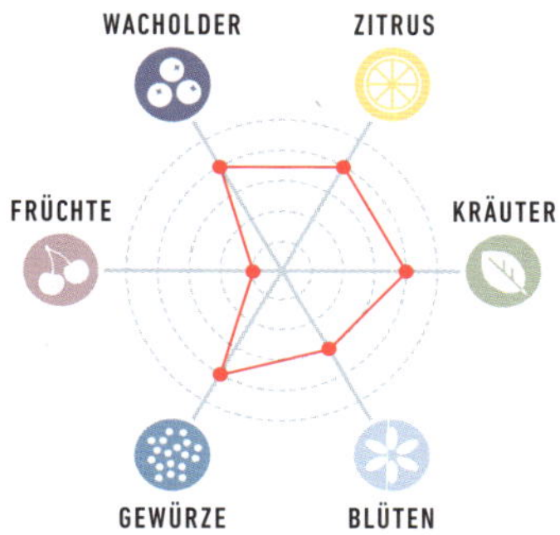

Little Brown Dog Spirits in Edinburgh verrät uns nicht nur die Botanicals in diesem Gin, sondern auch, wo sie wachsen und was sie zum Geschmack beitragen. Ich wünschte, das würden mehr Hersteller tun.

Der Gin platzt vor unzähligen Geschmacksrichtungen. Zitrusnoten stammen von den im Dampf hängenden Zitronen- und Grapefruitschalen, die sich den Korb auch mit Sauerklee und Buchenlaub teilen. Bienenbrot gibt am Gaumen eine süße und blumige Honignote. Pastinaken tragen zur Cremigkeit bei und liefern einen pfeffrigen Kick. Birkensaft gibt mineralische Noten und holzige Süße. Der Rhabarber schmeckt marmeladig, aber auch herb. Ein schöner kleiner Drink.

MELIFERA

43 VOL.-%

SAINT-GEORGES-D'OLÉRON, FRANKREICH

GESCHMACK

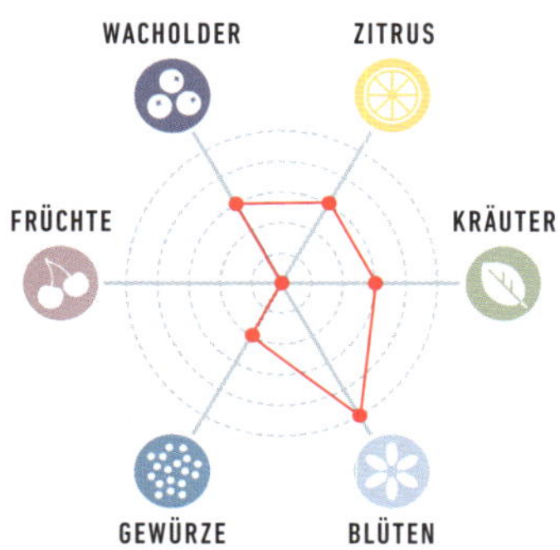

Der auf der Insel Oléron vor der französischen Südwestküste gebrannte Melifera beschwört die süßen Düfte eines Spaziergangs an der Küste. Man möchte einen ganzen Sommer lang darin baden. Er ist blumig, warm, mineralisch und leicht zitrustönig mit samtigem Wacholder und einem Hauch Küstenluft.

Immortelle, Enzian und Alisander geben zusammen am Gaumen einen floralen Kick, während sich unterhalb davon holzigere Aromen zu erdigem Kardamom und kampfertönigen blumigen Noten auslösen. Der Nachklang bringt blumige und Zitrusnoten, aber auch diesen frischen Küstencharakter (vermutlich von einem der zwei »geheimen« Botanicals). Der Gin ist so gut, dass sogar das leere Glas noch gut riecht.

MONKEY 47 SCHWARZWALD DRY

47 VOL.-%

LOSSBURG, DEUTSCHLAND

GESCHMACK

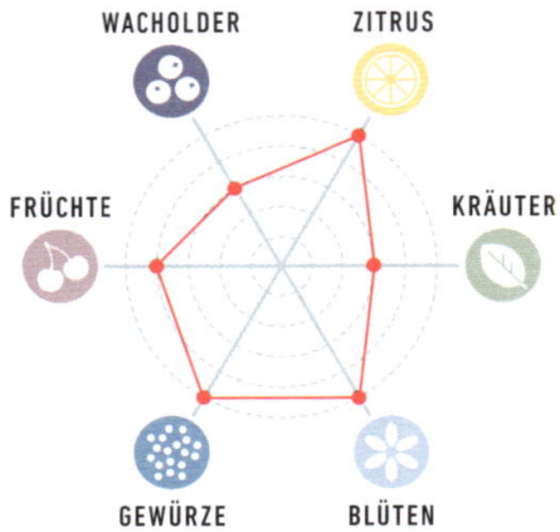

Wie soll man einen solchen Gin verstehen? Bei der Unmenge an Zutaten lässt sich das Aroma ungefähr so leicht festnageln wie Pudding an der Wand: Es geht nicht. Im weitestmöglichen Sinn ist dies aber ein Riesenschlag fruchtig-würzig-floralen Überschwangs.

Ich habe gleich zu Beginn Zitrus- und fruchtig-florale Pfefferaromen gefunden, dann kamen Beeren und mentholig-kampferartige Kräuter. Das kann bei Ihnen ganz anders sein. Bei 47 Botanicals ist jede mögliche Kombination vorstellbar. Das ist wohl für die meisten Cocktails zu viel, aber mit Tonic Water, in einem Dry Martini (siehe S. 131) oder pur auf Eis passt es perfekt.

PENRHOS DRY

40,5 VOL.-%

KINGTON, ENGLAND

GESCHMACK

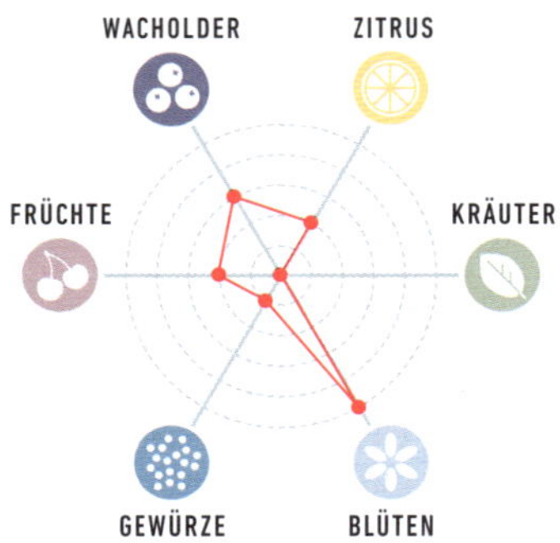

Penrhos klingt walisisch, ist es aber nicht: Die Destillerie steht im Apfelland Herefordshire. Äpfel sind keine drin, ihr Aroma schon. Ich fühlte mich in einen Hain von jungen Wacholdersträuchern und Kiefern am Rand eines Obstgartens im Frühling versetzt und konnte das Sonnenlicht auf dem taufeuchten Gras sehen.

Dieser Gin platzt vor Blüten, Beerenfrüchten, sanftem Wacholder und leichten Zitrusnoten. Am Gaumen folgt Tiefe mit rosa Pfefferkörnern, wärmenden Gewürzen und erdigem Kardamom, darüber erheben sich Bäume, deren Blüten die Luft mit Duft erfüllen. Das anhaltende Finish bringt Rosenblätter und Kamille, Wacholder und sanfte Orange, dann Hibiskus. Einfach wunderbar.

SANTA ANA

42,3 VOL.-%

CHARENTE, FRANKREICH

GESCHMACK

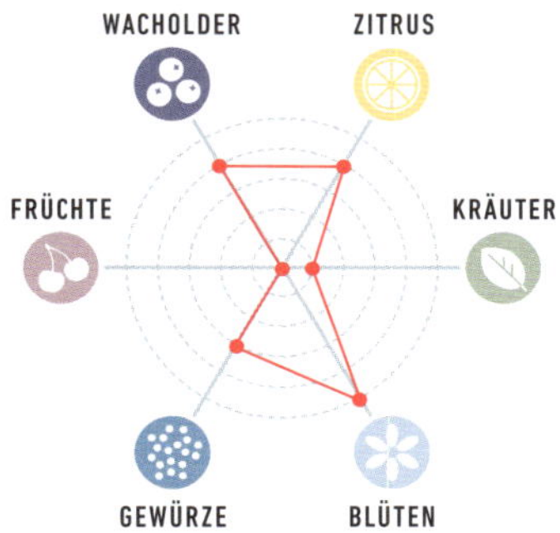

Santa Ana enthält einige ungewöhnliche Botanicals. Neben Wacholder, Bitterorange, Engelwurz, Veilchenwurzel und Fenchel entdeckt man Ylang-Ylang (auch in Chanel No. 5 zu finden), Echten Galgant und zwei tropische Zitrusfrüchte: Calamondinorange und Dalandan. Das alles ergibt einen im besten Sinn untypischen Gin.

Den Anfang machen bezaubernde tropische Blütennoten, bei denen ich an Bougainvillea an einem lauen Sommerabend denke. Die Zitrusnoten sind leicht und frisch. Weiche, erdige Würze sorgt für Tiefe und am Ende winkt der Wacholder zum Abschied.

SILENT POOL

43 VOL.-%

ALBURY, ENGLAND

GESCHMACK

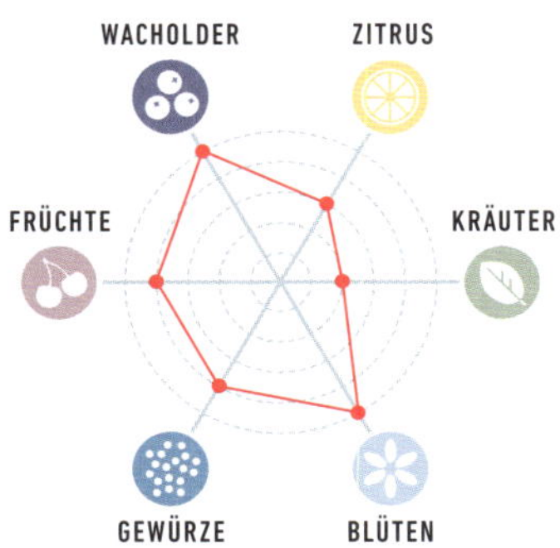

Dieser starke und komplexe Gin passt in eine Vielzahl von Geschmacksprofilen, für mich sind die blumigen Noten entscheidend. Wacholder ist stark, ohne zu dominieren. Es gibt ein tiefes Fundament aus erdigem Zimt und Kubebenpfeffer, darüber liegen Frucht- und florale Noten voller Kamille, Lavendel und Rose.

Der Gin durchläuft zwei Einweichphasen, dann geben die Brenner zusätzliche Botanicals in den Korb für die Dampfinfusion. Insgesamt sind es 24 Botanicals, darunter zwei Wacholderarten (bosnischer für den Kessel, nordmazedonischer für den Korb), getrocknete Birne, Honig, Kaffirlimettenblätter, Lindenblüten und Holunder. Das Resultat ist gut abgerundet und absolut köstlich.

FRUCHTIGE GINS

Hier geht es um Fruchtnoten abseits des Zitrushains. Die erste Station sind Beerensträucher, danach geht es weiter in den Obstgarten mit Äpfeln und Quitten. Es gibt Gins mit Schlehen und Hagebutten und sogar tropischen Noten aus dem Amazonas.

BOTANICALS

Beeren spielen wenig überraschend eine große Rolle: Heidelbeere, Brombeere, schwarze Johannisbeere, Himbeere, Vogelbeere, Erdbeere. Achten Sie auch auf Apfel, Quitte, Traube und sogar Melone. Aus Südamerika kommen noch Acai-Beere, Seje (eine Palmfrucht) und Túpiro.

HEIDELBEERE

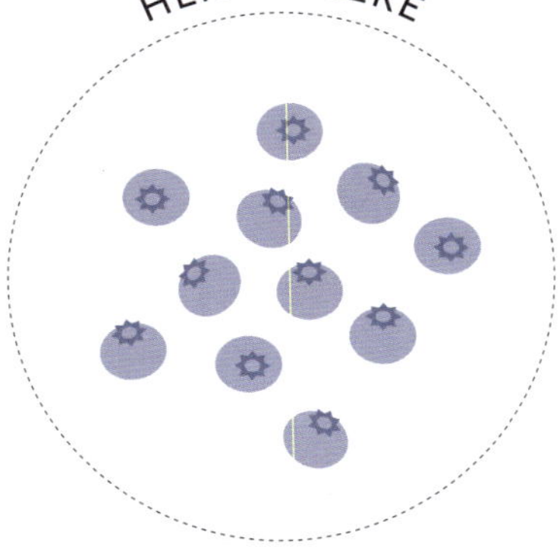

BROMBEERE

HIMBEERE

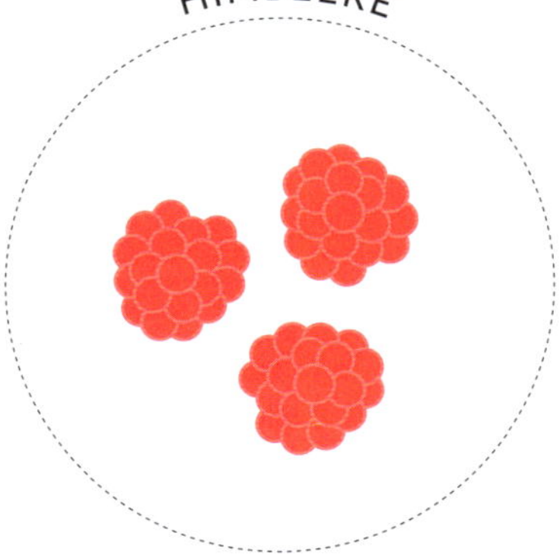

APFEL

QUITTE

MIXER	GARNITUREN	COCKTAILS	MEHR GINS
FRANKLIN & SONS Elderflower and Cucumber	**INGWER**	**CLOVER CLUB** siehe S. 128	**CAORUNN**
SANPELLEGRINO Tonica Oakwood	**LAVENDEL**	**GIN BASIL SMASH** siehe S. 136	**ELEPHANT SLOE**
DOUBLE DUTCH Pomegranate and Basil	**LIMETTE**	**SOUTHSIDE RICKEY** siehe S. 146	**YORK GIN ROMAN FRUIT**

BROCKMANS

40 VOL.-%

WARRINGTON, ENGLAND

GESCHMACK

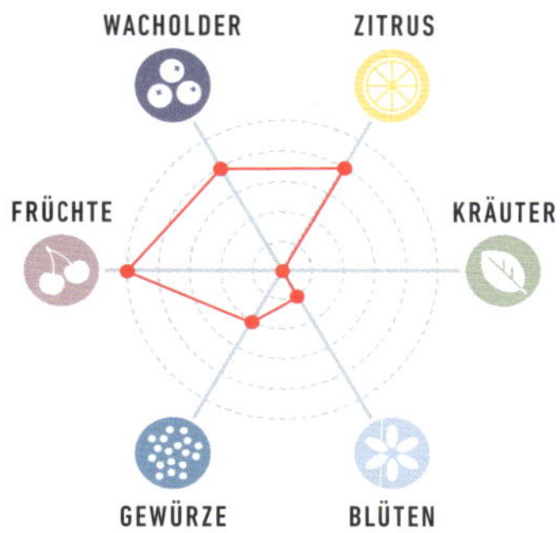

Dieser Gin nennt sich einen »Klassiker mit besonderer Note« und ich sehe das auch so. Zu den üblichen Verdächtigen kommen hier Heidel- und Brombeere, die sich auch prominent in der Nase wiederfinden. Darunter liegt kieferntöniger Wacholder, der von Zitrusnoten aufgelockert wird. Der Geschmack ist anfangs undefiniert, dann folgt eine Welle saftiger dunkler Beeren, gefolgt von Orange und Engelwurz über Süßholzsüße.

Bei »Beeren« denken Sie vielleicht »süß«. Ich meine eher: Der Nachklang ist trocken, mit sanftem Wacholder, einer Grasnote und ausdauernden Beeren. Mehr ein Gin mit Beeren als ein Gin mit Beerengeschmack.

BROOKIE'S BYRON DRY

46 VOL.-%

MCLEODS SHOOT, AUSTRALIEN

GESCHMACK

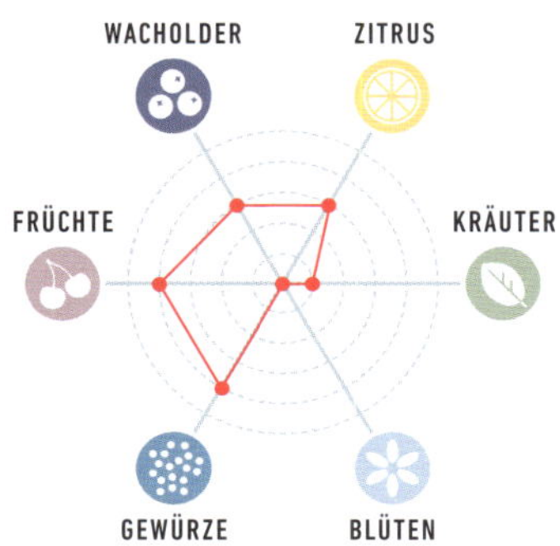

Dieser Gin würde auch ins Kapitel der erdigen Gins passen, aber ich beschreibe ihn hier wegen einer Himbeernote, die zu seiner Komplexität beiträgt und ihn ganz weit nach vorn bringt. Es gibt 25 Botanicals, von denen 17 im subtropischen Regenwald der australischen Byron Bay heimisch sind.

Auf der Liste finden sich Macadamianüsse, Fingerlimette, Anismyrte, Zimtmyrte und australische River Mint. Auf den Wacholder in der Nase folgt erdige und kräuterige Würze. Der Gaumen startet mit Zitrus und Himbeere, gefolgt von kräftigen, würzigen Noten von Ingwer und Anismyrte und einem warmen, pfeffrigen Finish.

CANAÏMA

47 VOL.-%

LA MIEL, VENEZUELA

GESCHMACK

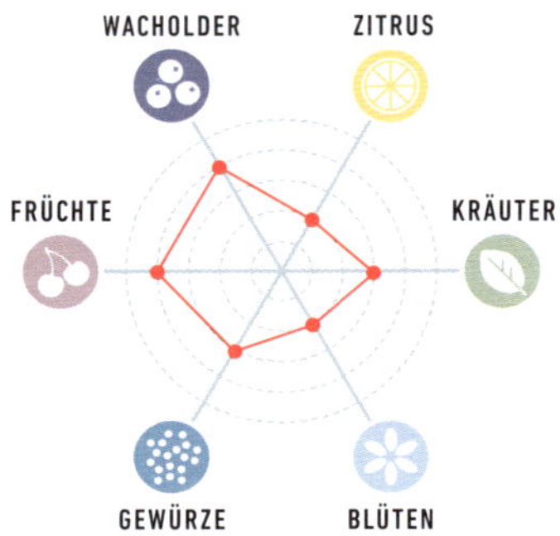

Dieser Gin aus der Heimat des Diplomático-Rums bietet einen schönen Mix aus tropischen und leicht pflanzlichen Noten, die an den üppigen, dampfigen Amazonas-Regenwald erinnern. Daneben finden sich hier recht feuriger Wacholder und Pfeffer, was mir sehr gefallen hat.

Es gibt insgesamt 19 Botanicals, von denen die Brenner zehn »exotisch« nennen, wie Merey (Cashew), Açai, Uva de Palma, Túpiro, Seje und Copoazú. Sie alle werden einzeln mazeriert und gebrannt, bevor man sie zum eigentlichen Gin verschneidet. Ein Teil des Verkaufserlöses fließt in die Wiederaufforstung des Regenwalds sowie in den Erhalt der Kultur und des Erbes indigener Völker.

CITADELLE JARDIN D'ÉTÉ

41,5 VOL.-%

ARS, FRANKREICH

GESCHMACK

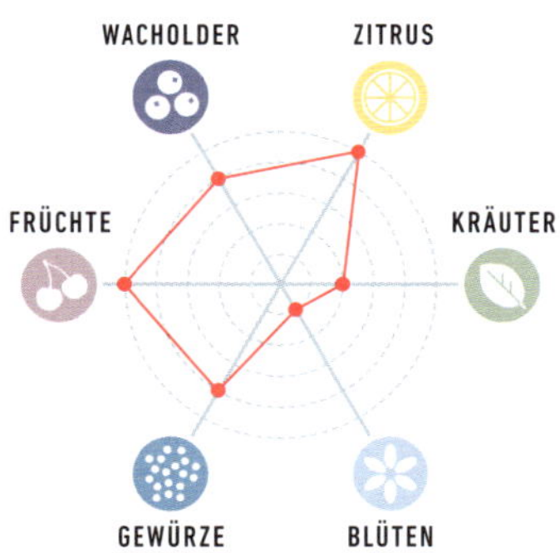

Ich habe 22 Botanicals gezählt, darunter Melonenfruchtfleisch (ungewöhnlich) und Yuzu (nicht ganz so ungewöhnlich) und alle möglichen Gewürze: Kubebenpfeffer, Kreuzkümmel, Zimt, Szechuanpfeffer, Muskat, Kardamom, Fenchel, Sternanis … Ich war also überrascht, dass der Gin pur so zurückhaltend ist. Als ich ihn verdünnte, brach sich all diese Komplexität Bahn und das ist fantastisch.

Da sind Frucht-, Kräuter- und Zitrusnoten und darunter eine erdig-aromatische Komplexität. Es ist wie der Unterschied zwischen der Erinnerung an einen Sommergarten und dem tatsächlichen Sommergarten. Das gibt einen großartigen G&T.

FOUR PILLARS BLOODY SHIRAZ

37,8 VOL.-%

HEALESVILLE, AUSTRALIEN

GESCHMACK

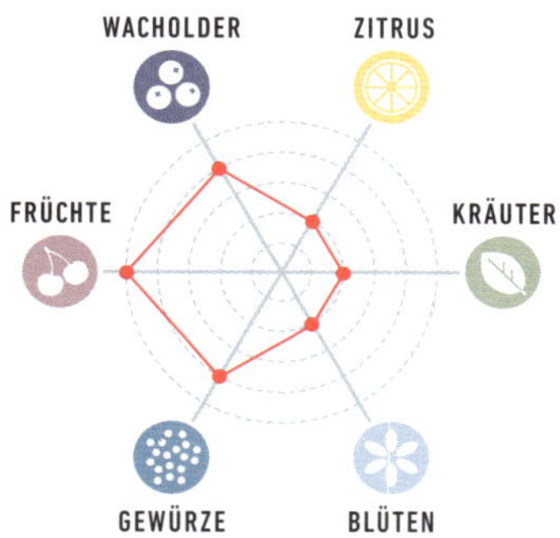

Ein Traum von einem Gin! Shiraz-Trauben liegen acht Wochen in Four Pillars Rare Dry Gin, daher auch die Farbe und die tiefe, volle Fruchtnote, die fast an Himbeere erinnert, sich aber ihren Traubencharakter bewahrt.

Frische Kiefer und sanfter Pfeffer treffen sich in der Nase und irgendwo dazwischen liegt ein dicker Batzen Bergpfeffer. Der Gaumen ist dick, halbtrocken, beinahe süß, mit fruchtigen Noten im Vordergrund. Es gibt ein Zwischenspiel mit Zitronenmyrte und Kardamom, dann stürmt wieder der Bergpfeffer über Sternanis und Lavendel herbei. Der Gin geht in eine ähnliche Richtung wie Sloe Gin, ist aber absolut eigenständig.

HAYMAN'S SLOE GIN

26 VOL.-%

LONDON, ENGLAND

GESCHMACK

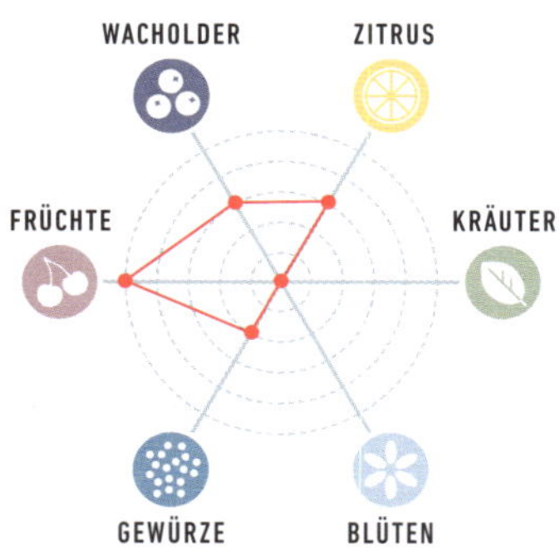

Dies ist technisch gesehen eher ein Likör als ein Gin. Die Basis ist Hayman's London Dry, der nach der Destillation bis zu vier Monate mit Schlehen aufgesetzt wird. Das Resultat wird von den Früchten dominiert, wahrt aber eine gute Balance mit dem Basis-Gin und wird nicht zu süß.

Die Nase zeigt die typische pflaumig-herbe Note der Schlehen mit einer nussigen Tiefe und einer Spur von Zitrusfrucht – ein subtiles, dennoch rundes Aroma. Die Textur ist dick, weich und süß. Auch hier dominieren die Schlehen, aber es gibt auch eine Andeutung von Würze.

HEPPLE SLOE & HAWTHORN GIN

29,9 VOL.-%

HEPPLE, ENGLAND

GESCHMACK

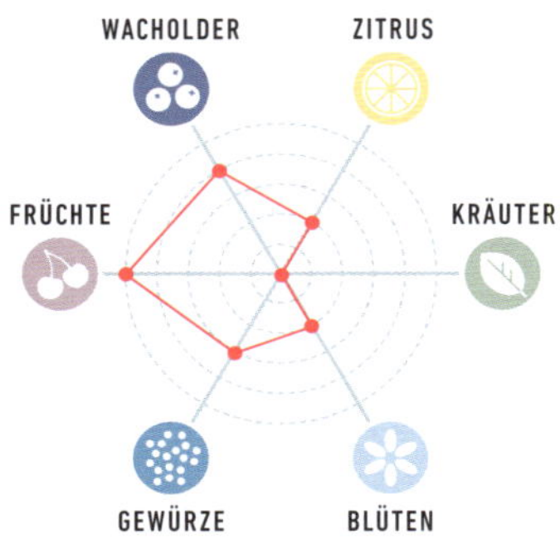

Sloe Gins sind gern mal klebrig und sirupartig – dieser nicht. Brennmeister Chris Garden hat ein paar Weißdornfrüchte beigegeben, die zwar einen schlehenartigen Geschmack beitragen, aber auch trocknend sind und diesen Likör damit vor zu klebriger Süße bewahren.

Ruhige Komplexität lauert am Horizont des Geschmacksprofils aus Botanicals wie Fenchelsamen, Douglasie, Gagelstrauch, Schwarze Johannisbeere (Beeren und Blätter), Nelke, schwarzer Pfeffer und Lorbeerblatt. Dazu passt Bitter Lemon als Mixer ausnehmend gut. Ich habe gehört, dass ein Schuss davon ein Guinness zu einem wunderbar weihnachtlichen Stout machen soll.

KNUT HANSEN DRY

42 VOL.-%

HAMBURG, DEUTSCHLAND

GESCHMACK

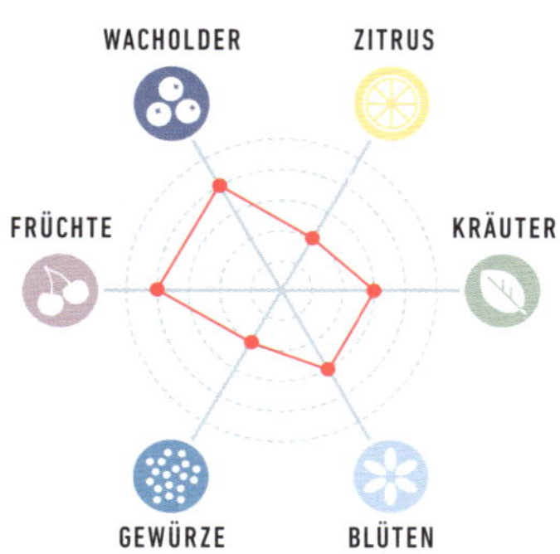

Dieser Gin wurde 2017 von Kaspar Hagedorn und Martin Spieker auf den Markt gebracht. Sie starteten mit einer winzigen Tischdestille in Spiekers Haus und eröffneten 2019 ihre eigene Destillerie.

Der Gin ist köstlich leicht und frisch mit einem Unterton von Äpfeln und Kräuternoten von Basilikum und Gurke. Es gibt keine vollständige Liste der Botanicals, aber angesichts der sanft heuartigen, blumigen und Vanillenoten tippe ich mal unter anderem auf Mädesüß. Der Nachklang ist komplex und wärmend mit Wacholder, Apfel und einigen floralen holzigen Noten. Dieser Gin macht sich perfekt in einem Gin Basil Smash (siehe S. 136).

LE GIN DE CHRISTIAN DROUIN

42 VOL.-%

PONT-L'ÉVÊQUE, FRANKREICH

GESCHMACK

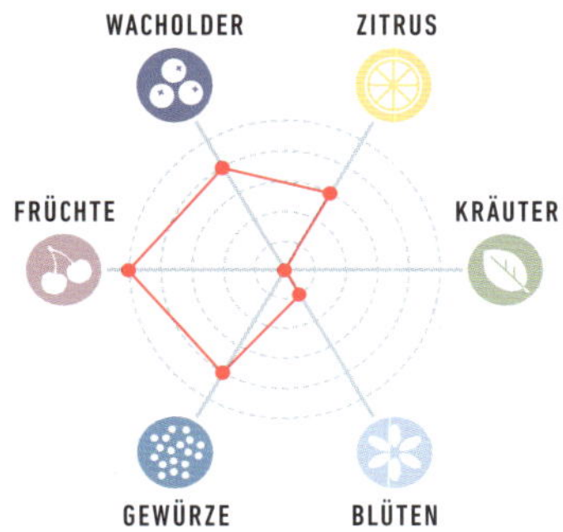

Bei den Worten »fruchtiger Gin« denken die meisten Menschen zuerst an Beeren, aber das muss nicht so sein. Dieser hier explodiert förmlich vor Streuobst und führt damit in eine völlig andere Richtung. Der neutrale Basisalkohol ist mit destilliertem Apfelwein aus mehr als 30 Apfelsorten aromatisiert.

In der Nase erwartet einen Wacholder, gemischt mit gewürztem Apfel, Ingwer und Brioche-artiger Vanille. Der Gaumen ist trocken und würzig mit Zitronenbonbon, Apple Pie und weiterer Vanillesüße. Am Ende wartet eine ausdauernde Note von Apfelschale, Wacholder und Gewürzen. Ein echter Genuss.

MERMAID PINK GIN

38 VOL.-%

RYDE, ENGLAND

GESCHMACK

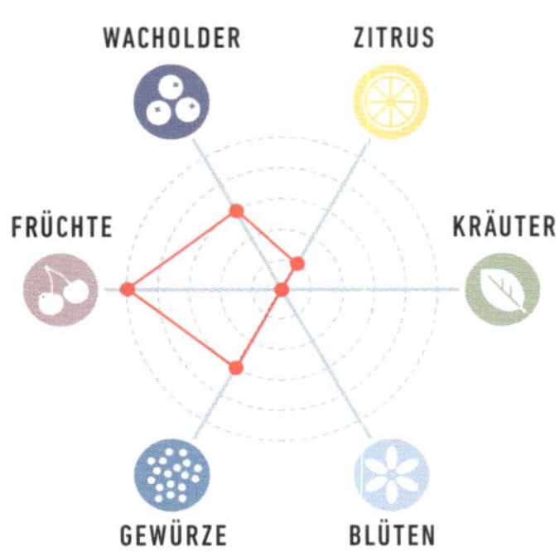

Hier muss man keine Angst vor klebrig süßem Pink Gin haben. Dieser Gin von der Isle of Wight ist fruchtig, ohne zu süß zu werden. Erdbeere ist zwar der Star, aber sie ist keine Diva. Es bleibt genügend Raum für die Komplexität des Mermaid Dry Gin, der die Basis bildet und in dem die Brenner Früchte aus der Region vier Tage lang einlegen, bevor sie ihn erneut brennen.

Der Geschmack eröffnet mit Erdbeere und pfeffrigen Paradieskörnern und mildert sich dann zu einer wurzeligen Süßholznote ab. Der entscheidende Wacholder findet sich sanft im Nachklang und ist ebenso da wie eine ausdauernde duftige Erdbeersüße. Mit Tonic Water wird es noch besser.

PUERTO DE INDIAS STRAWBERRY

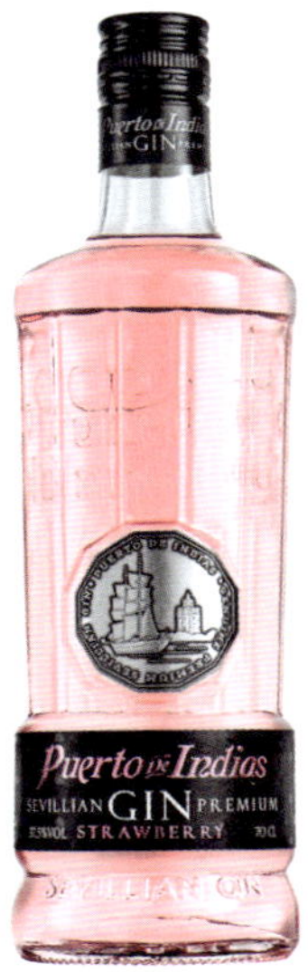

37,5 VOL.-%

CARMONA, SPANIEN

GESCHMACK

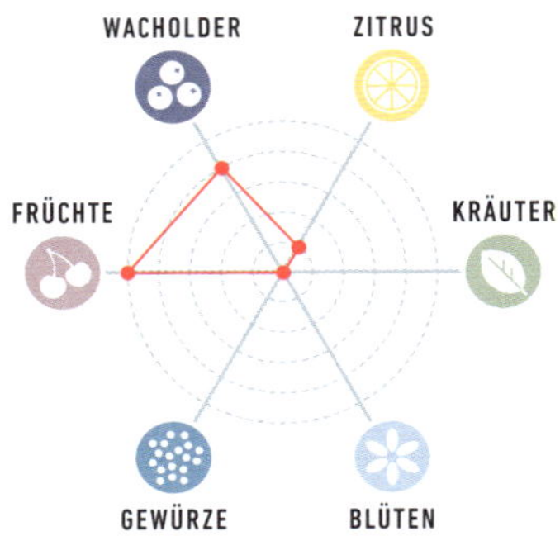

Für Liebhaber von Pink Gins ist dieser Gin voller strahlend frischer Erdbeere genau richtig. Auch in der Nase findet sich vor allem Erdbeere, dazu kommt eine zarte Andeutung, dass da auch noch Wacholder und sogar Limette sein könnten.

Das bestätigt sich am Gaumen. Tatsächlich kommt der Wacholder recht kräftig durch und mischt sich verblüffend gut mit der Erdbeere. Die Zitrusnote (Limette? Grapefruit?) hebt das Finish ein wenig. Der Nachklang ist pur recht dick und lieblich, aber die meisten werden diesen Gin wohl mit Tonic Water mischen, was er sehr gut verträgt.

RAMSBURY SINGLE ESTATE

40 VOL.-%

RAMSBURY, ENGLAND

GESCHMACK

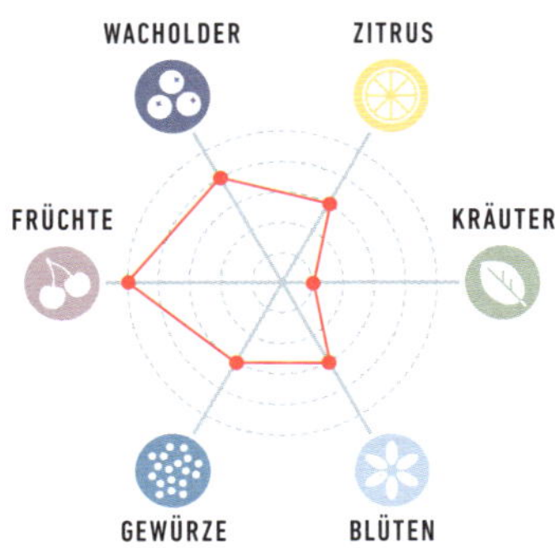

Ein eleganter, ausgewogener und komplexer Gin, der in eine Reihe von Geschmackskategorien passt. Hier kam es mir auf sein duftiges Quittenaroma an, das für mich an erster Stelle steht (das ist auch das einzige Botanical, das kein Gin-Klassiker ist).

Der Gin ist in der Nase klar und leicht mit weichem Wacholder, grasiger und fruchtiger Quitte, Zitrusnoten und einer sanften, dunkel-holzigen Note von der Engelwurz. Am Gaumen entwickelt sich eine blumige Note über wurzelige Süße zu herber Zitrusfrucht und kiefertönigem Wacholder vor sanfter Würze im Fundament. Ramsbottom brennt seinen eigenen Basisalkohol und versucht, seine Produktion so nachhaltig wie möglich zu gestalten.

TANQUERAY BLACKCURRANT ROYALE DISTILLED

41,3 VOL.-%

CAMERON BRIDGE, SCHOTTLAND

GESCHMACK

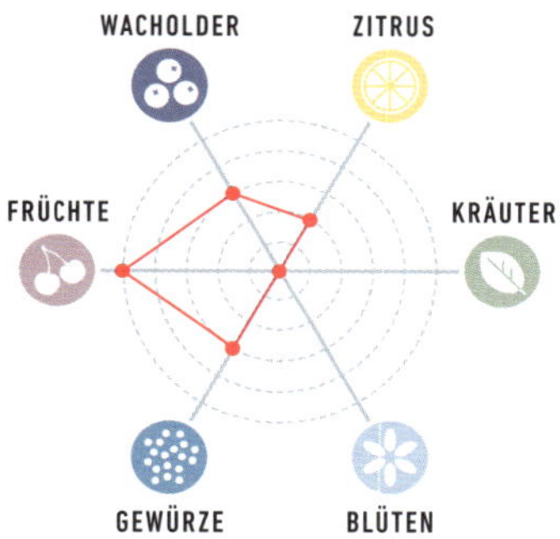

Die dunkelvioletten Bonbons sind doch immer die besten, oder? Dieser Gin steckt voller Schwarzer Johannisbeere, ohne zu süß zu werden. Er nähert sich dieser Grenze bis auf Sichtweite an, überschreitet sie aber nicht.

Stattdessen bietet er wunderbare dunkle Früchte, unterstützt von Vanille, die hier eher leicht und strahlend ist statt klebrig eiscremig-süß. Wacholder steht an der Seitenlinie, ohne sich einzumischen, bis das Hauptereignis vorbei ist. Dann schlendert er herbei, um zu sehen, was all die Aufregung eigentlich soll. Definitiv ein Gin zum Mixen.

THE SOURCE

47 VOL.-%

WĀNAKA, NEUSEELAND

GESCHMACK

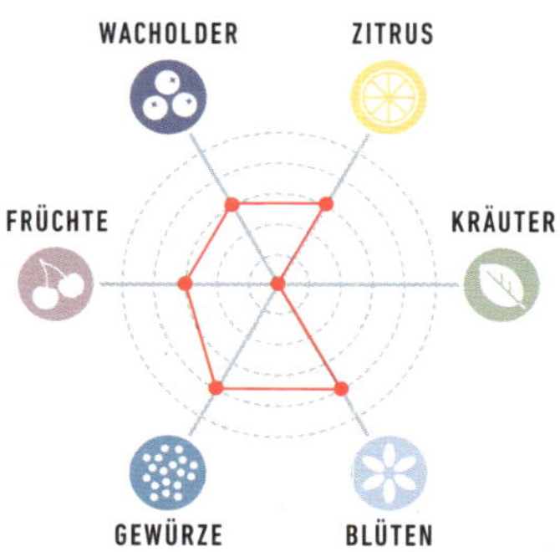

Dieser Gin hat einen kombinierten Kick von Hagebutte und Engelwurz. Blumig, moschusartig, herb, holzig und duftig kommen sie als Erste aus dem Glas und in die Nase und verblassen nur Augenblicke später als Letzte auf der Zunge. Dazwischen tanzt Wacholder mit Koriander und Orangen- und Zitronennoten. Insgesamt eine schöne Balance mit ein paar Momenten echter Komplexität.

Der Gin ist nicht kaltfiltriert, kann sich beim Verdünnen also leicht trüben. Ungewöhnlich ist auch, dass keine Botanicals im Kessel liegen. Alle Aromaten werden im Korb gedämpft, wobei das nicht der einzige Gin ist, der so vorgeht – der Bombay Sapphire (siehe S. 157) macht das genauso.

ERDIGE UND AROMATISCHE GINS

Hier kommen ein paar überaus köstliche Gins und es geht nicht nur um Schärfe. Denken Sie eher an würzig als an pikant.

BOTANICALS

Auf der pfeffrigen Seite haben wir Kubebenpfeffer, Paradieskörner, Rosa Pfeffer und Szechuanpfeffer. Tasmanischer Bergpfeffer vereint Schärfe mit fruchtiger und kräftiger Süße. Weitere gebräuchliche Botanicals sind Kardamom, Zimt, Kreuzkümmel, Ingwer, Muskat, Sternanis, Tonkabohnen, Kurkuma und Vanille.

KUBEBENPFEFFER

PARADIESKÖRNER

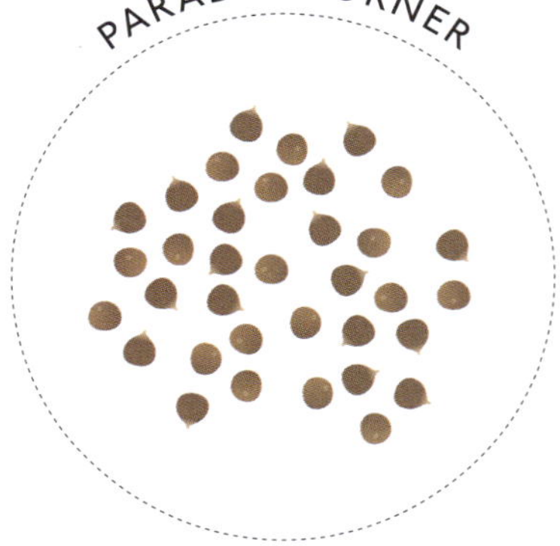

PFEFFERKÖRNER

KARDAMOM

STERNANIS

MIXER	GARNITUREN	COCKTAILS	MEHR GINS
FRANKLIN & SONS Grapefruit and Bergamot	**LORBEERBLATT**	**MARTINEZ** siehe S. 141	**AVAL DOR CORNISH DRY**
FENTIMANS Oriental Yuzu Tonic Water	**RINGELBLUME**	**SATAN'S WHISKERS** siehe S. 145	**LUMBER'S BARTHOLOMEW NAVY STRENGTH**
DOUBLE DUTCH Cucumber & Watermelon	**ORANGE**	**WHITE NEGRONI** siehe S. 149	**SCILLY SPIRIT ISLAND**
			AUDEMUS PINK PEPPER

DALLMAYR GRAND GIN NO. 1

43 VOL.-%

MÜNCHEN, DEUTSCHLAND

GESCHMACK

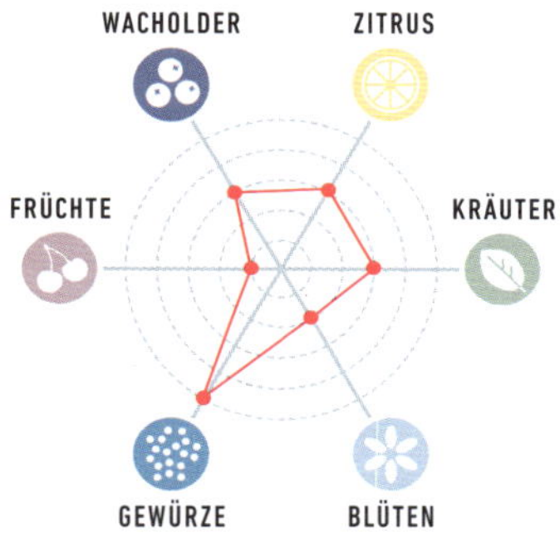

Glasklare Frische trifft feinste Röstaromen – Gin und Kaffee ergänzen sich ganz hervorragend. Das beweist der Dallmayr Grand Gin No. 1, bei dem die österreichische Brennerei Reisetbauer und das deutsche Familienunternehmen, das zu den bekanntesten deutschen Kaffeemarken gehört, ihr Können kombinieren.

Die Basis bildet der österreichische Blue Gin (siehe S. 167), er wird anschließend über einen Zeitraum von vier Wochen hinweg mit feinsten Arabica-Kaffeebohnen aus Kenia infundiert. Das Ergebnis ist ein bernsteinfarbener Gin, in dem Wacholder und ausgeprägte Kaffeearomen aufeinandertreffen. Ein Geschmackserlebnis der besonderen Art.

ACHROOUS

41 VOL.-%

LEITH, SCHOTTLAND

GESCHMACK

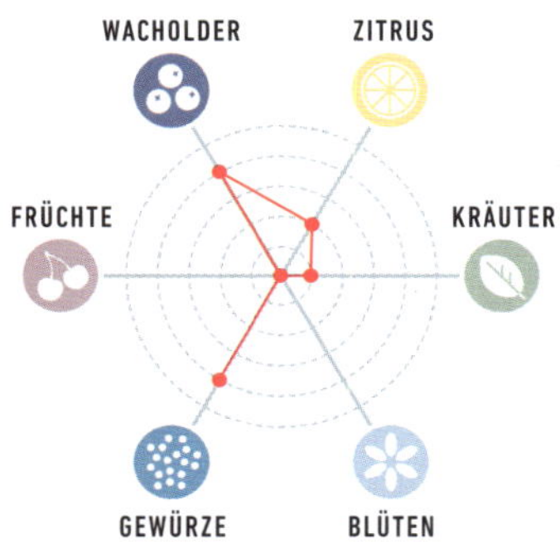

Dieser aufgeweckte moderne Gin mischt Wacholder mit ein paar angenehm komplexen Holz- und Gewürznoten. Er ist erdig und pfeffrig in der Nase, mit grasigen Fenchel-Mitteltönen und darüber einem Hauch Zitrus. Der Gaumen beginnt holzig und steigert sich dann über die Süße des Süßholzes zu hellen Zitrusnoten des Szechuanpfeffers, die eher spritzig als feurig daherkommen. Das Finish ist lang mit Aniswärme.

Definitiv ein guter Gin für einen Negroni (siehe S. 142), in dem er mit Wermut und Campari prima zusammenpasst. Tonic Water lockt die sanfte Seite der aromatischen, wurzeligen und wärmenden Aromen hervor.

BERTHA'S REVENGE IRISH MILK

42 VOL.-%

CASTLELYONS, IRLAND

GESCHMACK

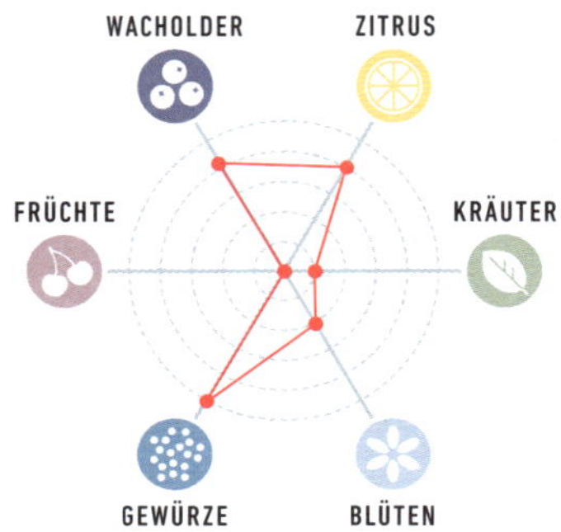

Vermutlich fragen Sie sich: Macht die Molke einen Unterschied? Ja, tut sie. Sie sorgt für einen seidigen Gin ohne die Kanten, die getreidebasierte Spirituosen gern haben. Dieser Gin gibt die Noten seiner Botanicals nach und nach preis – und davon gibt es reichlich, insgesamt 18, darunter Wacholder mit den üblichen Freunden, Gewürznelken, Kreuzkümmel, Alisandersamen und Holunderblüte.

Im Gesamteindruck ist sanfte, durch Zitrus gelüpfte Würze. Er ist wurzeltönig und wärmend mit Süßholz und Limette, Kardamom und Pfeffer. Probieren Sie ihn einmal im Gibson (siehe S. 134) oder in einem Martini (siehe S. 130–131), nur schütten Sie ihn nicht herunter. Dieser Gin belohnt den Langsamtrinker.

BOBBY'S SCHIEDAM DRY

42 VOL.-%

SCHIEDAM, NIEDERLANDE

GESCHMACK

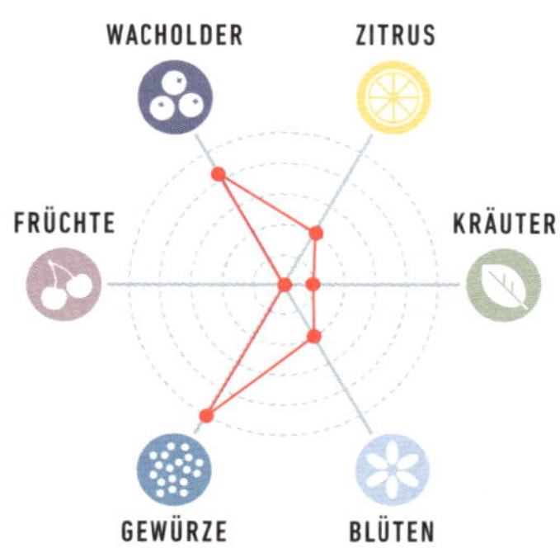

»Bobby« war der Großvater von Brennmeister Sebastiaan van Bokkel, der 1950 aus Indonesien ins niederländische Schiedam kam und Gin mit den Gewürzen brannte, mit denen er aufgewachsen war.

Dieser Gin könnte als Aushängeschild für erdige, aromatische Gins gelten. Gewürznelken und Kubebenpfeffer vermählen sich und treiben das Aromenprofil voran, umtanzt von den anderen Botanicals. Diese Nebendarsteller sind Wacholder, Koriander, Fenchel, Zitronengras und Hagebutte. Das Finish ist besonders reizvoll. Zu guter Letzt drängt sich der Wacholder begleitet von nachklingender pfeffriger Würze vor, was besonders gut in einem Negroni (siehe S. 142) oder einem Corpse Reviver No. 2 (siehe S. 129) funktioniert.

CITADELLE

44 VOL.-%

ARS, FRANKREICH

GESCHMACK

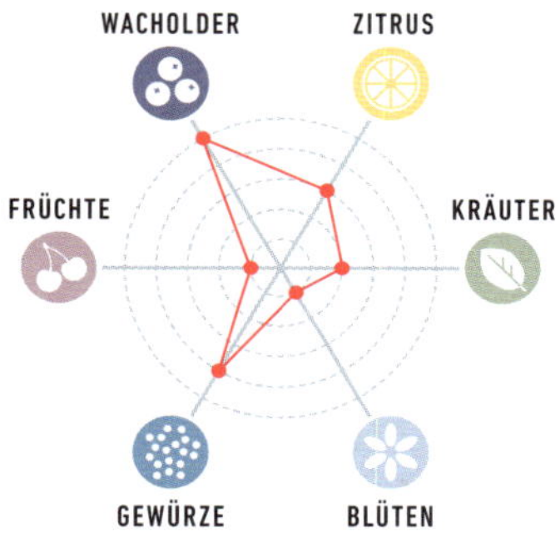

Maison Ferrand sind eher für ihren Cognac bekannt, aber ich bin dankbar dafür, dass sie auch Gin machen. Er ist in der Nase recht zart mit frischen blumigen Noten, die sich mit erdig-pfeffriger Würze mischen. Am Gaumen hat Wacholder das Sagen, bevor er komplexen Aromen weicht, die von kräuterig über wurzelig bis pfeffrig reichen, bis wir im Nachklang wieder bei Wacholder und holzigen Noten landen.

Unter den insgesamt 19 Botanicals finden sich Fenchel, Sternanis, Veilchen, Kreuzkümmel, Szechuanpfeffer und Sonnenblumenkerne. Als er 1995 herauskam, war sein Geschmacksprofil äußerst ungewöhnlich, heute lässt er sich zwischen zeitgenössisch und klassisch einordnen.

CONKER SPIRIT NAVY STRENGTH

57 VOL.-%

BOURNEMOUTH, ENGLAND

GESCHMACK

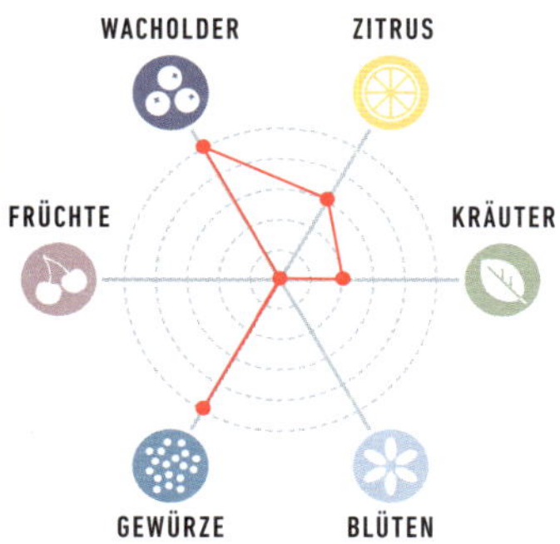

Ganz ehrlich: Dieser Gin ist umwerfend. Er ist köstlich und gekonnt gemacht. Der Brennmeister gibt neun Botanicals in seine Kupferbrennblase: Queller, Holunderbeeren, Wacholder, Koriander, Engelwurz, Cassiazimt, Veilchenwurzel, Limetten- und Bitterorangenschale. Er ist wuchtig, ölig und kräftig am Gaumen, aber dennoch weich – der starke Alkohol brennt und sticht kein bisschen.

Wacholder und Holunderbeeren führen zu Orange und wärmender Würze. Er bietet traumhafte aromatische Tiefe und ein langes komplexes Finish. Und passt richtig gut zu Tonic. Fünf Pfund vom Erlös jeder Flasche gehen an die RNLI, die freiwilligen britischen Seenotretter.

FOUR PILLARS RARE DRY

41,8 VOL.-%

HEALESVILLE, AUSTRALIEN

GESCHMACK

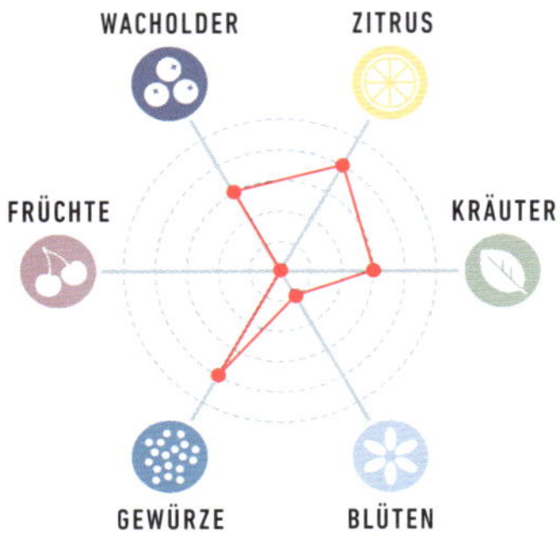

Dieser Gin ist geschmeidig und zugänglich und obwohl er eindeutig modern ist, schafft er es, trotzdem irgendwie klassisch zu wirken. Vielleicht ist es die Ausgewogenheit der Botanicals, die wie ein klassischer London Dry aus einer anderen Dimension anmutet.

Der Wacholder ist weich und subtil, hier übernehmen Zitronenmyrte und Tasmanische Bergpfefferblätter die Führung. Es gibt recht viel Zitrus, dazu hellen Koriander und Kardamom die Mitte des Gaumens auf, bevor Sternanis und Lavendel sich im Nachklang zum Bergpfeffer gesellen. Für mich muss er ein wenig mit Tonic Water oder in einem Cocktail aufgeweckt werden. Ein Red Snapper (siehe S. 144) sollte ideal dafür sein. Cheers!

GEOMETRIC

57 VOL.-%

KAPSTADT, SÜDAFRIKA

GESCHMACK

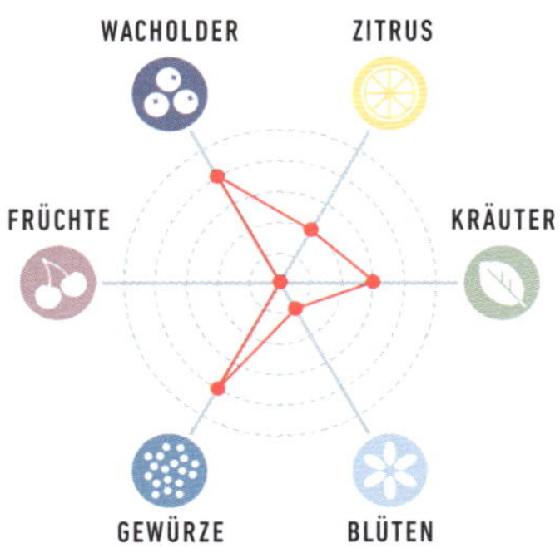

Der lohnt die Suche. Die Aromen des südafrikanischen Fynbos verschmelzen mit traditionellen Botanicals zu einem eleganten Gin, der in einem Dry Martini (siehe S. 131) Wunder wirkt. Sein Kardamom-Gewürznelken-Aroma ist sanft würzig mit einer kräuterigen Kante. Am Gaumen vertiefen sich Noten von Bukkostrauch (wie Schwarze Johannisbeere mit Rosmarin und Pfefferminze) und Afrikanischem Rosmarin (wilder Rosmarin und Pfeffer). Im Finish klingen harziger Wacholder und mehr Bukkostrauch nach.

Der Gin ist das Resultat eines komplizierten Destillationsprozesses, bei dem eine Hauptcharge und drei kleinere Nebenchargen vermählt werden, ein Teil davon dampfinfundiert. Das klingt nach viel Arbeit, aber ein Gin wie dieser ist es allemal wert.

HAPUSĀ HIMALAYAN DRY

43 VOL.-%

NEU-DELHI, INDIEN

GESCHMACK

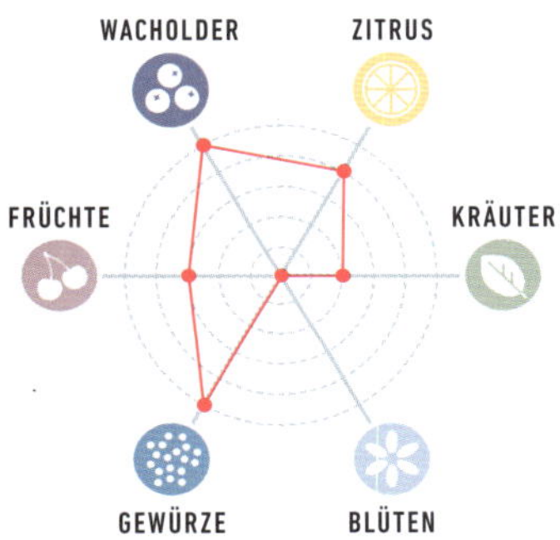

Ein wahrer Triumph! Erdig und würzig, parfümiert und nussig, dazu leicht dank Zitrus. Der Himalaya-Wacholder ist in der Nase erdig und leitet zu erdig-süßen Mangos, Kardamom und Rangpur-Limetten. Am Gaumen findet sich ein angenehmer Hauch Öligkeit, die zu Wacholder, mehr Limette und etwas Kurkuma führt.

Das ist alles schön und gut, aber seine Strahlkraft hat dieser Gin im Finish. Ein Traum für Geschmacks-Nerds, denn auf der Suche nach immer neuen Nuancen und Kombinationen machen sich auf den Innenseiten der Wangen Ingwer und Koriander, Mango und Ingwer, Koriander und Kurkuma, Limette und Koriander bemerkbar. Was könnten die Brenner tun, um diesen Gin zu verbessern? Nichts, absolut nichts!

LONDON TO LIMA

42,8 VOL.-%

LIMA, PERU

GESCHMACK

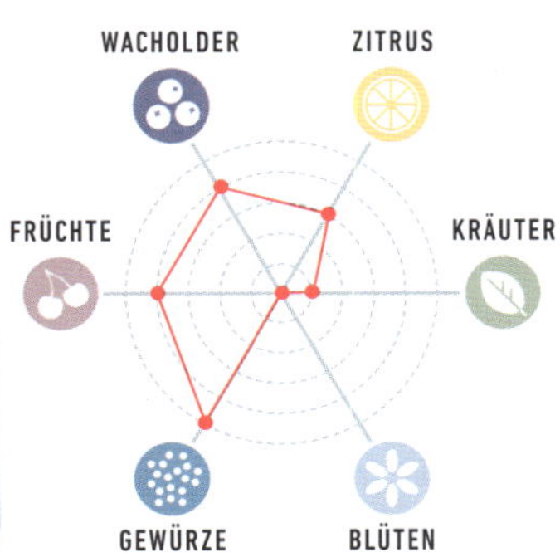

Die Stars der Show hier sind Rosa Pfeffer, Kapstachelbeere und Echte Limette. Sie umtanzen einander und spenden herbe, fruchtige Würznoten, durchwirkt von Zitrus. Der Nachklang ist lang und wärmend mit einem befriedigend robusten Anschlag von Wacholder.

Dieser angloperuanische Gin wird auf Basis des aus Peru stammenden Weinbrands Pisco gefertigt. Der Pisco wird aus Quebranta-Trauben gebrannt. Deren Aromen sorgen nicht zuletzt dafür, dass dieser Gin es wert ist, pur genossen zu werden. Er ist großartig für einen G&T, wenn man mit dem Tonic zurückhaltend ist. Das Aroma reagiert darauf sehr gut und springt förmlich aus dem Glas.

NO. 3 LONDON DRY

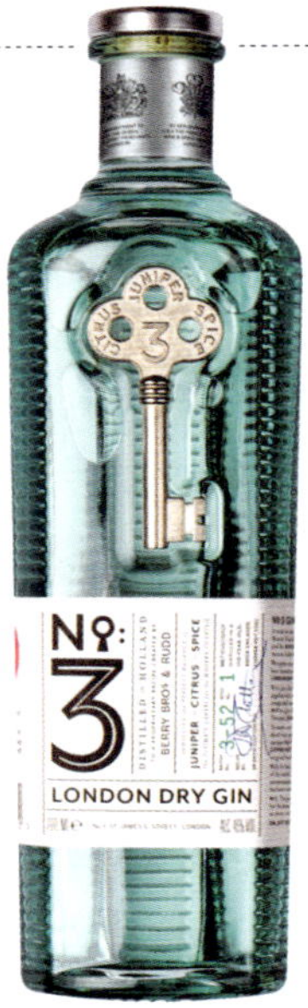

46 VOL.-%

LONDON, ENGLAND

GESCHMACK

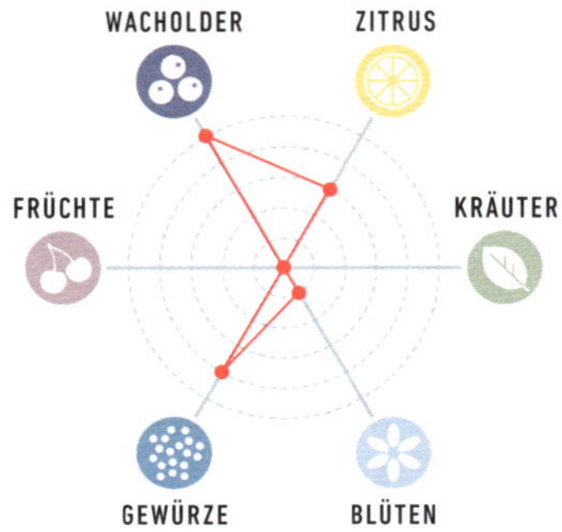

Klassisch, aber alles andere als asketisch zeigt dieser Gin, was mit ein paar guten Zutaten und Sorgfalt im Umgang mit der Brennblase möglich ist. Seine nur sechs Botanicals Wacholder, Koriander, Veilchenwurzel, Grapefruit, Orange und Kardamom liefern haufenweise Geschmack.

In der Nase beginnt er hinreichend vertraut und zeigt nur einen zarten Hauch erdiger Würze im ansonsten klassischen Aroma eines London Dry Gins, der andeutet, was kommt. Am Gaumen explodiert er vor Wacholder, Veilchenwurzel und Kardamom, bevor Zitrus und Koriander durchdringen. Er ist knackig und frisch und steigert sich zu einem erdig-trockenen Engelwurz-Wacholder-Finish, das einfach nicht abzuklingen scheint.

PERRY'S TOT NAVY STRENGTH

57 VOL.-%

NEW YORK, NY, USA

GESCHMACK

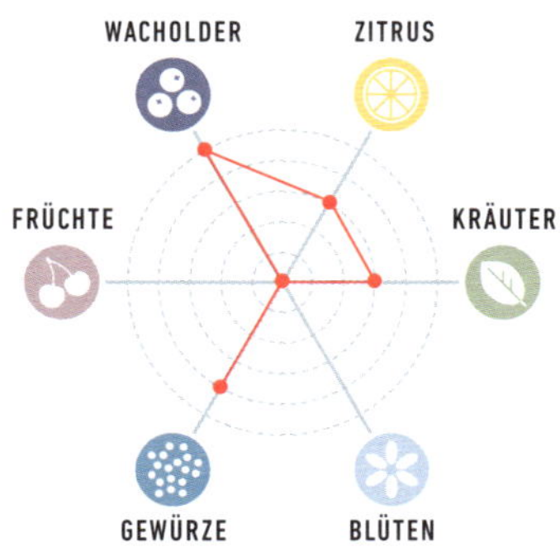

Pur ist er ein wenig zu heftig. Aber mit Tonic sieht das ganz anders aus: komplex und aromatisch in der Nase, mit Wacholder und etwas Honig und Zitrus sowie ein wenig Kardamom. Der Nachklang ist erstklassig und zeigt wahre geschmackliche Tiefe mit einer guten Mischung aus Wacholder und aromatischem Anis.

Dennoch fühlt sich Tonic Water nicht wie ein natürlicher Partner an. Dieser Gin sollte mit Bedacht in Cocktails genutzt werden. Einen Negroni (siehe S. 142) wird er auf 11 hochdrehen, aber auch in delikateren Cocktails wie einem Clover Club (siehe S. 128) kommt er zurückhaltend eingesetzt gut.

PROCERA BLUE DOT

44 VOL.-%

NAIROBI, KENIA

GESCHMACK

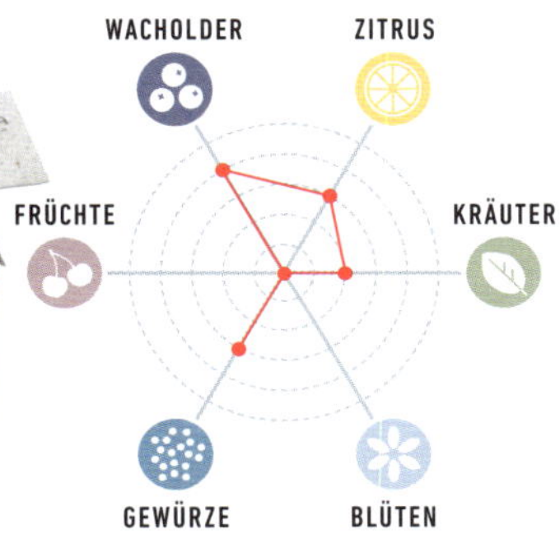

Der Gin mischt Gemeinen Wacholder mit der namensgebenden heimischen Sorte *Juniperus procera* (Ostafrikanischer Wacholder). Sie ist die einzige in der südlichen Hemisphäre heimische Wacholderart. Die Brenner nutzen die Beeren für einen lebendigen, nussigen Geschmack immer frisch, nie getrocknet, und füllen jahrgangsweise ab.

Mein Exemplar (Jahrgang 2022) war in der Nase sanft und ausgewogen mit erdigen Noten, Wacholder, Honig, Kardamom und einem rauchigen Hauch von grünem Tee. Er hatte ein sanftes, aber anhaltendes Finish mit Orange und Limette und etwas Rosa-Pfeffer-Würze. Als Gin für Martinis oder zum Nippen wird er mit Spezial-Botanical-Salzgarnitur verkauft, die dem G&T ordentlich einheizt.

SANDY GRAY

46 VOL.-%

SPREYTON, AUSTRALIEN

GESCHMACK

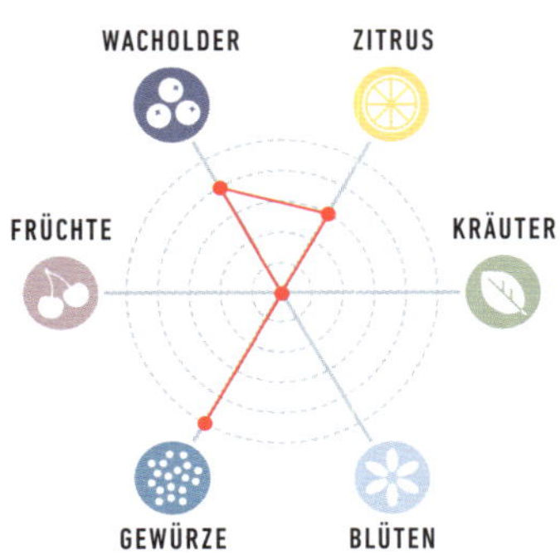

Handwerklich gut gemacht. Brenner Bob Connor wollte viel Alkohol, der seine Botanicals tragen kann. Indem er Wein- statt Getreidebrand als Basis nutzt und vorsichtig destilliert, gelingt ihm das ohne den alkoholischen »Biss«, den andere Brände dieser Stärke aufweisen.

Er ist nicht kaltfiltriert, kann beim Verdünnen also eintrüben (siehe S. 62–63). Meiner tat das nicht. Die Nase beginnt voll und warm mit dem Duft von Wacholder und Limette, gefolgt von würzigem Tasmanischem Pfeffer. Am Gaumen weich, wurzelig und warm, reich an Kardamom und Cassiazimt mit unterliegendem Zitrus. Das Finish ist lang und komplex und endet duftig und pfeffrig mit Wacholder als Oberton. Köstlich.

MARITIME UND UMAMI GINS

Dies wird bald meine Lieblingskategorie. Diese herzhaften Gins bieten den Salzgeschmack der See oder auch die saftigen Noten von großen, grünen Oliven. Auf jeden Fall ist es eine köstliche und erfrischend neue Art, Gin herzustellen.

BOTANICALS

Zunächst einmal Seetang: Knorpeltang, Rinnentang, Lappentang, Meerlattich, Zuckertang. Aber auch Meerfenchel, Oliven, Kapern und sogar Parmesan kommen vor. Nebenrollen spielen Fenchel, Gagelstrauch, Wasserminze und Ähnliches.

KNORPELTANG

MEERLATTICH

MEERFENCHEL

OLIVEN

KAPERN

MIXER	GARNITUREN	COCKTAILS	MEHR GINS
FEVER-TREE Refreshingly Light Cucumber Tonic Water	**ORANGE**	**DIRTY MARTINI** siehe S. 130	**GRAY WHALE**
STRANGELOVE Coastal Tonic Water	**ZITRONENGRAS**	**GIBSON** siehe S. 134	**GREENWICH MARINE LONDON DRY**
LONDON ESSENCE Pomelo and Pink Pepper Tonic Water	**SALBEI**	**RED SNAPPER** siehe S. 144	**NEWFOUNDLAND SEAWEED**

AN DÚLAMÁN IRISH MARITIME

43,2 VOL.-%

DONEGAL, IRLAND

GESCHMACK

Die Kupferbrennblase von Silabh Liag Distillers trägt den Namen Meabh, was »Schenkerin großer Freude« oder »die Berauschende« bedeutet. Gab es je einen treffenderen Namen? An Dúlamán ist von der Startlinie weg berauschende Freude, ein Umami-Gin mit einem Hauch Küste und würzigem Kick.

Er beginnt rauchig, erdig, maritim, salzig und pflanzlich. Der Gaumen ist trocken, aber auch seidig. Es gibt Süße und Salzigkeit, Tabak und Süßholz und im Hintergrund wiegt sich sanft kräuteriger Wacholder. Das wärmende Finish flüstert uns zu, wie dieser Gin zu Austern oder dunkler Schokolade passen könnte. Ich denke, ein Martini (siehe S. 130–131) könnte angebracht sein.

AUDEMUS UMAMI

42 VOL.-%

COGNAC, FRANKREICH

GESCHMACK

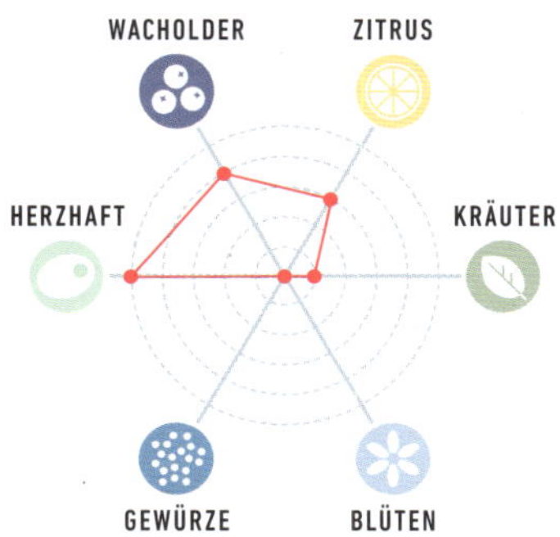

Für den Experimental Cocktail Club in London kreiert, der einen herzhaften Gin für seine Cocktails suchte, enthält dieser Gin Vakuumdestillate von Wacholder, sizilianischen Kapern, Zitrone, Bergamotte und Parmesan. Letzterer wird stickstoffkavitiert, sodass der Gin die Umami-Tiefe der salzigen, knusprigen Kristalle ohne käsige Noten erhält. Kapern sorgen für ständige Obertöne, unter denen Wacholder und Zitrus wirken.

Dieser Gin schlummert drei bis fünf Monate in Cognac-Fässern, die ihm eine holztönige Knackigkeit verleihen, die freundlich zum Wacholder im Nachklang überleitet, während die Kapern bleiben. Probieren Sie ihn in einem Red Snapper (siehe S. 144).

BARRA ATLANTIC GIN

46 VOL.-%

CASTLEBAY, SCHOTTLAND

GESCHMACK

Achtung: Wenn dieser Gin Poolbillard spielen könnte, wäre man so was von erledigt. Er kommt in der Nase ganz harmlos daher … aber dann: Was für ein Gin! Robust, voller Geschmack und auf eine seltsame Weise spannend, die ich nicht festmachen kann.

Er enthält 17 Botanicals, darunter Minze, Holunderblüte, Kamille, Heide, Kubeben- und Rosa Pfeffer. Der Star ist aber Knorpeltang, der seine wilde, maritime Knackigkeit mitbringt. Die Brennerei (die westlichste Schottlands) nutzt Dampfinfusion, um all diese Aromen einzufangen und sie in einen Gin zu füllen, der es lohnt, nach ihm zu fahnden. Mit dem Tonic Water lieber zurückhaltend sein, wenn Sie ihn zum G&T machen.

DÀ MHÌLE ORGANIC SEAWEED

45 VOL.-%

LLANDYSUL, WALES

GESCHMACK

An diesem Gin riechen ist, als halte man einen regennassen Tag in den Händen. Zitrus und schwarzer Pfeffer stechen durch jodtönige Salzigkeit hervor und darunter wartet das kieferntönige Krächzen des Wacholders. Einfach hinreißend. Die Brenner lassen ihren Gin nach der Destillation drei Monate auf Seetang ruhen, was die zarte grüne Farbe und den herzhaften Ansturm erklärt. Ein wenig Rose-Fenchel-Kardamom-Mix in der Mitte des Gaumens bringt Erinnerungen an Gärten an der Küste hervor, wo die Blumenrabatten von der Gischt benetzt werden.

Dà Mhìles Kupferbrennblase ist nach der walisischen Göttin des Kochkessels Ceridwen benannt, auf die wir für diesen dekadent seidigen, halbtrockenen Gin dankbar das Glas erheben sollten.

DEWI SANT COASTAL

40 VOL.-%

CARDIFF, WALES

GESCHMACK

Sehr interessant! Die Brennmeister schweigen über die Botanicals, aber wir wissen, er enthält Fenchel, Zitrus und nicht näher genannte aromatische Kräuter. Ich könnte wetten, dass Paradieskörner und eine Art von Tang darin sind, vermutlich Grünalgen.

Das Aroma ist eine angenehme Mischung aus herzhaften, Zitrus- und pfeffrigen Noten. Mit der Zeit kommen Fenchel und Süßholz hinzu und runden alles ab. Am Gaumen werden sie von einer holzigen Anisnote und zunehmend parfümierter pfeffriger Schärfe gestützt. Das Küstenelement ist sanft, aber ausdauernd, nicht aufdringlich, aber doch plastisch. »Dewi Sant« ist übrigens walisisch für St. David, den Schutzpatron von Wales.

GIN EVA LA MALLORQUINA OLIVE

45 VOL.-%

LLUCMAJOR, MALLORCA, SPANIEN

GESCHMACK

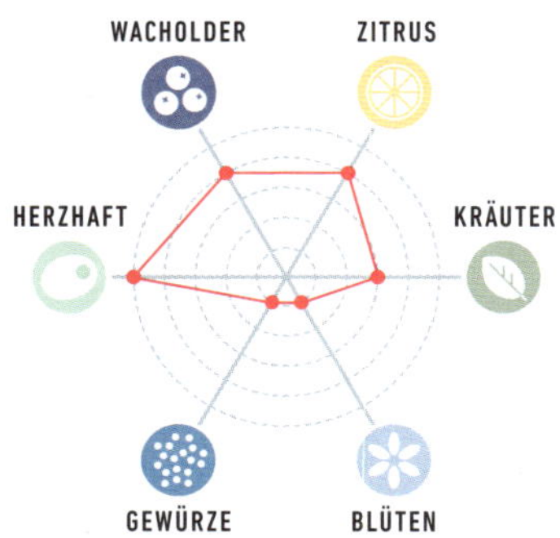

Das Klima in Mallorcas Valldemossa ist perfekt für den Olivenanbau. Der Gin aus diesem Tal ist zum Bersten mit ihren saftigen Aromen gespickt. Die Brennmeister mazerieren ihren Weizenbrand einige Wochen auf Oliventreber, bevor sie den Gin destillieren. Dabei kommen nur Wacholder und Koriander dazu, sonst nichts!

Am Gaumen nehmen die Oliven eine salzige Note an, bevor eine kräuterige Welle Wacholder sie hinwegfegt. Der Gin endet auf Kiefer, zitrustönigem Koriander und im Hintergrund kehrt ein Hauch Olive zurück. Ein wahrhaft liebreizender Gin, der beweist, dass es nicht viele Botanicals braucht, wenn man die vorhandenen gut behandelt.

ISLE OF HARRIS

45 VOL.-%

TARBERT, SCHOTTLAND

GESCHMACK

Dieser Gin braucht einen Platz im Schrank, wo die richtig guten Sachen stehen. Die Brenner mazerieren Wacholder, Cassiazimt, Koriander, Engelwurz, Bitterorange, Kubebenpfeffer, Süßholz, Veilchenwurzel und Zuckertang, entfernen aber den Tang, kurz bevor sie die Brennblase anfeuern. So bleibt die Küstennote leicht und frisch und Sie werden nach dem Ziehen des Korkens nicht gleich von Möwen attackiert.

Heraus kommt ein glorreiches Aroma aus Zitrus, sanfter Würze, wärmender, wurzeliger Süße, herzhaft krautigen Küstennoten und Wacholder, ein rundender Schluss gibt erneut bittere Zitrus. Der Gin ist fantastisch mit Tonic Water, aber pur oder in Martinis (siehe S. 130–131) schlicht revolutionär.

LUSSA

42 VOL.-%

ARDLUSSA, SCHOTTLAND

GESCHMACK

Jura ist Schottlands achtgrößte Insel, sie ist mit rund 250 Menschen eine der am dünnsten besiedelten. Drei Bewohnerinnen brennen diesen Gin aus 15 Botanicals, die sie auf der Insel anbauen oder sammeln, darunter Zitronenmyrthe, Zitronenmelisse, Gagelstrauch und Kiefernadeln.

Das Aroma kombinieren sie mit Wacholder und Basisnoten von Meerlattich und Giersch. Der Gaumen fügt neben Limette noch Holunderblüte und Geißblatt hinzu und geht dann in ein langes Finish mit Zitronenthymian mit wiederkehrendem Wacholder über. Die Brennerinnen sagen, ihre Destillerie ist vermutlich eine der »unzugänglichsten«. Wenn ein Besuch unmöglich ist, versuchen Sie zumindest, eine ihrer Flaschen zu erhalten.

MAINBRACE CORNISH DRY

40 VOL.-%

HELFORD PASSAGE, ENGLAND

GESCHMACK

Der Name Mainbrace stammt aus der britischen Seefahrt: In der Schlacht erhielten beteiligte Seeleute nach erfolgreichem Spleißen der Hauptbrasse (engl. *splicing the mainbrace*), der Reparatur eines wichtigen Taus, eine extra Portion Rum. Diese Regel wurde mit der Zeit zur Trinkaufforderung, eingeleitet mit einem Toast auf König oder Königin.

Mainbrace brachten diesen Gin 2022 zu Ehren des Platin-Jubiläums von Königin Elisabeth II. heraus. Auf gewisse Weise trinken wir mit diesem Gin also weiterhin auf die Monarchin. Der Geschmack bietet im Vordergrund kräftigen Wacholder, Zitrus und Koriander, danach folgen salzige und umami Noten von Riesen-, Lappen- und Riementang.

MANGUIN OLI'GIN

41 VOL.-%

AVIGNON, FRANKREICH

GESCHMACK

Sobald wir diese Flasche öffnen, umschwirren uns Oliven, und zwar die leckeren fleischigen, fruchtigen, die wir im Urlaub in einer kleinen Bar gierig verschlingen.

Aber keine Angst: Wacholder ist hier auch zugegen, genau wie sein alter Kumpel, der Fenchel. Pur ist dieser Gin wundersam. Probieren Sie ihn zuerst so und dann in einem Martini (siehe S. 130–131). Aber auch mit Tonic Water wartet ein Genuss, denn es mildert und vertieft die Umami-Noten und lässt Fenchel und Orange stärker aufleuchten. Garnieren Sie ihn mit drei Cocktailtomaten auf einem Holzspieß.

MANLY COASTAL CITRUS

43 VOL.-%

SYDNEY, AUSTRALIEN

GESCHMACK

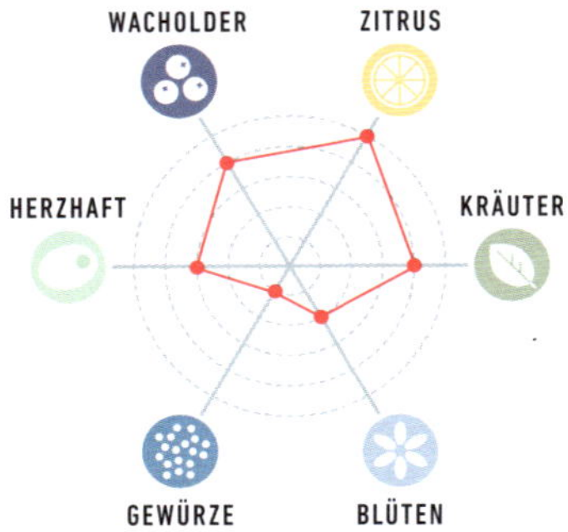

Manly ist ein Stadtteil im australischen Sydney. Aber reden wir über den Gin: Er ist fantastisch. Er beginnt mit einer erdigen, kräuterigen Zitrusnote, die ich der Buschfrucht Lemon Aspen zuschreibe, zu der aber auch Zitronenmyrte und Meyer-Zitrone (kleiner, süßer, weniger herb) beitragen.

Als Nächstes kommt kräuteriges, herzhaftes und salziges Sea Parsley (eine Petersilien-Verwandte), dann nordet Wacholder alles ein. Es findet sich eher Koriandergrün statt der üblichen Samen, was sich in den Kräuter- und Zitrus-Vibe einfügt. Mit ein wenig Tonic Water geht das Ganze richtig ab, wird tiefer, reichhaltiger, weicher. Einfach glorreich.

MERMAID

43 VOL.-%

RYDE, ENGLAND

GESCHMACK

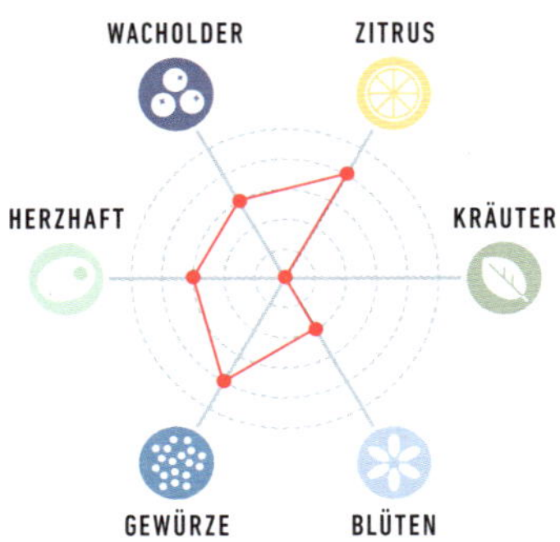

Einige wohlgewählte Botanicals schenken diesem Gin interessante Nuancen. Holunderblüten steuern subtile, leichte Noten bei. Hopfen aus dem nahen Botanischen Garten in Ventnor schenken dem Nachklang erdige Würze. Was diesen Gin vom Dutzend abhebt, ist der Meerfenchel. Er sorgt für eine erfrischend salzige Zitrusnote, die den Gin wie eine frische Meeresbrise durchweht.

Paradieskörner und Süßholz sorgen am mittleren Gaumen für Erdung und schenken wurzelige Wärme, die die anderen Elemente ausbalanciert. Er passt gut in einen mit Zitronentwist und Lavendel garnierten Bee's Knees (siehe S. 124).

NO. 6 LAVER ATLANTIC SPIRIT

42 VOL.-%

BIDEFORD, ENGLAND

GESCHMACK

Komisch, dieser Gin hat eine köstliche Zitrus-Note, ohne dass er Zitrus enthält. Stattdessen kommt der Geschmack von Koriander und Grünalgen, die diesem Gin auch seinen leicht jodartigen Meeresbrisen-Charakter geben. Die Algen werden an den Klippen von Abbotsham an der zerklüfteten Küste von North Devon gesammelt und schmecken nach einem sonnigen Vormittag, an dem man in Gezeitentümpeln umherstapft.

Darunter finden wir eine sehr ausgewogene und eher klassische Gin-Basis. Sie hat eine schöne Balance aus Wacholder, Engelwurz und Veilchenwurzel plus Paradieskörner und Kubebenpfeffer, die eine wurzelige Pfeffernote geben. Diese wunderbare Balance schmeckt nach mehr.

ROCK ROSE CITRUS COASTAL EDITION

41,5 VOL.-%

DUNNET, SCHOTTLAND

GESCHMACK

Ein filigraner Gin. Wenn wir uns die Liste der Botanicals (19 an der Zahl) ansehen, könnte man anderes erwarten, aber dies ist kein forsches Potpourri. Die interessanteren Botanicals sind Heidelbeere, Weißdorn, Vogelbeere, Zitronenverbene und Rosenwurz, sie alle kommen auch in der Organical Edition der Brennerei vor. Der Küstenhauch kommt vom Riesentang und Süßholzsalz, die dem Gin seine delikate, deutlich ozeanische Kante geben.

Ein kleiner Tropfen Tonic Water weckt diesen Gin wunderbar auf. Probieren Sie ihn in einem G&T mit einer Spalte Pink Grapefruit und, falls Sie sie finden, mit ein paar Goji-Beeren.

ZUCKER IM TONIC WATER

Tonic Water unterscheiden sich im Zuckergehalt stark. Wählen Sie eines, das nicht zu viel Zucker enthält. Er würde nur den Geschmack des Gins übertönen.

MARKE	PRODUKT	TYP	ZUCKER (g/100 ml)
LUSCOMBE	Elderflower	Flavoured	7,9
LUSCOMBE	Grapefruit	Flavoured	7,9
SANPELLEGRINO	Tonica Citrus	Flavoured	7,9
SANPELLEGRINO	Tonica Oakwood	Flavoured	7,9
FENTIMANS	Pink Rhubarb	Flavoured	7,8
FEVER-TREE	Aromatic	Flavoured	7,8
FEVER-TREE	Elderflower	Flavoured	7,8
LUSCOMBE	Cucumber	Flavoured	7,8
FENTIMANS	Valencian Orange	Flavoured	7,7
FEVER-TREE	Lemon	Flavoured	7,6
FEVER-TREE	Mediterranean	Flavoured	7,4
STRANGELOVE	Coastal	Flavoured	6
DOUBLE DUTCH	Cranberry and Ginger	Flavoured	4,9
FENTIMANS	Oriental Yuzu	Flavoured	4,9
FRANKLIN & SONS	Elderflower and Cucumber	Flavoured	4,9
FRANKLIN & SONS	Rosemary and Black Olive	Flavoured	4,9
FRANKLIN & SONS	Pink Grapefruit and Bergamot	Flavoured	4,9
FRANKLIN & SONS	Rhubarb and Hibiscus	Flavoured	4,9
STRANGELOVE	Dirty	Flavoured	4,9
TOP NOTE	Bitter Lemon	Flavoured	4,8
DOUBLE DUTCH	Cucumber and Watermelon	Flavoured	4,7
DOUBLE DUTCH	Pomegranate and Basil	Flavoured	4,6
LONDON ESSENCE	Pomelo and Pink Pepper	Flavoured	4,5
DOUBLE DUTCH	Pink Grapefruit	Flavoured	4,3
LONDON ESSENCE	Bitter Orange and Elderflower	Flavoured	4,3

MARKE	PRODUKT	TYP	ZUCKER (g/100 ml)
LONDON ESSENCE	Grapefruit and Rosemary	Flavoured	4,2
LONG RAYS	Premium Australian Citrus	Flavoured	4
LONG RAYS	Premium Australian Pacific	Flavoured	3,8
Q MIXERS	Spectacular	Indian	11
CAPI	Tonic	Indian	8,7
SCHWEPPES	Indian	Indian	8,6
LUSCOMBE	Devon	Indian	7,9
FENTIMANS	Connoisseurs	Indian	7,7
BERMONDSEY MIXER CO.	Bermondsey	Indian	7,6
DOUBLE DUTCH	Indian	Indian	7,5
FEVER-TREE	Premium Indian	Indian	7,1
STRANGELOVE	Distiller's	Indian	7
STRANGELOVE	Tonic No. 8 Indian	Indian	7
TOP NOTE	Classic Indian	Indian	6,6
FENTIMANS	Premium Indian	Indian	4,9
LIXIR	Classic Indian	Indian	4,9
TOP NOTE	Indian	Indian	4,8
LONDON ESSENCE	Original Indian	Indian	4,3
LONG RAYS	Premium Australian	Indian	3
CAPI	Dry	Light	6,2
FRANKLIN & SONS	Natural Light	Light	4,9
FEVER-TREE	Refreshingly Light Cucumber	Light	4,8
DOUBLE DUTCH	Skinny	Light	4,7
SCHWEPPES	Signature Light	Light	4,6
FEVER-TREE	Refreshingly Light Mediterranean	Light	4,2
FEVER-TREE	Refreshingly Light	Light	3,8
LUSCOMBE	Light	Light	3,6
SANPELLEGRINO	Tastefully Light	Light	3,5
FENTIMANS	Naturally Light	Light	3,4
STRANGELOVE	Light	Light	2,9

GLOSSAR

Aldehyd
Eine organische Verbindung aus der Reaktion von Sauerstoff und einem Alkohol wie Ethanol oder Methanol.

Alpha-Pinen
siehe **Pinen**

Anetol
Organische Verbindung, die für Aroma und Geschmack von Anis verantwortlich ist. Findet sich auch in Fenchel, Sternanis und Süßholz. 13-mal süßer als Haushaltszucker. Gut in Alkohol löslich, weniger gut in Wasser und verursacht daher die Trübung mancher Spirituosen.

Azeotropie
Der Punkt, an dem eine flüssige Mischung, z. B. Wasser und Alkohol, einen konstanten Siedepunkt erreicht und nicht weiter getrennt werden kann. Dampf und Flüssigkeit haben ungeachtet des **Refluxes** dieselbe Zusammensetzung.

Basisalkohol
Eine fermentierte, alkoholische Flüssigkeit, die destilliert werden kann.

Beta-Pinen
siehe **Pinen**

Charge
Mischung aus Alkohol, Wasser und Aromaten in einem Kessel vor der Destillation.

Feinbrand
Frisches Destillat, das noch nicht verdünnt, aromatisiert oder anderweitig verarbeitet wurde.

Getreidemalz
Getreide wie Gerste, Weizen oder Mais, die mitten in der Keimung getrocknet wurden. Dadurch wird die Stärke im Korn für die Gärung verfügbar.

Glycyrrhizin
Stoff in der Süßholzwurzel, der 30- bis 50-mal süßer als Haushaltszucker ist.

Head
Die Fraktion, die unmittelbar nach dem **Vorlauf** und vor dem **Mittellauf** kommt. Enthält unerwünschte Lösemittelaromen und fließt nicht in den **Feinbrand** ein. Enthält aber auch brauchbares Ethanol und kann der nächsten **Charge** beigemischt werden (vor allem bei der Herstellung von Scotch Whisky). Wird auch als Feuerzeugbrennstoff, Desinfektionsmittel usw. verkauft.

Isomere
Verbindung mit der gleichen Anzahl und Art von Atomen, aber unterschiedlichen Molekularstrukturen.

Limonen
Ein **Monoterpen** und wichtiger Inhaltsstoff der Öle in Zitrusschalen. Eines seiner **Isomere** ist für das Orangenaroma verantwortlich.

Linalylacetat
Eine organische Verbindung, die in vielen Blüten und Gewürzen vorkommt. Eine der Hauptverbindungen in Bergamotte und Lavendel.

Louche-Effekt/Trübung
Trübung einer Spirituose, wenn man sie verdünnt. Wird auch als »Ouzo-Effekt« bezeichnet.

Mittellauf
Die Fraktion mit der höchsten Konzentration an Ethanol und dem besten Geschmack. Diesen Brand füllen die Brenner in Flaschen für den Verkauf ab.

Monoterpen/Monoterpenoid
Ein Terpen mit zehn Kohlenstoffatomen.

Nachlauf
Die letzte Fraktion, die aus der Destille läuft, mit einer geringeren Konzentration an Ethanol als der **Mittellauf** und je nach Material pflanzlichen, plastikartigen, bitteren oder gummiartigen Noten. Kann wie die **Hearts** redestilliert oder verkauft werden.

Pinen
Ein **Monoterpen** in Wacholderöl, Terpentin und anderen Extrakten. Eines seiner **Isomere**, Alpha-Pinen, ist das häufigste natürliche **Terpenoid** und wird in Kiefern, Salbei, Cannabis und vielen anderen Pflanzen produziert. Das andere Isomer, Beta-Pinen, kommt unter anderem in Hopfen vor.

Piperin
Ein Alkaloid, das schwarzen Pfeffer so stechend macht. Aktiviert

Rezeptoren auf der Zunge, die Schärfe und Säure registrieren.

Reflux
Die Interaktion zwischen den Dämpfen in der Destille, bei der die weniger flüchtigen Bestandteile kondensieren und in die Destille zurückfallen, während die flüchtigeren weiter als Dampf aufsteigen.

Rektifizierung
Die Trennung flüchtiger Fraktionen und Produktion hochalkoholischen Destillats.

Rotationsverdampfer
Ein zunächst für Labore entwickeltes Gerät, das heute auch in der Destillation und in der Molekularküche verwendet wird. Es ermöglicht die Verarbeitung von Botanicals bei niedrigem Druck und damit bei niedrigen Temperaturen, sodass mehr der zarteren Aromen und Noten erhalten bleiben.

Sabinen
Ein **Monoterpen,** das sich in vielen Pflanzen findet. Trägt zur Würzigkeit von schwarzem Pfeffer bei.

Schlempe
Die Rückstände aus Flüssigkeit und Botanicals in der Destille nach dem Brennen.

Stickstoffkavitation
Auch Flash Infusion genannt. Technik, bei der ein Aromat kurzfristig unter Druck und Zugabe von Stickstoff als Lösemittel mit Alkohol kombiniert wird.

Stripping
Die Trennung aller flüchtigen Fraktionen von Wasser und nichtflüchtigen Fraktionen.

Terpen/Terpenoid
Ein natürlicher Kohlenwasserstoff, der von Pflanzen, vor allem Koniferen, produziert wird.

Vorlauf
Die erste Fraktion, die bei der Destillation aus der Destille läuft. Enthält hohe Mengen an giftigem Methanol, dessen Siedepunkt niedriger ist als der von Ethanol.

REGISTER

Fett gesetzte Seitenzahlen verweisen auf Haupteinträge.

135° East Hyogo Dry **175**
20th Century (Cocktail) **147**
44°N **183**

A

Absinth: Corpse Reviver No. 2 **129**
Achroous **199**
Ägypten 18, 22
Alembik 22
Alkohol 13, 41, 49, 68
  schwächere Gins **75**
American Bars 38
An Dúlamán Irish Maritime **207**
Äpfel 190
Apfelsaft: English Garden 132
Army & Navy **122**
aromatische & erdige Gins 153, **198–205**
aromatische Verbindungen **78–79**
Audemus Umami **207**
Ausbrennen (Fässer) 92
Australien 14, 17, 43
Aviation (Cocktail) **123**
Aviation (Gin) **183**

B

Balfour, William 36
Barlöffel **120**
Barmaß 118, **119**
Barra Atlantic Gin **208**
Barsieb 120, **121**
Bar-Utensilien **118–121**
Basilikum 174
Basisalkohol 44, **68–69**
Bauernbrennereien **68**
Bee's Knees **124**
Beefeater London Dry **157**
Beeren **86–87**
Bertha's Revenge Irish Milk **200**
Bier 31
Bijou **125**
Bitter Lemon **110**
Bitters 32, 111
Blätter **88–89**
blumige Gins 152, **182–189**
Blüten **86–87**
Bobby's Schiedam Dry **200**
Bombay Sapphire London Dry **157**
Bond, Erasmus 36
Boston-Shaker 121
Botanicals 45, **80–91**
  blumige Gins **182**
  Dampfinfusion 57
  erdige und aromatische Gins **198**
  fruchtige Gins **190**
  Gins, die »nach Gin schmecken« **156**
  kräuterlastige Gins **174**
  maritime und umami Gins **206**
  zitrusstarke Gins **166**
  siehe auch einzelne Botanicals
Bramble **126**
Brennblasen 49, **50–51**, 52
Brighton Gin Pavilion Strength **167**
Britische Ostindien-Kompanie **35–36**
British Empire **34–37**, 40
Brockmans **191**
Brombeeren 190
Bronx **127**
Brookie's Byron Dry **191**
Brooklyn Gin **168**
Buddhas Hand 166

C

Calamansi 166
Campari: Negroni 142
  Old Friend 143
Canaïma **192**
Cassiazimt 81
Champagner: French 75 133
Chartreuse: Bijou 125
  Last Word 140
Chinin **36–37**
Citadelle **201**
Citadelle Jardin d'Été **192**
Clive, Robert 35
Clover Club **128**
Coastal Gins **72–73**
Cobbler-Shaker 119
Cocchi Americano:
  Corpse Reviver No. 2 **129**
  20th Century 147
Cocktails 38, 39, 41, 42, **116–153**
  20th Century **147**
  Army & Navy **122**
  Aviation **123**
  Bee's Knees **124**
  Bijou **125**
  Bramble **126**
  Bronx **127**
  Clover Club **128**
  Corpse Reviver No. 2 **129**
  Dirty Martini **130**
  Dry Martini **131**
  English Garden **132**
  French 75 **133**
  Garnituren **150–153**
  Gibson **134**
  Gimlet **135**
  Gin Basil Smash **136**
  Gin Fizz **137**
  Hanky Panky **138**
  Juliet & Romeo **139**
  Last Word **140**
  Martinez 33, **141**
  Martini 33
  Negroni **142**
  Old Friend **143**
  Red Snapper **144**
  Satan's Whiskers **145**
  Southside Rickey **146**
  Utensilien **118–121**
  White Lady **148**
  White Negroni **149**
Coffey-Destille 52

Coffey, Aeneas 32, 52
Cointreau:
Corpse Reviver No. 2 **129**
White Lady 148
Compound Gin 14, **70–71**
Conker Spirit Navy Strength **201**
Corpse Reviver No. 2 39, **129**
Cotswolds Dry **176**
Cotswolds No. 1 Wildflower **184**
Craddock, Harry 39, 145
Craft-Destillerien 42
Crème de Cacao: 20th Century 147
Crème de Mûre: Bramble 126
Crème de Violette: Aviation 123
Culpeper, Nicholas 18

D

Dà Mhìle Organic Seaweed **208**
Dalandan 166
Dallmayr Grand Gin No. 1 **199**
Dampfinfusion **56–57**
Death's Door **176**
Defoe, Daniel 25
Destillation 13, 14, **48–65**
andere Techniken **64–65**
Brennblasen **50–51**
Dampfinfusion **56–57**
destillieren oder rektifizieren? **69**
Fraktionen und Geschmacksnoten **58–59**
Geschichte **22–23**
Klimaschutz **44–45**
Kondensatoren **54–55**
Kupferbrennblasen **60–61**
Louche-Effekt **62–63**, 70
»Multi Shot«-Verfahren 44, 45, 65
Destillen: Brennblasen 49, **50–51**, 52
Geschichte 32
Hybrid-Destillen 64
Kupferbrennkessel **60–61**
Säulenbrennanlage 49, **52–53**
Dewi Sant Coastal **209**
Dimethylsulfid 61
Dimethyltrisulfid 61
Dioskurides 18
Dirty Martini **130**
doppeltes Abseihen 121
Drumshanbo Gunpowder Irish Gin **168**
Dry Martini **131**
Dubonnet **111**
Duke Munich **165**

E

East London Kew Gin **184**
East London Liquor Co. 47
Eis 38, **108–109**
Gin & Tonic 114–115
Engelwurz 81, 156
England *siehe* Großbritannien
English Garden **132**
erdige und aromatische Gins 153, **198–205**
Essenzen 75
Ester 61
EU 13, 21
Extrakte 71

F

Fässer 72, **92–93**
Ferdinand's Saar Dry **158**
Fermentation **48–49**
Fernet-Branca: Hanky Panky 138
Fever-Tree Tonic Water **113**
Fielding, Henry 28
Flaschen und Abfüllung 33, **46–47**, 49
flavoured Gins 14, 72, **73**
Fleischmann, Gebrüder 33
Flüchtigkeit 50, 94
Flüsterkneipen 39
Fords Gin London Dry **158**
Fortnum & Mason 39
Four Pillars Bloody Shiraz **193**
Four Pillars Olive Leaf **177**
Four Pillars Rare Dry **202**
Fraktionen 58
französischer Gin 43
French 75 **133**
Früchte **88–89**
Garnituren **153**
kaltes Compounding 71
fruchtige Gins 153, **190–197**

G

G'Vine Floraison **185**
Garnituren 118, **150–153**
Gemüsemesser 118
Genever 15, 24
Geometric **202**
gereifter Gin 14, 72
Geruch 94, 95
Geschichte des Gins **22–43**
Geschmack: Ausgewogenheit 97
Bibliothek der Gerüche **96**
Fässer **92**
Fraktionen und Geschmack **59**
Geschmackspaarungen **97**
Geschmackssinn **94**, 95, 97
Geschmacksstoffe **78–79**
Gins nach Geschmack **154–213**
Gläser **104–105**
Verkostung **98–103**
verstärken 150
Wacholder **16**
Wie Geschmack funktioniert **94–95**
Getreide 48, 66, 68, 216
»Gewürzinseln« 34
Gibson **134**
Gimlet **135**
Gin & It 39, **111**
Gin & Tonic 37, **114–115**
Gin Acts (1729, 1733, 1736) 26, 27, 28
Gin Basil Smash **136**
Gin Cordial 14
Gin de Mahón 13
Gin Eva La Mallorquina Olive **209**

Gin Fizz **137**
Gin Flip 38
Gin Liqueur 14
Gin Mare **177**
Gin Sul **185**
Gin Twist 38
»Gin Palaces« **30–31**
Gin: Alkoholgehalt 13, 41, 68
Geschichte **22–43**
»Gin Craze« **24–29**
Klimaschutz **44–47**
rechtliche Definitionen **12–15**
Stile **72–75**
Verkostung **98–103**
Zutaten **66–67**
Ginger Beer **110**
Gins, die »nach Gin schmecken« 150, **156–165**
Gläser: kühlen **109**
Form und Geschmack 104
Formen **106–107**
Geschichte 33
Gin & Tonic 114
Rührglas 121
Verkostungsglas 98
Glasflaschen **46–47**
Graangenever 15
Grand Marnier: Satan's Whiskers 145
Grapefruitsaft: Old Friend 143
Greater Than London Dry **159**
Griechenland 18, 22
Großbritannien 13, 17, 42
Geschichte des Gins **24–31**, 32, 35, 38, 39, 40
Tonic Water 36–37

H

Hanky Panky 138
Hapusā Himalayan Dry **203**
Hayman's Exotic Citrus **169**
Hayman's Sloe Gin 77, **193**
Head 58, 59, 63, 216
Heidelbeeren 190
Height of Arrows **159**
Hendrick's **186**
Hepple Gin **160**
Hepple Sloe & Hawthorn Gin 77, **194**
Hernö Navy Strength **160**
Hibiskus 182
Highclere Castle London Dry **161**
Himbeeren 190
Clover Club **128**
Hogarth, William, *Gin Lane* 27
Holunder 84, 182
Holunderblütensirup:
English Garden 132
holzige Garnituren 152
Honig: Bee's Knees 124
Hybriddestillen 64
hydraulische Destillation 22

I

Indian Tonic 37, 112
Inverroche Classic **186**
islamische Gelehrte 22–23
Isle of Harris 47, **210**

J

Jensen's Bermondsey Dry **161**
Jonge Genever 15
Juliet & Romeo **139**
Junipero **162**

K

kaltes Compounding **70–71**, 72, 73
Kaltfiltrierung 63
Kapern 206
Kardamom 82, 198
Kartoffeln 67
Ki No Tea Kyoto Dry **178**
Knorpeltang 206
Knut Hansen Dry **194**
Kolonialismus **34–37**, 40
Komasa Gin Hojicha **178**
Kondensatoren **54–55**
kontinentales Verfahren 65
Korenwijn 15
Koriander 16, 80, 156
kräuterlastige Gins 151, **174–181**
Kubebenpfeffer 83, 198
Kumquat 166
Kupferbrennblasen **60–61**

L

Lark, Bill 43
Last Word **140**
Lavendel 182
LBD **187**
Le Gin de Christian Drouin **195**
lieblicher Wermut: Bijou 125
Bronx 127
Hanky Panky 138
Martinez 141
Negroni 142
Satan's Whiskers 145
Lillet Blanc:
Corpse Reviver No. 2 **129**
White Negroni 149
Limetten 32
Limettensaft: Gimlet 135
Juliet & Romeo 139
Last Word 140
Southside Rickey 146
Lind & Lime **169**
Lind, James 36
Löffel 120
London **24–29**, 35, 39, 40
London Dry Gins 13, 32, 73, 74, 75
London to Lima **203**
Lorbeerblätter 174
Louche-Effekt **62–63**, 70, 216
Lussa **210**

M

Magarian, Ryan 43, 74
Mahlen 48
Mainbrace Cornish Dry **211**
Maischen 48
Malaria: Chinin 36
Maloney, Toby 139
Mandeln 83
Mandeville, Bernard 15
Manguin Oli'Gin **211**
Manly Coastal Citrus **212**
Maraschino: Aviation 123
  Last Word 140
  Martinez 141
maritime und umami Gins 152, **206–213**
Martin Miller's **162**
Martinez 33, **141**
Martinis 33
  Dirty Martini **130**
  Dry Martini **131**
Mediterranean Gin by Léoube **179**
Meerfenchel 206
Meerlattich 206
Melifera **187**
Mermaid **212**
Mermaid Pink Gin **195**
Mimose 182
Mittellauf 58, 59, 216
Mixer 32, **110–111**
Molke 87
Monkey 47 Schwarzwald Dry **188**
Monoterpen/Monoterpenoide 16, 216
Mother's Ruin 25, 39
»Multi Shot«-Destillation 44, 45, 65

N

Nachlauf 58, 59, 63, 217
Navy Strength 74
Negroni **142**
Neuseeland 14, 17
New Western Dry Gins 43, **74**
Niederländische Ostindien-Kompanie 34
Nikka Coffey **170**
No. 3 London Dry **204**
No. 6 Laver Atlantic Spirit **213**

O

O'ndina **179**
Old Friend **143**
Old Tom Gins 33, **74–75**
Oliven 206
Orangensaft: Bronx 127
  Hanky Panky 138
Orgeat: Army and Navy 122
Oude Genever 15
Oude Graangenever 15
Oxley London Dry **170**

P

Palma **171**
Paradieskörner 84, 198
Pegu Club 39
Penrhos Dry **188**
Perry's Tot Navy Strength **204**
Pfefferkörner 198
Phönizischer Wacholder 21
Phytophthora austrocedri **20–21**
Pink Gin **111**
Plymouth Gin 29, 40, 46, 74, 75, **163**
Procera Blue Dot **205**
Procera Green Dot **163**
Prohibition 39, 70
Puerto de Indias Strawberry **196**

Q

Quitte 190

R

Ramsbury Single Estate 44, **196**
Reblaus 33
Red Snapper **144**
redestillierter Gin 14
Reisetbauer Blue **167**
Rektifizierung 69, 217
Rock Rose Citrus Coastal Edition **213**
Rock Rose Pink Grapefruit Old Tom **171**
Rohrbündel-Kondensator 55
Roku **180**
Römer 18
Rosenwasser: Juliet & Romeo 139
Rosmarin 174
Rührglas 121
Rum 41
Rumfustian 38

S

Sacred Pink Grapefruit **172**
Saftpresse 118
Salerno 23
salzige Garnituren **152–153**
Samen **90–91**
Sandy Gray **205**
Santa Ana **189**
Satan's Whiskers **145**
Säulenbrennanlagen 49, **52–53**
saure Garnituren **152–153**
Schalen **90–91**
Schlempe 58, 59, 217
Schwarzbrände 39, 70, 72, 73
Schwefelwasserstoff 61
Servieren **110–111**
Seven Hills (VII) Italian Dry **180**
Shaker 119, 121
Shiso 174
Silent Pool **189**
Silent Pool Rare Citrus **172**
Single-Estate Gin 44
Sipsmith VJOP **164**
Sloe Gin 14, **76–77**
Sodawasser: Gin Fizz 137
  Southside Rickey 146

Southside Rickey **146**
Sparschäler 118
Spirituosen: Basisalkohol 66, **68–69**
Mischung 114
St. Germain: Old Friend 143
Sternanis 198
Süßholz 82, 156
Suze: White Negroni 149

T

Tanqueray Blackcurrant Royale Distilled **197**
Tanqueray London Dry **164**
Tanqueray No. Ten **173**
Tarquin's Cornish Dry **165**
Texas-Wacholder 21
The Botanist Islay Dry **181**
The Source **197**
Thomas, Jerry 38
Thoralm **175**
Tippling Act (1751) **28–29**
Tomatensaft: Red Snapper 144
Tonic Water 32, **112–113**
Geschichte **36–37**
Gin & Tonic 114–115
Zucker **214–215**
Tonic-Sirup 113
Transport 46, 47
Tumbler **106–107**

U

überkritische Extraktion **64–65**
umami und maritime Gins 152–153, **206–213**
Umweltschutz 44–47
USA 14, 17
Craft-Destillerien 42–43
Geschichte des Gins 33
Prohibition 39, 70

V

Vakuumdestillation 64
Veilchenwurzel 85, 156, 182
Vereenigde Oostindische Compagnie (VOC) 34
Verpackung **46–47,** 113
Vorlauf 58, 59, 216

W

Wa Bi **173**
Wacholder **16–21**, 80
Arten 13, 21
Dampfinfusion 56
Ernte 17
Gemeiner Wacholder 17
Geschmack 16, 19
historische Verwendung **18–19**
medizinische Verwendung 18
Menge im Gin 17
Rolle 16
Wurzelfäule **20–21**
Wasser 45, 49, 110
Wein 33
Weintrauben 67
weltweiter Handel 32, **34–35**
Wermut 111
Bronx 127
Dirty Martini 130
Dry Martini 131
Gibson 134
Hanky Panky 138
Martinez 141
Negroni 142
Satan's Whiskers 145
White Lady **148**
White Negroni **149**
Wiederbefüllung 46, 47
Wilhelm von Oranien 15, 24
Wodka 41, 42
Wurmkühler 54
Wurzelfäule **20–21**
Wurzeln 90–91
würzige Garnituren **152**

X

Xoriguer Mahón 13, **181**

Y

Yuzu 166

Z

Zitronen 156
Zitronenmyrte 174
Zitronensaft: 20th Century **147**
Army & Navy **122**
Aviation **123**
Bee's Knees **124**
Bramble **126**
Clover Club **128**
Corpse Reviver No. 2 **129**
English Garden **132**
French 75 **133**
Gin Basil Smash **136**
Gin Fizz **137**
Red Snapper **144**
White Lady **148**
Zitrusfrüchte 16, 85
Garnituren **150–151**
zitruslastige Gins **166–173**
Zucker **66–67**
Zuckersirup (einfach) 120
Zweiter Weltkrieg (1939–1945) **40**

DER AUTOR

Anthony Gladman ist freier Journalist in London. Geschmack hat ihn schon immer fasziniert, heute verdient er sein Geld damit, darüber zu schreiben. 2022 wurde er mit dem Guild of Food Writers Drinks Writing Award ausgezeichnet, weil die Juroren (fast) genauso viel Spaß beim Lesen seiner Texte hatten wie er beim Schreiben. Er hat zahlreiche Auszeichnungen der British Guild of Beer Writers gewonnen, jüngst für Artikel zum Thema Nachhaltigkeit im Brauwesen. Seine Texte sind unterhaltsam, präzise und humorvoll geschrieben und sprudeln vor gut recherchierten Informationen. Er veröffentlicht in Fach- und Verbraucherzeitschriften auf beiden Seiten des Atlantiks und online unter **anthonygladman.com**.

DANK DES AUTORS

Das Buch, das Sie in Händen halten, wäre ohne die Unterstützung meiner Agentin Elly James und den Weitblick Cara Armstrongs von DK, die es in Auftrag gab, nicht möglich gewesen. Ich bin Izzy Holton für die reibungslose Abwicklung des Redaktionsprozesses unendlich dankbar und Dawn Titmus für ihr gewandtes und einfühlsames Redigieren. Ich danke Vanessa Hamilton für Design und Illustrationen und Marta Bescos für den Kontakt zu den Brennereien und die Beschaffung der Bilder. Danke an das gesamte Team bei DK, das diesem Buch zum Leben verholfen hat.

Die Gins für dieses Buch auszuwählen und sie tatsächlich auch aufzutreiben, war keine kleine Aufgabe. Ich bin allen Brennereien, die Gins zur Verkostung geschickt haben, unendlich dankbar, und danke Anita Ujszaszi und Alison Taffs für die Unterstützung bei der Beschaffung, wenn meine Bemühungen fehlschlugen.

Wo ich konnte, habe ich mich auf Menschen gestützt, die mehr wissen als ich, eine bewährte Strategie, die ich nur empfehlen kann. Ich danke David T. Smith, dass er sein breitgefächertes Wissen vor allem zu Gins aus entlegeneren Gefilden geteilt hat, und Susan Boyle für ihre Erkenntnisse zu irischen Gins, Christine Lambert für die Hinweise zu einigen ausgezeichneten französischen Gins und Charlie Thomas von Jensen's für seine tadellose Beratung zu Cocktails. Für die Geduld, mit der er all meine Fragen zur Brenntechnik beantwortet hat, schulde ich Chris Garden von Hepple zumindest einen oder zwei Martinis.

Ein großes Dankeschön schulde ich aber auch all jenen, ohne die ich niemals dazu gekommen wäre, ein Buch zu schreiben: der großen Hanna Lanfear von The Mixing Club, die meinen Kopf mit »Geist« und Geistreichem gefüllt hat, die so neugierig/mutig/tollkühn war, Ethylalkohol mit mir zu probieren, und die immer für ein Fachgespräch über Geschmack zu haben ist. Ich danke auch John McCarthy von Adnams, Nik Fordham von Ramsbury, Ian McCulloch von Silent Pool, Fairfax Hall und Sam Galsworthy von Sipsmith und Charles Maxwell von Thames Distillers. Sie alle haben mir in den letzten Jahren großzügig ihre Zeit, ihr Wissen und weitere Kontakte geschenkt.

Und schließlich danke ich meiner Familie, die monatelang ein Haus voller Gins ertragen hat. Ich verspreche, sie sind bald weg. Ich muss nur noch ein paar probieren.

DANK DES VERLAGS

DK dankt allen Gin-Brennereien für die freundliche Genehmigung zur Nutzung ihrer Produktfotos, sowie Marta Bescos und Niranjan Sathyanarayanan für die Bildrecherche.

S. 20 Befallene Orte: Die Daten stammen von www.forestresearch.gov.uk/tools-and-resources/fthr/pest-and-disease-resources/phytophthora-austrocedri-disease-of-juniper-and-cypress/Open Government Licence v3.0, www.nationalarchives.gov.uk/doc/open-government-licence/version/3/

BILDNACHWEIS

Der Verlag dankt folgenden Personen und Institutionen für die freundliche Genehmigung zum Abdruck von Fotos:

(Abkürzungen: o = oben, u = unten, m = Mitte, g = ganz, l = links, r = rechts)

Alamy Stock Photo: Zuri Swimmer 15, British Library/Album 22, Pictorial Press Ltd 23, 25u, Heritage Image Partnership Ltd/London Metropolitan Archives (City of London) 26, Natthanan Limpornchaicharoen 27, World History Archive 28, 29, Chronicle 30, M&N 31u, Steve Vidler 31go, incamerastock/ICP 32, CPA Media Pte Ltd 34, incamerastock 35, Historic Images 36ul, Science History Images 36gor, History and Art Collection 38, Neil Baylis 40, f8 archive 41, Sunny Celeste 52, Carolyn Eaton 60, Glasshouse Images/JT Vintage 112; **© Board of Trustees of the Royal Botanic Gardens, Kew:** 37mlo; **Bridgeman Images:** Florilegius/Rowlandson, Thomas (1756–1827)/English 25go; **Dà Mhìle Organic Seaweed Gin:** Heather Birnie 208ul; **Depositphotos Inc:** gueriero93.gmail.com 42um, ur; **Dreamstime.com:** Nicku 24, Rasto Blasko 33mlo, Monticellllo 33mo; **Dunnet Bay Distillers Ltd:** 213ul; **Getty Images:** Universal Images Group/Werner Forman 18; **Holyrood Distillery:** Murray Orr 159ul; **Kangaroo Island Spirits:** 43gom; **Melifera:** Miguel Ramos photographie 187ul; **Shutterstock.com:** barinart 43ugl; **Southwestern Distillery:** 165gol; **The Advertising Archives** 39.

Alle anderen Abbildungen @ Dorling Kindersley

ZITATE

S. 14: Beverage Alcohol Manual (*https://www.ttb.gov/distilled-spirits/beverage-alcohol-manual*); Australia New Zealand Food Standards Code, Standard 2.7.5, Spirits (*https://www.legislation.gov.au/Series/F2015L00399*).
S. 18: Culpeper's complete herbal & English physician, Nicolas Culpeper (1616–1654).
S. 25: Augusta Triumphans: Or, The Way To Make London The Most Flourishing City in the Universe, Daniel Defoe, 1728.
S. 37: A visit to the native cinchona forests of South America, Henry S. Wellcome, 1880 (*https://wellcomecollection.org/works/p784r48c*).
S. 39: The Savoy Cocktail Book, Harry Craddock, 1930.
S. 40: Dean Acheson (1893–1971), Rede in der Militärakademie in West Point am 06.12.1962.

DK | Penguin Random House

DK London

Lektorat
Katie Cowan, Cara Armstrong, Dawn Titmus, Izzy Holton

Gestaltung und Bildredaktion
Maxine Pedliham, Glenda Fisher, Vanessa Hamilton

Herstellung
David Almond, Luca Bazzoli

Für die deutsche Ausgabe:
Verlagsleitung Monika Schlitzer
Programmleitung Heike Faßbender
Projektbetreuung Carmen Brand
Herstellungsleitung Dorothee Whittaker
Herstellungskoordination Bianca Isack
Herstellung und Covergestaltung Inga Reinke

Titel der englischen Originalausgabe:
Gin – A Tasting Course

Übersetzung Brigitte Rüßmann, Wolfgang Beuchelt (Scriptorium Köln)
Lektorat Dorit Aurich
Beratung für die deutsche Ausgabe Klaus St. Rainer

ISBN 978-3-8310-4765-9

Druck und Bindung Sirivatana Interprint Public Co. Limited, Thailand

FSC www.fsc.org MIX Papier | Fördert gute Waldnutzung FSC® C018179

www.dk-verlag.de